O CAMINHO DO CENTRO

MARCELO TRINDADE

O CAMINHO DO CENTRO

MEMÓRIAS DE UMA AVENTURA ELEITORAL

R
HISTÓRIA REAL

© 2020 Marcelo Trindade

PREPARAÇÃO
Kathia Ferreira

REVISÃO
Roberto Jannarelli

DIAGRAMAÇÃO
Equatorium Design

DESIGN DE CAPA
Angelo Bottino

CIP-BRASIL. CATALOGAÇÃO NA PUBLICAÇÃO
SINDICADO NACIONAL DOS EDITORES DE LIVROS, RJ

T286c
    Trindade, Marcelo
        O caminho do centro: memórias de uma aventura eleitoral / Marcelo Trindade. - 1. ed. - Rio de Janeiro: História Real, 2020.
        288 p.; 23 cm.

        ISBN 978-65-87518-02-2
        1. Brasil - Política e governo. 2. Brasil - Política e eleições. I. Título.

29-56672   CDD: 320.981
                                     CDU: 32(81)

Vanessa Mafra Xavier Salgado - Bibliotecária - CRB-7/6644

[2020]
Todos os direitos desta edição reservados a
História Real, um selo da Editora Intrínseca Ltda.
Rua Marquês de São Vicente, 99, 3º andar
22451-041 – Gávea
Rio de Janeiro – RJ
Tel./Fax: (21) 3206-7400

www.historiareal.intrinseca.com.br

Para Cris, Eduardo, Paula e Otávio,
que seguraram minhas mãos e mergulharam junto.

Agradecimentos

Mais difícil que ser novato na política, só mesmo escrever um livro sobre isso. É verdade que desde o fim das eleições queria contar a história da campanha, mais para não esquecer o quanto eu tinha gostado. Tentei um artigo longo, não deu certo. Pensei em juntar algumas das milhares de fotos com pequenas legendas, mas não comecei. A advocacia, ciumenta dos meses em que foi abandonada, me puxou de volta com toda a força. Até que conheci pessoalmente o Roberto Feith. Perdemos a hora falando da eleição, contemplando a Lagoa Rodrigo de Freitas numa tarde ensolarada, na casa do Ricardo Rangel, amigo comum que fora candidato a deputado federal. Pouco tempo depois, Roberto me contou do projeto do selo História Real e me propôs colocar no papel as memórias da aventura eleitoral. Devo a ele este livro, pelo convite, pela confiança e pelas muitas horas de discussão e revisão do texto.

Outros agradecimentos são devidos. Primeiro à Cris, minha mulher, que se trancou comigo e releu cada capítulo. E também aos demais leitores do manuscrito, por todas as suas contribuições:

Ana Lycia Gayoso, que ainda ajudou com a memória dos fatos, muitos dos quais testemunhou; Bruno Lara Resende, compadre, sócio e amigo de uma vida; e Thiago Saddi Tannous, meu jovem sócio em quem fui buscar olhos mais críticos e isentos. Além do prefácio, Arminio Fraga fez observações fundamentais, outra vez. Depois vieram as sugestões de Kathia Ferreira e do revisor Roberto Jannarelli. Os erros que tenham sobrado seguem na minha conta, mas o que houver de bom tem muito do olhar atento e generoso dos que desbravaram o manuscrito.

SUMÁRIO

Prefácio de Arminio Fraga 11

1. Finalmente, a vez de um governador novato 15
2. Rumo à política 27
3. Vai que é sua, Bernardinho! 37
4. Quem não tem cão caça com gato 47
5. O destino é uma possibilidade 55
6. Você conhece o Partido Novo? 63
7. Um estado repleto de talentos 73
8. Para começar, uma crise 83
9. Corpo a corpo raiz 93
10. A pesquisa qualitativa 105
11. Discutindo o discurso 117
12. A doce ilusão com os jornais 127
13. Na era do rádio 139
14. A capa da invisibilidade:
    emissoras de tv e horário eleitoral..................................... 151
15. No meio da estudantada 165

16. Debatendo com a esquerda 177
17. O debate sobre a segurança pública 185
18. A outra ponta da gangorra:
    o debate sobre a educação 199
19. A Cedae e o debate sobre a falência do Rio de Janeiro 213
20. O candidato rico e o financiamento de campanhas 225
21. A melhor defesa é a defesa: os ataques da "mídia B" 237
22. A facada, a reta final e a certeza da derrota 247
23. Perder ganhando 261

Notas 273

Prefácio

Arminio Fraga

De cara devo deixar claro que não sou um observador neutro: sou amigo e admirador de Marcelo Trindade. Com ele compartilho sonhos, valores e uma grande vontade de contribuir de alguma forma para que esses sonhos se tornem realidade.

No caso, o sonho era nada mais nada menos do que dar um jeito no Estado do Rio de Janeiro, notório por uma vocação quase que suicida nas urnas, falido, perdido, corrompido e entremeado de crime por toda parte.

Não é todo dia que alguém como Marcelo Trindade se lança a governador de um estado. E que estado. O problema é que os eleitores não sabiam disso. Marcelo mergulhou de cabeça assim mesmo. Este livro relata essa trajetória de desafios, surpresas, decisões difíceis, um compacto da vida política nacional. Pobre Rio que não o elegeu.

O pano de fundo mostra um candidato buscando uma resposta não fisiológica, competente (mas conectada com as pessoas), diferente daquela oriunda de um sistema onde "as estruturas político-partidárias passaram a dedicar-se a si mesmas e à sua perenização no poder" (aspas sempre para trechos do livro).

A decisão de se candidatar veio aos poucos. Um partido novo, liberal na economia, voltado para a eficiência na gestão pública, de origem carioca, buscava um candidato. Bernardinho surgiu como um nome carismático, de excepcional reputação, mas indeciso quanto a encarar a vida pública. Marcelo decide ajudar, sucumbe a seu "vício de advogado de escritório pequeno" e parte para "adquirir confiança e vantagem competitiva através do conhecimento do detalhe". Aceitou ir para a Casa Civil.

Confirmou um quadro desolador: "A violência nos afasta da praia, do transporte público, dos estádios de futebol, das caminhadas noturnas. A falta de infraestrutura, o domínio da informalidade e o descumprimento das normas afastam a atividade empresarial. As milícias e os traficantes sequestram a liberdade dos cidadãos. Sem falar da dificuldade das nossas escolas públicas em atrair e manter os estudantes mais pobres, crianças e jovens cada dia mais afastados da possibilidade de um futuro digno." O profissional de mão cheia, bem-sucedido na advocacia e na presidência da CVM, estava fisgado pela linha de frente da política.

Desde cedo deixou claro que, ao lado do eixo central do Partido Novo, ele traria suas posições liberais nos temas de costumes. Eu me lembro bem desse ponto à época. Marcelo me relatou que cada membro do partido era livre para se posicionar como quisesse, desde que se mantivesse coerente com suas posições. Ele defendeu e obteve luz verde para um "Estado nem mínimo nem máximo, e sim o necessário para combater a desigualdade e induzir avanços sociais, lutar pela igualdade de oportunidades, com condições mínimas de acesso a educação, saúde, transporte e saneamento a toda a população".

Com base nessas premissas, selou-se a candidatura. Marcelo encarou o desafio com sua costumeira objetividade e bom senso. Um líder nato, montou equipe e foi à luta. Nas ruas, encontrou um mundo novo e o abraçou. Bom ouvinte que é, logo detectou olho no olho (e nas pesquisas qualitativas) uma sede de renovação política, temperada de forma amarga pela "violência, desigualdade, desemprego e descaso com a saúde e a educação".

Um ponto ficou claro desde os primeiros momentos da campanha: a dificuldade de se vender à população o receituário liberal, muito pouco intuitivo. Nas palavras dele, "precisávamos convencer as pessoas de que as privatizações trariam mais serviços públicos de qualidade, não menos; melhores hospitais e policiais, não piores; escolas mais modernas e ainda assim gratuitas, e não o contrário. Convencê-las de que parar de proporcionar vantagens e privilégios que as pessoas não recebem na atividade privada ia melhorar o estado, não fazê-lo desaparecer. E que ser liberal é ser radical num cenário de absoluta falência do estado." Acabou defendendo sozinho a privatização da Cedae, aquela da geosmina e da falta de esgoto para metade da população do estado. Sozinho até hoje, pelo visto.

Essa transparência e a clareza foram objetos constantes de debate com a equipe de especialistas que o cercava. No calor da campanha, a pressão era sempre na direção de linha dura nas questões de segurança, e de pouca transparência na gestão e nas necessidades (urgências mesmo) ligadas ao orçamento (Marcelo foi acusado de sinericídio). Nada de mentir ou falar o que cada um queria ouvir. Não era fácil. O que fazer com a informação de que no Rio havia 62 soldados por coronel, enquanto em São Paulo a relação era de 1.311?!

O livro aborda questões de grande importância que foram surgindo ao longo da campanha. Menciono aqui algumas, deixando para a leitura a graça dos detalhes: a falta de autocrítica do empresariado; a "falta de realismo das propostas dos candidatos de esquerda" e a importância de, ao longo do tempo, gastar mais com a educação do que com a segurança. As mais complexas: como lidar com a mídia B (as redes), a imprensa e seus canais, os debates e os inúmeros problemas do financiamento de campanha. Vale a pena ler como Marcelo percorreu essa estrada escorregadia sem derrapar.

A leitura do livro flui muito bem, interessante, cheia de relatos humanos, das ruas, dos debates, descritos de forma cativante e leve. Temas delicados são tratados sem firula, emoções reveladas, lições aprendidas, problemas, acertos e erros, sempre abordados a partir de um compromisso com a verdade. Vale muito a pena saborear de ponta a ponta. Ao final, cara leitora, caro leitor, restará uma estranha sensação boa, de esperança, nesse momento tão difícil que vivemos.

1. Finalmente, a vez de um governador novato

"Olá, bom dia, meu nome é Marcelo Trindade, sou candidato a governador e nunca fui político." Aprendi em poucos dias que essa deveria ser a minha primeira frase, no esforço de convencer um transeunte apressado a vencer seu preconceito e receber o panfleto com a minha foto, que eu tentava entregar.

Naquele inverno e no começo da primavera de 2018, abordei milhares de pessoas nas ruas do estado do Rio de Janeiro e, a cada vez, a conversa podia acabar por aí ou seguir adiante. Às vezes, aprofundava-se a ponto de eu ter que dar detalhes de minha vida. Você é casado? Sim, há 25 anos. Tem filhos? Três, mas já cresceram, o menor tem 18 anos. O mais velho até já se mudou para a Espanha. Espanha? Minha mãe era espanhola, ele fez mestrado por lá e ficou. Engenheiro mecânico, no Brasil, e com essa crise... Eu vi que você é rico, pelo menos não precisa roubar.

Quando alguém dizia isso eu sempre achava graça que tivesse me tornado um símbolo de riqueza, o mais rico candidato a governador do Rio de Janeiro. Lembrava-me da falta de dinheiro na adolescência e no início da vida adulta. Da sensação que tivera ao receber meu primeiro salário, em dezembro de 1982. Tinha 18 anos e acabara de abandonar a Faculdade de Comunicação. Queria ser jornalista, gostava de literatura e cometia uns poemas, mas frustrei-me com o curso e resolvi me transferir para o direito. O primeiro emprego foi como estagiário do departamento de compras de uma empresa de engenharia – arranjado por um diretor que era meu primo, mais velho.

A marmita de metal, redonda, cuidadosamente preparada por minha mãe com três camadas de comida – primeiro feijão, depois arroz e, por cima, uma carne e um legume –, congelada desde a véspera, saía da geladeira bem cedo para o fundo da mochila envolta num plástico. Quando chegava a hora do almoço, já estava na temperatura ambiente e precisava ficar pouco no forno do refeitório.

Nunca fui especialmente otimista e era um aluno mediano. Por isso o primeiro salário foi aquele momento mágico, quando, afinal, acreditei que alguém me pagaria para fazer alguma coisa. Curiosamente, a carteira de trabalho, que eu exibia orgulhoso naquele ano, serviu-me de muito pouco. Por toda a vida seria um profissional liberal e a carteira só receberia mais uma anotação, quando fui aprovado no concurso e contratado como professor do Departamento de Direito da Pontifícia Universidade Católica do Rio de Janeiro, a PUC-Rio, em 1993.

Aquele foi também o ano em que tirei minha carteira de motorista – à época um símbolo de liberdade que, no nosso imaginário, aumentava exponencialmente as chances de sucesso com as mulheres da nossa idade, teimosamente encantadas pelos rapazes mais velhos. O detalhe de que eu não tinha um carro, e dependeria do empréstimo do cansado Fuscão azul 1972 de minha mãe, parecia menor.

Para o Brasil e o Rio de Janeiro, 1982 tinha tudo para ser um ano marcante. Verdade que fomos eliminados da Copa do Mundo da Espanha pela Itália, embora tivéssemos o melhor time – a primeira seleção dos sonhos desde o tricampeonato de 1970 –, mas ocorreriam as primeiras eleições diretas para governador desde 1965. Seria uma eleição importante. Simbolizava o passo mais decisivo no arrastado caminho – oficialmente lento e gradual – traçado pelo governo do general João Figueiredo rumo à redemocratização. Dela também participavam, como consequência da Lei da Anistia, aprovada em 1979, políticos cassados e exilados pela ditadura militar.

Nos 36 anos que se passaram entre a primeira eleição que presenciei e aquela em que era candidato, fiz como quase todas as pessoas de minha geração. Cuidei da vida e dei pouca importância para a política. Ganhei uma bolsa da fundação Coordenação de Aperfeiçoamento de Pessoal de Nível Superior, mais conhecida como Capes, e meu monitor – e mais tarde sócio – me levou para estagiar no escritório do professor Sergio Bermudes, que ainda não se tornara mas viria a ser um dos mais importantes do Brasil. Abri meu próprio escritório logo depois de me formar, adquiri reputação, migrei das brigas judiciais para o direito das empresas. Fui servidor público por pouco mais de cinco anos. E, depois de pegar muita chuva, passar por bons apertos e pagar muitos juros do cheque especial, me tornava agora, quem diria, um político – e ainda por cima o candidato rico.

Já com o Rio de Janeiro, onde continuei vivendo desde aquele longínquo 1982, havia se passado o oposto. Os indicadores de pobreza, desigualdade, violência, educação e atividade econômica se deterioraram, comparados com os dos estados mais ricos do país. O estado falira e perdera sua força.

Não era uma falência qualquer. Tampouco era só o fato de, em junho de 2018, o Rio de Janeiro estar – como ainda hoje – em Regime de Recuperação Fiscal, sem conseguir pagar suas dívidas. A poucos meses da eleição, os quatro últimos governadores (Anthony Garotinho, Rosinha Garotinho, Sérgio Cabral e Luiz Fernando Pezão) estavam presos ou já tinham sido presos, acusados de corrupção e outros crimes ligados às suas atividades como políticos profissionais.

Desde a vitória do ex-governador do Rio Grande do Sul Leonel Brizola, na eleição de 1982, até a de Luiz Fernando Pezão, em 2014, todos os governadores eleitos haviam exercido outros mandatos antes, como deputado, senador, prefeito ou mesmo governador. Isso deveria ter sido um bom sinal. Na política, como em qualquer outra atividade, a experiência costuma contar a favor. Mas não tem sido assim no caso do estado do Rio de Janeiro.

Foi aí que entrei na história (quero dizer, estória, mas essa distinção saiu de moda). Na visão de muitas pessoas, o cenário catastrófico abria uma necessidade de renovação na política do Rio, e movimentos por essa renovação haviam começado a surgir em anos anteriores. O que parecia uma crise insuperável poderia, na verdade, transformar-se em uma oportunidade de mudança ao mesmo tempo profunda e democrática.[1]

Apesar dessa esperança, a verdade é que, em junho de 2018, apenas quatro meses antes das eleições, os candidatos ao governo do estado mais bem colocados nas pesquisas eram políticos profissionais. O ex-governador Anthony Garotinho, cuja candidatura acabou sendo vetada pelo Tribunal Regional Eleitoral a poucas semanas da eleição. Eduardo Paes, ex-deputado federal que fora prefeito da capital do estado por dois mandatos. E Romário Faria, campeão mundial de futebol em 1994 que se tornara político em 2011, quando foi eleito deputado federal pelo Rio de Janeiro e cumpria, então, seu primeiro mandato como senador.

Mesmo assim, pairava no ar uma chance de novidade naquela eleição. Quatro candidatos novatos tinham anunciado a intenção de concorrer. Um deles era o antropólogo Rubem César Fernandes, com uma longa lista de serviços prestados ao estado através da ONG Viva Rio. Mas ele desistiu pouco depois para apoiar Eduardo Paes. Outro, a professora gaúcha de filosofia Marcia Tiburi, que concorria pelo PT. Sua candidatura terminaria servindo quase exclusivamente de canal para a defesa da liberdade do ex-presidente da República Luiz Inácio Lula da Silva, acusado da prática de ilícitos e cuja prisão ocorrera pouco antes, em abril.

Os outros dois novatos se encaixavam num perfil ainda mais improvável, em se tratando da chance de serem eleitos. Eram profissionais da área do direito, na casa dos 50 anos, sem experiência na política, desconhecidos do público em geral, com pouquíssimo tempo no horário eleitoral gratuito de rádio e televisão e representando pequenos partidos, que viriam a eleger apenas dois deputados estaduais cada um.

Um daqueles novatos era eu. Aos 53 anos, sem nunca ter disputado uma eleição, concorria pelo Partido Novo, criado em 2011, exatamente como uma tentativa de renovação na política. O partido, cujo registro fora deferido apenas em 2015, participava de sua primeira eleição geral, após eleger quatro vereadores em várias capitais, inclusive um no Rio de Janeiro, nas eleições municipais de 2016.

O outro era Wilson Witzel, nascido em Jundiaí, no estado de São Paulo, fuzileiro naval no começo da vida, depois defensor público e, finalmente, juiz federal até março de 2018, quando deixou a estabilidade vitalícia da magistratura para aventurar-se na política. Ele concorria pelo PSC, um pequeno partido comandado pelo Pastor Everaldo, que fora candidato à Presidência em 2014 e recebera menos de 1% dos votos.

O tempo passou e, em julho, agosto e boa parte de setembro de 2018, tudo indicava que, apesar do histórico de mau desempenho dos políticos profissionais, o estado do Rio de Janeiro continuaria sendo governado por um deles. Tanto na pesquisa Ibope divulgada no dia 25 de setembro, 12 dias antes da eleição, quanto na do Datafolha, tornada pública em 28 de setembro, Eduardo Paes aparecia firme na liderança, com 24% e 25% das intenções de voto, seguido por Romário e Garotinho.

A vantagem do líder parecia irreversível. Paes tinha muitas realizações a exibir como prefeito, enquanto seu sucessor, Marcelo Crivella, fazia uma administração mal avaliada. Além disso, seu telhado de vidro reputacional era mais discreto que o dos demais antigos mandatários do estado. Nada disso evitou sua identificação com a chamada velha política na cabeça dos eleitores. Quando as urnas foram abertas, revelaram uma derrota contundente de Paes, especialmente no primeiro turno, pelo qual ele passou aos trancos e barrancos como segundo colocado e vencido com folga pelo desconhecido que viria a se eleger governador.

De fato, em 28 de outubro de 2018, o novato Wilson Witzel foi eleito com praticamente 60% dos votos válidos no segundo turno. O primeiro governador do Rio de Janeiro, após nove eleições diretas desde 1982, que não exercera nenhum mandato político anterior.

Não é trivial explicar como foi possível a vitória de um estreante no segundo estado mais rico da Federação, e eu certamente não tenho qualificação para emitir um veredito técnico. Mas tenho uma opinião formada pelo que observei nas ruas. A meu ver, uma conjugação singular de fatores locais, nacionais e pessoais levou Wilson Witzel à vitória.

O fator local foi exatamente o mau desempenho, profissional e ético, dos governadores anteriores. Paes, Garotinho e até mesmo Romário conviveram com altos índices de rejeição nas pesquisas de opinião durante a campanha.[2] Os eleitores queriam uma renovação, e a menção aos políticos de carreira causava uma reação negativa.[3]

Mas se a péssima imagem dos políticos profissionais confirmava o desejo de mudança da população, não explicava por que Witzel fora o escolhido entre os novatos. Aqui entra, a meu ver, o fator nacional. A polarização dominou o debate em 2018 e levou Jair Bolsonaro à liderança nas pesquisas e à vitória nas eleições para a Presidência. Os candidatos que se alinharam ao seu discurso obtiveram resultados bastante positivos e, em muitos casos, venceram políticos tradicionais.

Bolsonaro não tinha alianças estáveis na maioria dos estados. Era o caso de Minas Gerais. Por lá, o vencedor também seria um novato na casa dos 50 anos, Romeu Zema, do Partido Novo, apoiando Bolsonaro no segundo turno e atraindo seus eleitores ainda no primeiro.

Bolsonaro também não tinha um candidato declarado no Rio de Janeiro, que terminou sendo o estado da Região Sudeste em que o presidente eleito recebeu o maior percentual de votos no primeiro turno – nada menos que 59,79%, contra 54,76% no Espírito Santo, 53% em São Paulo e 48,31% em Minas Gerais. Mas, na reta final do primeiro turno, a família Bolsonaro decidiu apoiar Wilson Witzel, por meio principalmente de Flávio Bolsonaro – filho do futuro presidente e eleito senador com enorme votação[4] – e do partido em que estavam então aninhados, o PSL. Aliás, o único político da família que não estava no PSL era Carlos Bolsonaro, vereador na cidade do Rio de Janeiro, que era, entretanto, do mesmo partido de Witzel, o PSC.

Não foram apenas Witzel e Flávio Bolsonaro que passaram a pedir votos reciprocamente e a exibir imagens de caminhadas e carreatas conjuntas, embora o PSC de Witzel tivesse candidatos próprios e não estivesse coligado ao PSL. Também Rodrigo Amorim, do PSL, que se tornaria o deputado estadual mais votado do

Rio de Janeiro, foi companhia frequente de Witzel nas redes sociais e nas ruas – inclusive no repugnante episódio da quebra da placa com o nome de Marielle Franco, um ato inadmissível de relativização de um crime bárbaro, cuja investigação caberia ao governador eleito comandar.

Envolto em uma bandeira nacional, rodeado por cabos eleitorais de camisetas pretas com o rosto de Bolsonaro e por candidatos do PSL, parecia que Witzel deixara o PSC, nacionalmente coligado ao Podemos, do candidato à Presidência Álvaro Dias. Nas camisetas amarelas que Witzel passara a usar, idênticas às de Bolsonaro, lia-se que o seu partido era o Brasil, e ele terminava suas manifestações com o bordão de seu candidato presidencial: "Brasil acima de tudo, Deus acima de todos." Witzel tornou-se nas últimas semanas do primeiro turno, e durante todo o segundo turno, o candidato de fato de Bolsonaro ao governo do Rio.

Contudo, é preciso reconhecer que essa adesão dos eleitores de Bolsonaro a Witzel só foi possível em razão das características pessoais e do discurso do futuro governador. E esse é o terceiro fator, o elemento pessoal a que me referi, que completa a explicação para a eleição do governador do Rio de Janeiro em 2018.

A maioria dos eleitores de Bolsonaro desejava ações enérgicas e percebeu em Witzel alguém corajoso e sem papas na língua, crescentemente virulento nos ataques à esquerda, principalmente no final da campanha, no melhor estilo "nós" contra "eles", sem nenhuma preocupação em respeitar visões divergentes.

O radicalismo de suas propostas para segurança, defendendo a repressão violenta ao crime, chamando traficantes de narcoterroristas e cunhando a imagem do "tiro na cabecinha" para abater – como dizia, recorrendo ao jargão militar – quem portasse fuzis, alinhava-se perfeitamente à visão de Bolsonaro, inclusive quanto à ampliação do porte de armas para a legítima defesa dos cidadãos.

Na educação, Witzel não discutia as urgências qualitativas, as estatísticas alarmantes nem a preparação dos alunos para as novas tecnologias. Focava na disciplina, propondo a implantação de escolas militares na rede pública e enfatizando o respeito ao professor em sala de aula.

Quanto aos costumes, o futuro governador adotava um discurso religioso e conservador. O seu partido traz Cristo no nome (Partido Social Cristão) e é liderado por um pastor. Sempre esteve alinhado às pautas dos evangélicos, parcela importante dos eleitores. Sua coligação chamava-se "Mais ordem, mais progresso". E até mesmo o sotaque de Witzel, nascido no interior de São Paulo, parecia-se com o de Bolsonaro e o distanciava da carioquice de Cabral e de Paes – e da minha, por que não dizer?

A simplicidade e a convicção em suas mensagens foram fundamentais para Witzel se beneficiar do cenário eleitoral, quando, após o atentando contra o candidato à Presidência, a onda bolsonarista transformou-se em tsunami.

Em má posição nas pesquisas até 10 de setembro, quase sempre atrás de mim, Witzel foi capaz de aliar-se com credibilidade à candidatura de Bolsonaro – ao contrário do que ocorreu com Índio da Costa, por exemplo, após sua adesão ao candidato do PSL. Não foi, portanto, só o fato de ter apoiado Bolsonaro e recebido o apoio de seu clã que impulsionou Witzel. Foi tê-lo feito de maneira consistente e crível aos olhos do eleitor.

Não custa lembrar que, diante da iminência da derrota no segundo turno, Eduardo Paes também buscou os votos de Bolsonaro.[5] Não adiantou. No primeiro e no segundo turnos os eleitores identificaram Witzel com Bolsonaro. E acertaram.

O fato de o novato Witzel ter sido eleito com uma votação tão expressiva comprovou a percepção que eu tinha nas ruas, durante a campanha, de que os eleitores sabiam perfeitamente em que discurso queriam votar. A maioria da população desejava uma mudança radical e firme, não só na política como também no combate à criminalidade. Acreditou no discurso de novidade e força de Bolsonaro e procurou, entre os candidatos locais, aquele que encampasse o mesmo tom. Witzel fez esse discurso desde o primeiro dia. Foi coerente, transmitiu sinceridade e, quando recebeu o apoio de Bolsonaro, isso fez sentido para o eleitor.

Nas eleições de 1982 eu não pude votar. Meu título de eleitor não ficara pronto a tempo. Naquela época, só se votava a partir dos 18 anos, que eu completara pouco antes das eleições. Mas isso não me impediu de aproveitar o momento. Recém-chegado à universidade, fiquei maravilhado com a efervescência dos debates organizados pelo Diretório Central dos Estudantes e realizados nos pilotis da PUC, aos quais compareciam todos os candidatos, da direita (ainda que ninguém se anunciasse como tal daquela vez) à esquerda.

Votei em todas as eleições depois daquela, mas nunca fui além do cumprimento desse dever. Fora das discussões entre amigos, não me envolvi com a política. Pensei que minha contribuição cívica seria trabalhar pontualmente no serviço público, se alguém me quisesse por lá. Mas as eleições de 2014 e 2016 começaram a mudar esse sentimento. Enquanto eu prosperava, o estado e o país à minha volta ruíam. Achei que tinha a obrigação de tentar fazer alguma coisa.

Engajei-me em projetos privados e pensei em me candidatar a deputado, até que, em 2018, quando parecia que meu papel seria, mais uma vez, o de colaborar como servidor público, apareceu meio por acaso a chance de me candidatar a governador do meu sofrido estado natal.

Nas ruas, durante a campanha eleitoral, percebi, para minha surpresa, que a chance de um novato eleger-se era real. Vi que alguma coisa diferente estava por acontecer. Senti a rejeição aos políticos profissionais em todas as pessoas que eu abordava. E, à divulgação de cada pesquisa, não entendia como eu continuava estagnado, aparecendo teimosamente com 1% ou 2% dos votos – junto com o futuro governador.

Talvez por isso, por ter visto que era possível um novato na política se eleger, é que a compreensão das razões da vitória de Wilson Witzel não apague em mim a frustração com o resultado. Uma coisa teria sido perder para a velha política, como eu dizia em campanha. Outra, para o único candidato com o histórico parecido com o meu e que esteve sempre ao meu lado, ou atrás de mim, nas pesquisas eleitorais. O sentimento de que deixara escapar uma oportunidade foi inevitável e volta cada vez que, com grande frequência, vejo o governador cometer o que me parece um erro.

Mas a tristeza pela derrota não afetou a esperança que a experiência eleitoral plantou em mim, de um estado e de um país melhores. Ao mergulhar no estudo dos nossos graves problemas, terminei encontrando inúmeras pessoas e organizações prontas para enfrentá-los, com base científica e espírito público. Saí da eleição convencido de que, ao contrário do que diz a velha máxima, o povo sabe muito bem votar. Não porque eu tenha concordado com o resultado, mas porque aprendi que o povo escolhe e vota conscientemente. Quem não ganhou, como eu, simplesmente não conseguiu atrair a atenção do eleitor ou falhou em convencê-lo de que suas propostas eram melhores.

Este livro traz minha experiência no processo eleitoral de 2018. Ao dividi-la com pessoas que, como era meu caso até então, nunca viveram uma campanha, não quero apenas contar como as coisas se passam no dia a dia e nos bastidores de uma eleição. Compartilhar as lições e reflexões que tirei dessa aventura é, no fundo, uma tentativa de dividir o otimismo com que dela saí, de manter viva minha própria esperança por dias melhores e, quem sabe, de fazer com que outros também decidam se aventurar.

2. Rumo à política

Como foi, afinal, que um professor e advogado, com 53 anos de vida e mais de 30 de profissão, estabilizado financeiramente e com três filhos adultos, decidiu se aventurar na política? Na vida e na história, quando olhamos para trás, raramente encontramos aquele dia único e mágico em que tudo começou. Muitas vezes não há reflexões lineares, encadeadas, que nos levem às decisões que vamos tomando ao viver.

A verdade é que tendemos a racionalizar e organizar o passado depois que as coisas dão certo ou errado em busca de uma lógica, mas, muitas vezes, ela simplesmente não existiu. Isso não quer dizer que todas as nossas decisões sejam irrefletidas. Mesmo quando possam parecer fruto de rompantes, elas vão sendo amadurecidas dia a dia. Em geral, seguem os nossos valores, os pilares nos quais acreditamos e as lentes pelas quais vemos as coisas. Mesmo sem perceber, refletimos, aprendemos com os erros e testamos nossas idealizações. Disso surgem os caminhos que trilhamos.

No caso de minha candidatura ao governo do Rio de Janeiro, não há uma data certa nem decisões ordenadas. Mas há pessoas nas quais me espelhei e que influenciaram decisivamente minha guinada rumo à política. A mais constante delas foi Arminio Fraga. Arminio acompanhou toda a formação da minha decisão, ainda que não a tenha achado oportuna quando tomada. Tenho a sorte de ser membro desse grupo de pessoas cuja vida é influenciada de maneira determinante por ele. Um grupo heterogêneo, inclusive ideologicamente, no qual, entretanto, temos uma característica comum: nunca ouvimos alguém nos contar que soube, pelo próprio, da influência que ele exerceu em nossos destinos. Sua discrição rivaliza com sua generosidade.

Conheci Arminio Fraga na minha primeira experiência no serviço público. Em dezembro de 2000 fui nomeado diretor da Comissão de Valores Mobiliários, autarquia federal encarregada de regular e supervisionar o mercado de capitais brasileiro. Poucos anos antes, cansado da morosidade do Judiciário – dificuldade que, mais tarde, levaria a maioria das empresas a optar por processos arbitrais, em vez do Judiciário, para litígios de maior valor –, eu começara, de maneira mais intuitiva do que planejada, a transição de minha carreira como advogado de contencioso para o direito societário e o mercado de capitais. Nisso fui influenciado por outro grande amigo e sócio, Mario Augusto Rocha, um advogado que gostava de números e me convenceu de que eu sabia usar a aritmética e era capaz de entender de negócios.

Naquela época, Arminio era presidente do Banco Central. Convivemos pouco, mas foi o suficiente para plantar a semente de nossa amizade. Em 2004, quando retornei à CVM, agora como presidente, Arminio influenciou a escolha – o que eu só descobriria muito mais tarde e, claro, por terceiros. No final de 2007 voltei à vida privada e, a partir daí, trabalhamos juntos muitas vezes e nos tornamos amigos. E em diversas ocasiões testemunhei o seu espírito público e a sua disposição de ajudar quem estivesse exercendo função pública, pouco importando a ideologia de quem precisasse de suas luzes.

Foi em um jantar na casa de Arminio Fraga que conheci João Amoêdo, presidente do Partido Novo, e Bernardinho, em março de 2017. Arminio, mesmo não integrando o Novo, que João fundara poucos anos antes e ao qual Bernardinho se filiara após deixar o PSBD, achou que eu deveria conhecê-los, dadas as nossas conversas sobre a necessidade de novidades na política. E assim, mais uma vez, ele acabou tendo papel fundamental no que viria a acontecer na minha vida.

Confesso que cheguei desconfiado àquele jantar. Provocado principalmente por meus filhos, manifestei a preocupação de que a agenda do Novo nos costumes não seria tão liberal quanto na economia. Ouvi que o partido não se posicionava sobre costumes, reservando o tema aos seus filiados. Insisti e recebi a resposta de que a população tinha muitas urgências no Brasil, para nos dividirmos por questões de costumes. Aquela posição inicialmente me incomodou e cogitei da possibilidade de que fosse uma forma de fugir das discussões para manter dissimulada uma posição conservadora sobre o assunto.

Também me incomodou uma certa hesitação em discutir questões mais profundas, sociais e econômicas. Por vezes, tive a impressão de que se buscava uma simplificação do discurso liberal. Não sabia em que medida aquilo correspondia a uma estratégia de comunicação consciente – de cuja validade, mais tarde, me convenci – ou a uma superficialidade na abordagem dos temas.

A verdade é que, tanto no jantar quanto pesquisando os documentos no site do partido e em contatos posteriores, acabei concordando com a lógica do discurso oficial. Desde o começo tive simpatia pelo projeto de um partido feito do zero. E achava os demais partidos pouco atraentes para quem quisesse, como eu, se engajar em um projeto político com viés liberal.

Durante o jantar, Bernardinho disse que estava pensando se aceitaria o convite do Partido Novo para sair candidato ao governo do estado do Rio de Janeiro. Pouco depois, ele me procurou e o recebi em minha casa.

Bernardinho confirmou que havia a possibilidade de candidatar-se e me convidou a acompanhá-lo, possivelmente como secretário da Casa Civil. Ele estava animado. Já havia conversado com pessoas capacitadas de diversas áreas e achava que conseguiria montar um time de primeira. Mas queria contar com alguém que tivesse passado pelo governo e conhecesse os aspectos legais do funcionamento da máquina pública. E que o ajudasse a fazer um diagnóstico realista da situação do estado, para que ele pudesse tomar a decisão de concorrer.

Eu estava disposto a contribuir, até com dedicação exclusiva na preparação do programa de governo, assim como trabalhar na campanha. Mas não havia considerado participar da gestão do estado. Apanhado de surpresa, disse-lhe que, caso ele ganhasse, não me animaria a participar do governo de um estado falido e com a política criminalizada, como o Rio de Janeiro. Ouvi uma resposta que, depois, vi Bernardinho repetir inúmeras vezes para muitos interlocutores durante as discussões sobre sua possível candidatura: torcida eu tenho à beça; eu preciso é de jogador.

Nos despedimos, e ele saiu um pouco frustrado. Eu fiquei remoendo o encontro, e um filme de meus sentimentos nos últimos anos passou na minha frente. Desde 2014, quando Arminio aceitou a indicação para o Ministério da Fazenda de um possível futuro governo Aécio Neves e falamos da hipótese de eu vir a acompanhá-lo na jornada em Brasília, eu estava tentado a voltar a participar de algum modo da vida pública. Entre 2008 e 2014 eu havia formado patrimônio suficiente para uma nova passagem pelo governo, o que implicaria redução radical de minha renda. Fiquei empolgado com a ideia de trabalhar com Arminio e me dedicar a uma nova onda de reformas que pudessem levar o país a retomar o crescimento e a progredir no desenvolvimento de suas instituições.

Mas a ressaca do resultado eleitoral de 2014 me fez, pela primeira vez, refletir sobre a necessidade de ir além da ideia de voltar a trabalhar em alguma função pública. A reeleição de Dilma Rousseff foi um balde de água fria na esperança de que o país pudesse se libertar de um debate ideológico meramente retórico e se concentrar na urgência de superar a inépcia na gestão pública, que havia marcado o primeiro mandato da presidente.

A crise brasileira era evidente, mas havia sido teimosamente negada por Dilma durante toda a sua campanha, como parte da dissociação entre o discurso e a realidade que caracterizava a candidata do PT. Os partidos fisiológicos, movidos pelos piores interesses, continuariam sustentando seu governo de coalização. E a capacidade de atrair investimentos estrangeiros, tão fundamentais, especialmente na área da infraestrutura, continuaria abalada pela falta de qualidade do governo e de confiança nas instituições.

Claro que o debate ideológico é indissociável da política. É por seu intermédio que o eleitor pode diferenciar as grandes linhas das propostas submetidas à sua consideração. O problema é que, no Brasil, o discurso ideológico tornou-se exclusivamente eleitoral. Uma vez eleitos, os partidos raramente praticam o que defenderam na campanha.

Assim, o discurso populista e estatizante do PT deu lugar a uma realidade de apropriação do Estado e das políticas públicas pelos interesses da elite do funcionalismo público e das grandes corporações empresariais – algumas das quais os governos petistas ajudaram artificialmente a criar ou expandir, sob a bandeira oportunista do nacionalismo, mas, em verdade, em troca de maciço financiamento eleitoral.

Tempos depois das eleições de 2014, com o país destroçado pela profunda crise que precedeu *o impeachment* da presidente

Dilma, perguntei a Arminio Fraga os nomes que ele considerava viáveis para a corrida pela prefeitura do Rio de Janeiro em 2016. Entre outros, ele citou Bernardinho, então filiado ao PSDB. Aventei a possibilidade de que ele próprio desse um passo adiante e fosse o candidato. Ele repeliu de imediato a ideia.

Insisti no ponto de que era preciso encontrar nomes técnicos, idealmente com experiência na gestão privada, pessoas que conhecessem o mundo real fora da redoma dos gabinetes governamentais, preparadas para tomar decisões de maneira fundamentada, e não pelas razões dos *lobbies* e dos interesses de financiamento eleitoral. Falamos sobre outros nomes técnicos que poderiam aventurar-se na política, e ele mencionou Maria Silvia Bastos Marques, economista que exercera funções públicas e privadas de destaque.

Eu, de fato, começava a questionar a separação entre a carreira dos políticos profissionais, treinados para o debate, a negociação e a composição, e a dos técnicos – economistas, engenheiros, médicos, advogados –, aos quais caberia apenas contribuir através de sua atuação no serviço público, fosse como funcionários de carreira, fosse ocupando cargos de confiança. Comecei a achar que aquela separação poderia ser uma das causas do fracasso na gestão pública brasileira.

Hoje, estou convencido de que a segregação entre as atividades política e técnica contribuiu para o aumento da corrupção e para um sistema de representação popular distorcido, baseado em campanhas eleitorais milionárias e enganosas. As estruturas político-partidárias passaram a dedicar-se a si mesmas e à sua perenização no poder. Em vez de as ações governamentais serem determinadas pela escolha da melhor opção para os cidadãos, passaram a ser definidas para atender aos interesses dos agentes privados que mais contribuíram para a estrutura partidária.

Poucas áreas do Estado brasileiro escaparam dessa captura por interesses privados. Estava cada dia mais difícil encontrar políticos que quisessem realmente se dedicar à discussão das questões necessárias para a superação dos problemas nacionais – educação, segurança pública, privilégios e insolvência previdenciária, infraestrutura e saneamento, ineficiência da gestão pública –, desaguando em uma sociedade improdutiva e desigual.

A solução para sairmos dessa armadilha não é encontrar novos líderes carismáticos, mas novos líderes capazes de compreender os elementos, a extensão e a gravidade dos problemas, a complexidade dos interesses envolvidos e o impacto das soluções propostas. Isso não tem nada a ver com a negação da política. Tem a ver com a qualificação dos políticos de todas as ideologias.

Por isso eu discutia com Arminio Fraga se não seria hora de nós mesmos, profissionais liberais, fazermos política para tentar realizar as mudanças que considerávamos urgentes. Mas, naquele momento, não me incluía no rol dos potenciais voluntários, até porque, fora dos meios do direito e do mercado de capitais, eu era um absoluto desconhecido.

O *impeachment* de Dilma terminou confirmando meu sentimento de que bons técnicos não bastam. O governo Temer estava coalhado deles, brasileiros que, com espírito público, aceitaram servir a um presidente cujas dificuldades todos conheciam. Mas também estava cheio de maus políticos, capazes de afetar a estabilidade do governo, como se viu com os episódios envolvendo o ministro Geddel Vieira Lima e, mais tarde, o próprio presidente.

Para completar, em outubro de 2016 minha cidade levara ao segundo turno da eleição Marcelo Freixo e Marcelo Crivella. Entre um discurso socialista, ao mesmo tempo superficial, ultrapassado e irrealista de Freixo, e as promessas populistas e igualmente irrealistas de Crivella, anulei meu voto no momento em que estava mais engajado politicamente. A sequência de eventos daquele período deixou claro para mim que o país e o estado do Rio de Janeiro estavam a caminho do precipício e me provocou a reagir como cidadão. Àquela altura da vida, com os filhos criados, realizado profissionalmente, senti que era preciso ir à luta. E, como logo constatei, eu era apenas um entre muitos da minha geração, e outros mais jovens, que ouvimos o mesmo chamado.

Vários caminhos se abriram. Pelas mãos de Arminio, fui apresentado ao projeto de formação de novos políticos do RenovaBR, fundado pelo empresário Eduardo Mufarej, que eu havia conhecido profissionalmente, e conduzido no Rio de Janeiro por Wolff Klabin, outro jovem empreendedor que eu também conhecia.[1] Encantei-me com a ideia do RenovaBR, de treinar e apoiar gente de todas as correntes ideológicas, sem experiência na política, mas que concordava com a necessidade de renová-la. Isso coincidia com minha percepção de que precisávamos de políticos mais bem preparados para tomar as decisões cruciais que lhes cabiam. Transformei-me em patrocinador e apoiador desse que considero um projeto extraordinário.

Decidi, então, explorar a possibilidade de ser candidato ao Legislativo nas eleições de 2018. Discuti a ideia com um pequeno grupo. Em geral, ela foi bem recebida, embora algumas pessoas só vissem valor numa candidatura majoritária. Essa era a visão de André Lara Resende, economista com grande experiência tanto na iniciativa privada quanto no serviço público, que eu conhecia por ser irmão de meu sócio Bruno, e para quem o impacto de um mandato de deputado é por demais limitado.

Já outros com quem discuti o assunto, como Luiz Orenstein, amigo fraterno e um dos mais bem-sucedidos gestores de investimento do país, e João Moreira Salles, o celebrado documentarista e editor da revista *piauí*, de quem eu fora contemporâneo na PUC, achavam que o caminho do Legislativo era mesmo o mais natural. O novato não deveria chegar querendo se sentar à janela, me disse o João, usando o jargão dos jogadores de futebol, nossa paixão de alvinegros sofredores. Eu não imaginava que, meses depois, viria a desconsiderar o conselho.

Discuti com aqueles e outros interlocutores qual seria o melhor partido para a empreitada. Nunca fora filiado a nenhum, mesmo que tivesse votado sempre no PSDB e servido como diretor da CVM no segundo mandato de Fernando Henrique Cardoso – só me tornei presidente do órgão no primeiro governo de Lula.

Formou-se um consenso inicial de que o PSDB, apesar dos pesares, seria a alternativa menos ruim, ainda que o Rio de Janeiro fosse dominado pelos herdeiros políticos de Marcello Alencar, ex-prefeito pelo PDT de Brizola e ex-governador pelo PSDB. Tentei, com a ajuda de amigos comuns, mas em vão, um encontro com Fernando Henrique Cardoso para discutir a viabilidade de uma candidatura à Câmara Federal. No PSDB do Rio – ele teria dito a um daqueles interlocutores – quem manda ainda é o Aécio.

Em maio de 2017 veio a divulgação da conversa entre Joesley Batista e Aécio Neves. O episódio fortaleceu minha convicção de que o PSDB do Rio de Janeiro não era uma alternativa viável. Fiquei até aliviado, pensando em como teria sido enfrentar aquela notícia em Brasília se Aécio tivesse sido eleito presidente, Arminio Fraga fosse ministro e eu estivesse em alguma função ao seu lado.

Eu não conhecia Aécio Neves, mas, dois anos antes, a pedido de Arminio, ajudara a elaborar um projeto de lei que seria apresentado por ele para moralizar e modernizar a administração das estatais, depois dos escândalos dos governos do PT. Escrevi o projeto no Hospital Albert Einstein, em São Paulo, onde acompanhava minha mãe no que seriam seus últimos 60 dias de vida. Ouvindo a gravação da conversa de Aécio com Joesley Batista, lamentei as horas desperdiçadas sob a ilusão de que seria possível continuar apenas colaborando com os políticos tradicionais – ainda que o projeto tenha sido parcialmente aproveitado naquilo que se converteu na chamada Lei das Estatais.

Tudo isso ficou rodando em minha cabeça depois da visita e do convite de Bernardinho. Dormi mal naquela noite e acordei me sentindo culpado por não ter sido capaz de aderir ao gesto de sacrifício pessoal que aquele profissional realizado estava disposto a fazer no interesse público. Decidi convocar uma conversa com a família no almoço de sábado.

Depois de ouvir mais uma vez as razões pelas quais eu preferiria me aventurar a uma eleição para deputado federal, minha filha, então com 20 anos, retrucou: você está inquieto há tempos, com o sentimento de que tem que fazer alguma coisa, vai acabar fazendo. Se é para se meter na política ou em um governo, é melhor que seja no Rio. Sempre vai ter gente boa querendo ir para Brasília. O Brasil não acaba, mas, do jeito que está, o Rio corre o risco de acabar.

Tomei ali a decisão de acompanhar Bernardinho em seu projeto. Voltaria a ser um tecnocrata, mas agora auxiliando um político novato preparado para tomar as decisões que o cargo iria lhe impor, um profissional sério e com uma reputação a perder. Bernardinho era um membro da minha geração, tomado pelas mesmas angústias. Tínhamos afinidades pessoais e visão parecida quanto a costumes e liberdade.

Além disso, eu via em sua liderança, caráter e popularidade uma chance real de vencer a eleição e, finalmente, fazer a coisa certa no meu estado. Em bom português, com Bernardinho conseguiríamos chegar lá e fazer o que era preciso, provando ser possível conciliar política, eficiência, moralidade pública e resultados tangíveis para a população. Se tivesse que definir um momento para minha guinada para a política, em meio aos caminhos pelos quais o destino e os amigos me guiaram nos três anos anteriores, aquele almoço em família numa tarde do outono de 2017 seria uma boa aposta.

3. Vai que é sua, Bernardinho!

Bernardinho não era uma estrela que representara um papel por toda a sua vida e decidira tirar vantagem da popularidade do personagem. Bem formado, trabalhador, carismático, liderança natural forjada por anos de competição em alto nível e uma história de emoções, derrotas e vitórias, ele queria usar todo o seu conhecimento para melhorar a vida das pessoas. Humano e falível, mas ético e coerente, tinha tudo para ser visto como um representante do que chamávamos de nova política, naquele mundo infestado de práticas viciadas.

A partir do dia em que me comprometi a acompanhá-lo se ele viesse a ser eleito, dediquei os meus finais de semana a estudar em detalhes a situação do estado. Bernardinho só seria candidato caso tivesse convicção de que, uma vez adotadas as medidas necessárias e que estivessem ao alcance do governador, o estado seria viável economicamente. Minha primeira missão era ajudá-lo a fazer esse diagnóstico de maneira profunda, sem viés, tanto dos problemas como das possíveis soluções. Nossos interesses estavam alinhados. Eu também não queria entrar em uma aventura suicida.

Daquele estudo inicial resultou uma apresentação. Quando Gustavo Franco, o principal do quadro econômico do Partido Novo, a viu, perguntou espantado: você fez isso sozinho? Tinha feito, gráficos inclusive. Antigo vício de advogado de escritório pequeno: adquirir confiança e vantagem competitiva através do conhecimento do detalhe. O estudo me deu consciência da enorme crise do estado, mas também a esperança de que era possível enfrentá-la.

A receptividade à eventual candidatura de Bernardinho foi imensa, ao menos nos círculos que eu frequentava. Lembro-me de um encontro na casa do Marcelo Madureira, membro do Casseta e Planeta e ativo debatedor de questões políticas nas redes sociais e nas passeatas que antecederam o *impeachment*. Foi em dezembro de 2017, com a presença de João Amoêdo. Compareceram dezenas de pessoas representando o melhor da inteligência e do empresariado do Rio de Janeiro.

O apoio à candidatura era grande entre os formadores de opinião, ainda que algumas pessoas questionassem a postura do Partido Novo de não buscar alianças com outros candidatos e partidos. Naquela noite, Fernando Gabeira e o economista Sergio Besserman expressaram essa preocupação. João Amoêdo explicou que a dificuldade das alianças decorria da recusa do Novo em utilizar o fundo eleitoral. Como aliar-se a outras legendas se a coligação se beneficiaria dos recursos públicos, cuja recusa era uma das principais bandeiras do partido? Para alguns, essa explicação parecia uma desculpa para não ceder espaço em benefício de uma aliança mais ampla, fundamentada em ideias consensuais, que permitisse a quebra da longa tradição de maus governantes no estado.

O lançamento de uma candidatura que reunisse um largo espectro de correntes políticas seria, na visão desses mais pragmáticos, a melhor alternativa para chegar ao poder e, então, reformar e pacificar o estado, mesmo que algumas legendas tivessem que abrir mão de uma candidatura própria. Mas, para um partido recém-criado como o Novo, não ter um candidato significava necessariamente perder uma oportunidade de divulgar a legenda. Lembro-me de o Sergio Besserman dizer que apoiaria Bernardinho, mas acompanharia as pesquisas e, caso seu nome não crescesse, migraria para a candidatura mais viável entre aquelas que se comprometessem com um programa minimamente necessário. Todos entendemos que ele estava se referindo a Eduardo Paes, o que era, aliás, o pensamento de muitos dos presentes.

Por isso não fiquei surpreso quando, pouco depois daquela noite, Bernardinho foi procurado por Eduardo Paes. As notícias correm. Bernardinho disse a Eduardo que eu o estava ajudando e combinou de encontrá-lo em minha casa. Logo que chegou, Eduardo comentou que frequentara a casa durante muitos anos, quando pertencia a um dono anterior, de cujo filho fora grande amigo. Minha festa de aniversário de 15 anos, ele me disse, foi aqui.

Eduardo fora meu aluno no último ano da Faculdade de Direito em meados da década de 1990. Ele já exercia, muito jovem, o cargo de subprefeito da Barra da Tijuca na primeira gestão do prefeito César Maia. Faltou à maioria das aulas, porque eram incompatíveis com o seu ritmo de trabalho, sabidamente intenso. Faltou também à prova. Pediu-me segunda chamada, que concedi, dividido entre a compreensão do espírito público daquele jovem e a tristeza por seu completo desinteresse pela minha matéria. Ele fez uma ótima prova, até por sua experiência como estagiário do escritório Gouvêa Vieira, um dos melhores do Rio de Janeiro.

Assim que Paes chegou, nos sentamos na sala e ele foi directo ao ponto. Você tem chances reais de ganhar, disse a Bernardinho, mas minha opinião é que se ganhar não vai conseguir governar. Eu posso ganhar e governar. Essa é a minha paixão e eu sei fazer um governo funcionar. Minha proposta é que unamos forças e você me apoie. Se você quiser, pode ser meu candidato a vice-governador. Seremos imbatíveis e vamos formar um governo só com as melhores pessoas para reconstruir o Rio de Janeiro.

Bernardinho respondeu que o Novo não poderia participar de uma coligação por causa da questão do fundo partidário. Além disso, continuou, praticamente todos os partidos tradicionais estavam envolvidos com o passado de desmandos no Rio de Janeiro, o que também inviabilizava uma aliança com o Novo. Eduardo, que tinha deixado o PMDB e ainda não se filiara ao DEM, pelo qual viria finalmente a concorrer, dobrou a aposta: mesmo que eu concorra por um partido que o Novo considere adequado? É só dizer com qual vocês topam coligar-se, e eu me filio. Tenho convite de todos.

Perguntei se ele não considerava que a população poderia optar por alguém de fora da política, ou percebido como sendo de fora da política. Citei o discurso de Bolsonaro, que seguia firme, logo atrás de Lula, em quase todas as pesquisas para a Presidência. Ele respondeu que não acreditava na vitória de um *outsider* e que quando a eleição começasse para valer as estruturas tradicionais iriam funcionar. "Vocês não têm ideia de como é uma eleição de verdade. Sem capilaridade e apoios locais, não se ganha eleição."

Eduardo saiu deixando o canal aberto e pedindo a Bernardinho que pensasse. Sabia, contudo, que sua proposta fora rejeitada. Já devia estar imaginando como dificultar a vida da candidatura do Novo, mas, antes, fez questão de nos mostrar, empolgado, o carro elétrico da empresa chinesa para a qual estava trabalhando – e pela primeira vez na vida, nos disse, ganhando bem.

Bernardinho e eu reagimos de maneira oposta a esse encontro. Assim que fechei o portão, abri um largo sorriso: agora você tem noção do seu potencial?, perguntei. Eduardo Paes veio aqui e disse o que disse, porque sabe que você é forte na disputa e tem medo de perder para você. E ele entende do riscado.

Percebi, no entanto, que a compreensão da força de sua candidatura fazia Bernardinho sentir que tinha que tomar uma decisão, e essa decisão era difícil. A batalha seria na selva política, não na quadra de vôlei, e nesse território inóspito ele não tinha a mesma segurança em sua performance. Todo tipo de ataque baixo poderia vir, e os adversários não jogariam limpo.

Para animá-lo e criar tração em torno de seu nome, sugeri dias depois que publicássemos juntos um artigo sobre os desafios da eleição de 2018. Sem declarar candidatura, mas falando das eleições. Ele topou, e o artigo foi publicado em 7 de janeiro de 2018, em *O Globo*. Chamava-se "Coragem nas eleições de 2018" e começava assim: "É impossível iniciar 2018 sem refletir sobre o que as eleições de outubro reservarão ao país. A nosso ver, isso depende menos de quem serão os candidatos e mais da sua coragem em discutir, com honestidade e clareza, os assuntos urgentes para o Brasil. Porque a situação do país é grave, e somente quem tiver jogado limpo na eleição terá legitimidade para fazer o que é preciso depois da posse. Os demagogos não chegarão ao final dos mandatos ou, pior, nos levarão direto ao fundo do poço."[1]

O texto parecia um tanto romântico. É claro que, para ter chances de vencer, faria toda a diferença a identidade do candidato. Só alguém conhecido poderia chegar lá. Pelo menos era o que todos pensavam. Eu também.

A incerteza de Bernardinho quanto à sua candidatura não era segredo. Para quem, como eu, conversava com ele frequentemente, ele nunca deixou de ressaltar que ainda não havia tomado a decisão. Também publicamente Bernardinho deixava clara a sua dúvida. Suas respostas em entrevistas variavam da confirmação da possibilidade de candidatar-se[2] à admissão da dúvida sobre sua capacidade de fazer o que era preciso, dizendo enxergar gente mais capaz.[3] Nessas entrevistas ele mencionava também que estava considerando a possibilidade de ser candidato a vice-presidente da República.

Essa última possibilidade de fato existiu, e foi em seu carro, a caminho de um encontro do partido, que Bernardinho me consultou. Reagi intensamente. Seria o maior erro do mundo. Ninguém vota no vice, embora no Brasil devêssemos fazê-lo, como está provado pelos sucessivos *impeachments* de presidentes – dois em sete mandatos, quase 30%.

Fui o mais enfático que pude: estaríamos perdendo a chance real de elegê-lo governador e não iríamos melhorar em nada as chances de eleger o João Amoêdo presidente. Fora que nossos candidatos a deputado aqui no Rio ficariam sem candidato a governador, tornando mais difícil a já dificílima missão de se elegerem por um partido sem tradição e que não usa dinheiro público.

Foi nesse momento que Bernardinho mencionou, pela primeira vez, a possibilidade de, no caso de ele se tornar candidato a vice do João, eu assumir a candidatura ao governo do Rio. Fui ainda mais enfático: trocar você por mim é jogar fora a chance de chegarmos lá para fazermos o que precisa ser feito para mudar o Rio.

Essa conversa com Bernardinho me veio imediatamente à lembrança quando li, tempos depois, uma nota no site de notícias *O Antagonista* a propósito do anúncio de minha candidatura: "Como Bernardinho desistiu de candidatar-se ao governo do Rio de Janeiro, o Partido Novo escolheu para seu lugar Marcelo Trindade, ex-presidente da CVM. É como colocar o rapaz que passa rodo na quadra para jogar no lugar do campeão." Eu achei graça e no fundo concordei, ainda que me comparar ao menino do rodo me parecesse um pouco cruel.

Quem está na chuva é para se molhar, e candidatar-se também quer dizer virar vidraça, inclusive de quem possa ter um interesse não declarado ou queira vingar-se de você. Quando fui presidente da CVM, decidimos que, depois que uma pessoa condenada pela Comissão cumprisse a pena, ela voltaria a ter reputação ilibada para efeitos legais. Queríamos evitar uma segunda pena, agora de banimento, que não fora imposta. O *Monitor Mercantil*, jornal contra o qual eu havia advogado no passado, presenteou-me com uma manchete mais ou menos assim: "CVM decide: quando sair, Marcola poderá trabalhar no mercado de capitais." Os motivos eram ruins, mas a piada era boa.

A ansiedade dos filiados e dos potenciais candidatos do Novo com a incerteza sobre a candidatura de Bernardinho acabou me aproximando do partido. Tendo me tornado ostensivamente seu conselheiro, indo com ele a alguns encontros e sendo mencionado como futuro companheiro em um eventual governo, passei a ser percebido como esteio da possibilidade de confirmação da candidatura de Bernardinho e comecei a ser procurado para convencê-lo a seguir adiante.

O tempo passava e Bernardinho relutava. As dificuldades no lado pessoal eram grandes, em especial para sua família, que incluía filhas ainda crianças, cujo crescimento ele finalmente estava conseguindo acompanhar de perto depois de deixar o comando da seleção de voleibol masculino, da qual fora técnico por nada menos que 16 anos e com a qual conquistara todos os títulos possíveis, incluindo o bicampeonato olímpico.

Essa questão apareceu claramente na imprensa em 10 de março de 2018, quando a *Época* publicou uma entrevista de Fernanda Venturini, mulher de Bernardinho, com uma declaração forte: "Se ele for candidato a governador, saio com as meninas do Rio. E não descarto deixar o Brasil." A revista destacava também que, em uma pesquisa recente, ele aparecera logo atrás dos principais pré-candidatos – Eduardo Paes, Romário e Garotinho –, com "7% dos eleitores, percentual que o deixaria com condição real de disputa".

Em abril de 2018, no limite do prazo legal para a filiação a partidos políticos por quem pretendesse concorrer naquele ano, Bernardinho quis encontrar-se comigo. Temi que fosse comunicar sua desistência, mas ele pediu que eu me filiasse ao Novo, coisa que eu não havia feito. É para ser meu vice, me disse, caso eu seja mesmo candidato.

Relutei. Nunca fora filiado a um partido e isso provavelmente tinha uma razão de ser. Sentia dificuldade com a obrigação de seguir um programa, sabendo que poderia ter opiniões divergentes em determinados temas mesmo concordando com a linha geral. Mas, com o passar do tempo, conhecendo os candidatos do Novo, mudei de ideia. Concluí que o alinhamento sobre os grandes princípios e a inexistência de alguma objeção grave sobre um ponto específico formavam uma base consistente para a filiação.

Bernardinho me perguntou que diferença fazia ser, ou não, seu candidato a vice-governador, já que eu havia aceitado ficar ao seu lado no governo durante quatro anos, em caso de vitória. Respondi com total franqueza: não poderia pedir demissão se fosse vice. Quem já esteve no governo sabe que poder sair quando quiser ajuda muito a assegurar as condições para que se possa ficar.

Na noite seguinte, mais pressão, agora de uma dirigente do partido ligando do exterior. É condição para o Bernardo, ela disse. Sem você de vice, ele não será candidato. E arrematou: E pode servir para um plano B. Foi a segunda vez que surgiu a possibilidade de o candidato ser eu. Não era uma coincidência. Evidentemente o assunto tinha sido conversado entre eles.

Resolvi que eu não seria a razão para Bernardo desistir da candidatura e aceitei a filiação. Mas sabia que a chance de ele seguir em frente era cada vez menor. A partir dali, a ideia do tal plano B passou a me atormentar. Buscava afastá-la da cabeça para não perder o ânimo no incentivo ao Bernardinho.

Além da dificuldade em tomar a decisão de ser candidato, Bernardinho enfrentava as emboscadas lançadas pelos adversários ou causadas pela própria estrutura da política brasileira, como o episódio da decisão do Tribunal Regional Eleitoral do Rio de Janeiro de restringir suas manifestações públicas, supostamente por estar fazendo campanha antes do período previsto pela lei.

A acusação baseava-se em uma matéria publicada no blog do jornalista Lauro Jardim, de *O Globo*, em 31 de outubro de 2017, sobre uma palestra de Bernardinho. Perguntado sobre a possibilidade de sua candidatura, ele falara abertamente da dúvida quanto à sua capacidade de exercer o cargo, explicando que seu talento era o de formar equipes. Caso aceitasse, completou, precisaria de um time.

Depois de dizer que todos o incentivavam a candidatar-se, mas que ninguém queria servir junto com ele, provocou a plateia: "Tamo junto?" Fez isso para mostrar que o problema não era obter apoio, mas encontrar quem estivesse disposto a se juntar à equipe. Nem de longe estava pedindo votos ou antecipando uma campanha.[4]

Surpreendentemente, a Procuradoria Regional Eleitoral no Rio de Janeiro apresentou uma ação pedindo uma liminar para tirar do ar a página de Bernardinho no Facebook e para condená-lo por antecipar a campanha. A desembargadora encarregada do caso concedeu a liminar dizendo perceber "na conduta do candidato uma interação com o eleitorado, conclamando os seus espectadores a aderir à sua candidatura, em uma postura típica de palanque em diversas manifestações, sobretudo nos vídeos".

Posteriormente, Bernardinho foi mesmo condenado pelo TRE por antecipar uma campanha que acabou não existindo. Enquanto o futuro presidente da República ficou em campanha explícita por quatro anos, sem ser incomodado porque era deputado federal, o novato era condenado por admitir publicamente a possibilidade de vir a ser candidato. A acusação só seria revertida em grau de recurso, julgado bem mais tarde pelo Tribunal Superior Eleitoral. Mas aquele cartão de visitas do sistema eleitoral brasileiro certamente contribuiu para a decisão que Bernardinho viria a tomar.

4. Quem não tem cão caça com gato

Nos primeiros dias de maio de 2018 viajei rapidamente a Lisboa para visitar minha filha, que estava no programa de intercâmbio de sua universidade. Lá, recebi de Bernardinho uma ligação confirmando que não concorreria, o que, àquela altura, já estava mais ou menos claro. O Partido Novo comunicou em suas redes sociais a desistência, informando que Bernardinho seria o "embaixador" do partido, "participando de eventos, dando palestras, inspirando os pré-candidatos a trabalhar no seu mais importante desafio: engajar os brasileiros a acreditar que a mudança é possível em 2018".

De fato, nos cinco meses seguintes Bernardinho foi incansável, apoiando os candidatos do Novo em todo o país. Muitas vezes, quando vemos um ídolo de perto, nos decepcionamos. Com Bernardinho me aconteceu o contrário. Construímos uma amizade sólida e constatei ao vivo e a cores sua retidão, honestidade intelectual e empenho em melhorar o país.

Isso tudo, entretanto, nunca foi capaz de apagar minha tristeza pela oportunidade que perdemos de transformar o Rio de Janeiro. A eleição de Witzel confirmou que havia espaço para um novato. Bolsonaro muito provavelmente teria apoiado Bernardinho no Rio, em busca de sua popularidade. Teríamos tido grandes chances de vencer a eleição. Como eu tinha topado sair da torcida para jogar ao seu lado, sentia-me autorizado àquela dor de cotovelo. Por ter percebido a chance que estávamos deixando para trás e pela frustração de ver jogado fora o esforço de preparação dos meses anteriores, a notícia, ainda que esperada, me abateu muitíssimo. Os poucos dias que restavam de viagem foram chuvosos e os passei triste como os galgos com que cruzava passeando de agasalho, conduzidos por seus donos pelas frias e ventosas ruas de Lisboa. O baixo-astral não melhorou na volta ao Rio e os dias de trabalho no escritório tornaram-se penosos.

A desistência de Bernardinho fez cair a ficha de que eu tinha ficado sem opção. Só me restava continuar a contribuir indiretamente, por meio de doações, para a mudança que o meu estado necessitava com tanta urgência. Não podia mais me candidatar a deputado federal porque, embora filiado ao Novo, o processo seletivo de candidatos a deputado – uma das inovações do partido – já estava encerrado.

Meu sentimento de que a situação no Rio de Janeiro era desesperadora e exigia uma ação se agravara pelo fato de que, desde o final dos anos 1990, eu passara a dividir meu tempo entre Rio e São Paulo, onde tinha um apartamento. Durante aqueles anos a distância entre as duas metrópoles e os dois estados só fizera aumentar, e em 2018 senti que o abismo nunca fora tão grande. No Rio de Janeiro, vivíamos intervenção federal na segurança pública desde meados de fevereiro, Regime de Recuperação Fiscal, a indústria do petróleo em crise e os investimentos da Petrobras, um dos motores do estado, praticamente paralisados.

No Rio, vivendo sempre na Zona Sul – desde que nasci, em Copacabana, passando por Lagoa, Leblon e Gávea –, tinha cada vez mais a sensação de uma pessoa rica que divide a casa com outras muito pobres e finge não vê-las. O incômodo não vinha só de enriquecer quando muitos empobreciam, nem do sentimento de solidariedade do filho da jovem imigrante espanhola que chegara pobre e fora acolhida pelo país estranho.

É que um estado em que a miséria se mistura à riqueza, em que a beleza está mesclada à violência, em que a ignorância gera ineficiência, contrastando com a expectativa criada pela fama, não atrai visitantes nem investimentos. O Rio 40 graus cantado por Fernanda Abreu, purgatório da beleza e do caos, tornou-se o inferno da violência e da desigualdade. Estava cada vez pior para se morar e visitar. Isso, para quem era do Rio de Janeiro ou adotara a cidade e o estado, era doloroso. E o fracasso constrangia ainda mais, diante da evidência solar do enorme potencial desperdiçado.

A violência nos afasta da praia, do transporte público, dos estádios de futebol, das caminhadas noturnas. A falta de infraestrutura, o domínio da informalidade e o descumprimento das normas afastam a atividade empresarial. As milícias e os traficantes sequestram a liberdade dos cidadãos. Sem falar da dificuldade das nossas escolas públicas em atrair e manter os estudantes mais pobres, crianças e jovens cada dia mais afastados da possibilidade de um futuro digno.

Por isso é que, àquela altura da minha vida, ser bem-sucedido em meio ao fracasso da cidade e do estado me dava a sensação de que meu bem-estar era artificial. Nos primeiros anos de vida adulta, assisti à dificuldade de meus pais para pagar meus estudos e sofri eu mesmo para pagar minhas contas. Décadas depois, com as dificuldades deixadas para trás, deveria me sentir realizado. Mas, na verdade, constatei, ao longo dos anos e sobretudo depois dos 50 – data que, aliás, celebrei com uma enorme festa –, que o sonho individual tem pouco valor quando não está inserido em projetos coletivos.

O meu sentimento de realização pessoal não era pleno. Contrastava todos os dias com a constatação da incapacidade de minha cidade e de meu estado – e, portanto, de todos que aqui vivemos e votamos – de crescer e repartir riqueza, como precisavam urgentemente fazer. A ressaca pela desistência de Bernardinho vinha com esse gosto amargo de que, ao invés de acordar com a esperança de participar da busca por algo melhor, eu continuaria inerte diante do nosso fracasso coletivo.

Alguns candidatos a deputado estadual e federal do Partido Novo, órfãos de um candidato majoritário e com as dificuldades daí decorrentes, vieram me sondar sobre uma possível candidatura. Nada muito concreto e cogitando também o Senado. O partido, me diziam, não poderia deixar de ter um candidato majoritário, sob pena de não conseguir eleger candidatos proporcionais.

Não sei o quanto a ideia foi ou não discutida com a cúpula do partido, mas dessa vez encontrou em minha tristeza o campo para desenvolver-se. Sentindo-me também órfão do projeto desenhado para a candidatura de Bernardinho, e tocado pelo mesmo sentimento dos candidatos a deputados, deixei-me levar.

Antes, contudo, de decidir se valia a pena tentar, pensei se não continuaria havendo alguém melhor do que eu para encarar o desafio no partido. Havia. Gustavo Franco, uma estrela do Novo. Não apenas era o seu quadro econômico mais qualificado, como era conhecido de uma parcela relevante do público por sua atuação como presidente do Banco Central na criação do Plano Real, que nos legou uma moeda e livrou o país de décadas de inflação alta.

Gustavo, claro, não era tão popular quanto Bernardinho. Por outro lado, tinha a experiência no serviço público e nas negociações com o Congresso. Encontrei Gustavo em uma reunião na Casa das Garças – um centro de pesquisas ligado ao Departamento de Economia da PUC-Rio –, em que assistimos a uma exposição do então ministro da Segurança Pública, Raul Jungmann, relatando as dificuldades na sua área e tratando especificamente da violência urbana no Rio de Janeiro.

Não era o cenário mais animador para sondar Gustavo sobre a ideia de sua candidatura. Ainda assim, fui em frente. Ele me disse que não poderia aceitar por razões profissionais e pessoais, mas que se eu tivesse força deveria tentar. Seria bom para os candidatos a deputado e asseguraria um pouco mais de visibilidade para o próprio partido.

Voltei ao computador no final de semana e rabisquei os pilares de uma potencial candidatura. Preparei três apresentações e enviei-as ao partido na tarde de 27 de maio de 2018 – data em que meu pai, se fosse vivo, completaria 87 anos. Estávamos a exíguos quatro meses e dez dias das eleições.

Uma das apresentações continha o meu currículo e minhas opiniões sobre temas sensíveis, relacionados a economia, costumes e tamanho do Estado, que poderiam surgir na campanha. Outra apresentava as principais propostas que gostaria de defender e que seriam aprofundadas ao longo dos meses seguintes. Finalmente, a terceira apresentação tratava do financiamento da campanha, que eu orçava em cerca de R$ 3 milhões no primeiro turno.

Aquelas apresentações, que nunca se tornaram públicas, resumiam as condições em que eu poderia concorrer ao governo do Rio de Janeiro, se o Novo assim desejasse. Minha intenção era que elas servissem para o partido confirmar se estaria confortável com um candidato como eu, com posições liberais nos temas de costumes, com as pautas que eu pretendia defender para o estado e com a dimensão financeira que me parecia viável para a campanha àquela altura.

Tudo o que eu não precisava era embarcar em uma batalha eleitoral pela primeira vez na vida, contra adversários capazes de todo tipo de ataque, correndo riscos de atrito na retaguarda. Fui ingênuo e não perderia por esperar. Durante uma eleição, um partido é um organismo muito sensível à pressão dos filiados, da mídia e das redes sociais, e não há pacto inicial que não possa ser revisto diante das circunstâncias.

Escrevi na mensagem que encaminhei com as apresentações que sua finalidade era confirmar se nelas não havia nada que conflitasse com as visões institucionais do partido. Ressaltei que entenderia, caso o conteúdo fosse um empecilho à candidatura, e que isso não me impediria de seguir colaborando com o Novo. Na verdade, me considerava então, como ainda me considero, completamente desimportante diante da ideia de formar um partido verdadeiramente liberal no Brasil. E isso me levava a querer evitar que minha eventual candidatura causasse qualquer problema para o Novo.

Revendo agora as apresentações, fico satisfeito ao constatar sua coerência com o que pensei e disse durante e depois da campanha. E acho que as ideias que expus coincidem, na maior parte, com aquilo que um partido verdadeiramente liberal deve defender em um país com os desafios do Brasil.

O risco de discordância entre as minhas visões e as do Novo na economia era menor, mas não desprezível. Desde o princípio de meu relacionamento com o Novo eu temia que o discurso do partido fosse por demais simplificado, no sentido de acreditar que as forças do mercado sozinhas seriam suficientes para que a economia funcionasse de maneira equilibrada. Mas os costumes eram o tema que mais me preocupava em termos de uma possível divergência. Por isso comecei a apresentação falando da liberdade das pessoas de ditar as próprias escolhas, inclusive de exercitar com plenitude, e o respeito da sociedade, a sua orientação sexual.

Claro que, como liberal, eu reconhecia que quanto menos as pessoas dependam da proteção estatal para as suas escolhas, mais livres são. Mas era preciso admitir também que, por causa de preconceitos históricos no Brasil, muitos não conseguiam fazê-lo. E se é verdade que normas legais não são suficientes para coibir o preconceito, também é certo que o Estado tem o dever de assegurar o direito às escolhas e orientações pessoais, protegendo as minorias.

Embora não fossem temas de competência legislativa dos estados, abordei duas outras questões polêmicas: a legalização do aborto e das drogas, que os governos no Brasil sempre se acovardaram em discutir. Ambos são assuntos complexos, porque envolvem conflitos entre garantias igualmente asseguradas pela Constituição: o direito à vida e o direito à liberdade. Mas poderiam surgir na eleição para governador de um estado conflagrado pela violência em torno do tráfico de drogas, como o Rio, e no qual quase um terço das meninas fora da escola no ensino médio já são mães.

Por fim, as apresentações tratavam do tamanho do Estado, sustentando que ele não deveria ser nem mínimo nem máximo, e sim o necessário para combater a desigualdade e induzir avanços sociais. Eu era a favor de políticas de renda mínima e de cotas, porque em um país díspar como o Brasil não basta lutar pela igualdade de oportunidades. Ela só será realmente possível depois de asseguradas as condições mínimas de acesso a educação, saúde, transporte e saneamento a toda a população.

Dizia ainda que a arrecadação de tributos deveria ser a menor possível, porém suficiente para proporcionar o grau adequado de redistribuição da riqueza. Tributos deveriam ser o principal mecanismo daquela redistribuição, por meio da prestação de serviços públicos essenciais para os que não podem pagar por eles. No Brasil, a tributação produz o efeito contrário e o Estado termina sendo altamente concentrador de renda. Destina vastos recursos a um pequeno número de pessoas, membros da elite do funcionalismo público. Tributa modestamente os ganhos com aplicações financeiras. E enquanto concede subsídios, isenções e tributação favorecida a diversos grupos e atividades, cobra de toda a população os impostos indiretos (como o ICMS e o ISS) embutidos no preço de produtos e serviços. Esses tributos indiretos são pagos igualmente por pobres e ricos, mas pesam muito mais sobre a renda dos pobres.

No mesmo dia em que enviei as apresentações ao partido, mandei-as também para o Bernardinho, com quem começara a conversar sobre a ideia de sucedê-lo na candidatura. Ele estava animadíssimo, prometendo completo apoio na campanha, caso ela viesse a se concretizar.

Recebi luz verde do partido sobre o conteúdo das apresentações e me reuni com a família, mais uma vez, para bater o martelo. A simples possibilidade da candidatura estava recuperando o meu ânimo. Não foi uma decisão difícil. Se o partido quisesse, eu iria em frente para o governo, não para o Senado. Ambas as batalhas eram praticamente impossíveis, então a disputa com mais exposição seria melhor para os candidatos proporcionais e para divulgar nossas ideias.

Antes da decisão final, consultei Arminio Fraga. Ele achou a candidatura inoportuna. Não tinha certeza sobre o veículo, porque seguia com divergências programáticas com o Partido Novo. Além disso, achava impossível ganhar a eleição e, se por um milagre isso viesse a ocorrer, seria inviável governar sob o fogo de uma Assembleia Legislativa dominada pela oposição.

No dia seguinte, Arminio me ligou. Disse que continuava achando que não valia a pena, mas que, se eu o fizesse, poderia contar com todo o seu apoio. Ofereceu uma doação dez vezes maior do que o valor que me pareceu razoável e que, afinal, aceitei – seria a maior doação individual para minha campanha.

Nas semanas seguintes, passei por um breve processo seletivo, ao final do qual o partido decidiu lançar a candidatura. Coube à coluna do Lauro Jardim, em *O Globo* de 10 de junho de 2018, publicar a notícia, para espanto e comoção de praticamente todos que me cercavam. Começavam ali os quatro meses mais intensos de minha vida.

5. O destino é uma possibilidade

O artista brasileiro Victor Arruda por vezes pinta frases em seus quadros. Uma delas sempre me provocou: o destino é uma possibilidade. Eu não havia encontrado um significado para essa frase até as primeiras semanas após o lançamento de minha pré-candidatura ao governo do Rio de Janeiro. Naqueles dias, o que nem de longe parecia uma possibilidade até pouco tempo atrás passou a exibir-se com ares de realidade à minha frente, como se sempre tivesse estado lá, esperando para transformar-se em destino.

Até junho de 2018 eu não fazia parte de nenhuma rede social, salvo por uma conta abandonada no LinkedIn, que em um momento de fraqueza eu aceitara criar sob pressão de algum jovem sócio de meu escritório. Para mim, era um mundo à parte. Eu não tinha tempo para ser usuário das redes e, com exceção do interesse pela sua crescente relevância social e econômica, limitava-me a saber o mínimo necessário para conversar com meus filhos e alunos.

Esse é, provavelmente, o melhor indicador do nível de improviso de minha candidatura. Políticos como Donald Trump, eleito em 2016, e Jair Bolsonaro, candidato à Presidência que aparecia consistentemente entre os mais cotados nas pesquisas desde julho de 2016, comunicavam-se quase exclusivamente por meio de suas redes sociais. Todos sabiam que elas cumpririam um papel fundamental nas eleições de 2018.

O espaço das redes era mais democrático que o dos meios de comunicação tradicionais – uma boa notícia para os candidatos novatos. Mas havia más notícias também, especialmente para quem chegava atrasado, como eu. O custo do impulsionamento – isto é, do pagamento para que as mensagens cheguem a pessoas que não são seguidoras de quem faz a postagem – seria cada vez mais alto, à medida que a campanha esquentasse, inclusive por conta de novas métricas criadas pelas redes sociais para aquelas eleições. Como todos os candidatos, salvo os do Partido Novo, financiariam suas campanhas com os fartos recursos públicos do fundo eleitoral, eles poderiam aplicar somas expressivas, aumentando ainda mais o preço para quem não quisesse ficar fora da arena crucial que era a internet. As operadoras das redes, símbolos de sucesso da iniciativa privada, não se furtariam a abocanhar uma grande fatia daquele jorro de dinheiro público.

Muita gente que não concorreria estava impulsionando suas redes, apoiando determinados candidatos ou divulgando *fake news* sobre seus rivais, o que é proibido. A lei exige a identificação dessas mensagens como propaganda eleitoral, mas tal prática ocorre com intensidade, especialmente antes do período oficial de campanha, a partir do qual os controles e a fiscalização aumentam.

Enquanto tudo isso acontecia havia meses nas redes sociais, minhas contas no Facebook, Instagram e Twitter foram criadas por meus filhos somente no próprio domingo 10 de junho, quando minha futura candidatura foi divulgada. Na primeira postagem, algumas fotos e um vídeo da carinhosa acolhida que recebi de militantes do Novo naquele dia, na já tradicional barraquinha do partido no Posto 12, na praia do Leblon.

Lá estavam alguns dirigentes e alguns futuros candidatos a deputados estadual e federal que viriam a ter uma boa votação quatro meses depois – como Adriana Balthazar, afinal nossa primeira suplente na Assembleia Legislativa, e Dr. Carlos, o segundo. Eu era duplamente *outsider*: um novato na política e só recentemente filiado ao partido, o que não impediu que a recepção fosse calorosa.

As fotos e o vídeo da primeira postagem no Instagram receberam exatas 365 curtidas. A seguinte, quase 500. A adesão às redes sociais cresceu rapidamente, mesmo sem usarmos recursos de impulsionamento. Descobri que a medida da intensidade dessa interação, que passou a caracterizar minhas redes sociais, chamava-se engajamento.

O primeiro vídeo em que eu me apresentava como candidato foi gravado no meu escritório por uma profissional que trabalhava para o partido e postado naquele mesmo domingo, à noite. Esse vídeo mostrava o desafio de comunicação que estava por vir. Advogado, professor experiente, acostumado a falar em público e nas salas de aula sobre assuntos que conhecia profundamente, eu parecia inseguro ao ter que falar de mim mesmo, entremeando as frases com pausas preenchidas com um som gutural que revelavam a minha completa falta de treinamento para o audiovisual.

Naquela primeira gravação, o único mérito era a sinceridade de uma fala adequada à gravidade da situação do Rio de Janeiro, dita de improviso e sem agressividade. O treino e a assessoria de comunicação viriam a melhorar as pausas e as ligações entre as frases, mas também acrescentariam um tom mais agressivo que nunca me pareceu natural. Até o final da campanha lutei contra essa dificuldade. Falava bem ao vivo e nos debates, porém ia mal nas gravações programadas.

No mesmo dia liberei o WhatsApp do meu telefone do Rio de Janeiro. Até então, eu usava um número de celular do meu escritório, que era de São Paulo e pouca gente conhecia. Foi o que bastou para receber centenas de mensagens de pessoas que, tendo meu telefone e lendo a notícia da candidatura, me procuraram no aplicativo.

Curiosamente, uma das primeiras mensagens foi de Antonio Pedro Índio da Costa, de cuja irmã sou fraterno amigo há mais de 30 anos. Índio, político experiente, já era candidato declarado ao governo do estado. A mensagem dele era uma foto da nota publicada pelo Lauro Jardim sobre a minha candidatura, circulada em vermelho, seguida de um monte de palminhas.

Comecei a escrever uma mensagem carinhosa de agradecimento, mas olhei de novo para aquelas palminhas e pensei: político não passa recibo. Respondi com vários polegares em riste. Ao longo da campanha nos encontramos algumas vezes e ele foi sempre muito gentil. Mas um dos ataques mais baixos que recebi veio de seu campo. Políticos são assim: negócios, negócios, amigos à parte.

Os primeiros dias depois do anúncio da candidatura foram estimulantes. O apoio maciço na internet e nos telefonemas permitiram criar rapidamente uma rede de contatos de alto nível, de gente interessada em ajudar no que fosse possível. Médicos, engenheiros, economistas – dezenas de profissionais de elite apressaram-se em oferecer apoio.

Na sexta-feira, dia 15 de junho, veio a cereja do bolo. Eu estava em sala de aula na PUC às sete e pouco da manhã, quando minha filha me telefonou. Ela jamais havia me ligado durante uma aula. Pedi licença à turma e atendi assustado. Pai, você conhece um Rogério Werneck?

Conhecia superficialmente Rogério Werneck, respeitado professor e diretor do Departamento de Economia da PUC. Embora fôssemos professores da mesma universidade e os departamentos de Direito e Economia ficassem no mesmo prédio, não convivíamos por lá. Eu conhecia mais o Rogério pelo que ouvia de amigos em comum e por seus ex-alunos que haviam sido meus amigos quando estudei na PUC. Seu filho também tinha sido meu aluno alguns anos antes. Conheço mal, filha, por quê? Aconteceu alguma coisa?

Acontecera. Naquela manhã, Rogério publicara em sua coluna em *O Globo* um artigo com o título "Afinal, um candidato à altura", tratando minha candidatura como uma oportunidade para o estado.[1] Ele propunha uma ampla coalizão suprapartidária em torno de meu nome, "não de partidos, mas de eleitores provenientes da esquerda à direita do espectro político, irmanados na percepção de que, em meio à crise que enfrenta o estado, é o momento de botar de lado as diferenças ideológicas e eleger um governador à altura dos enormes desafios que terão de ser enfrentados".

É raro que eu deixe de ler os jornais antes de sair de casa, mesmo quando a aula é às sete da manhã. Mas naquele dia eu não tivera tempo. Fiquei atônito e emocionado quando li o artigo, uma hora e meia depois do telefonema. O texto me elevava a outro patamar no cenário político local, bem acima daquele em que eu próprio me via. Ali eu era percebido exatamente como gostaria de ser, por uma pessoa desinteressada, com quem eu não havia conversado sobre a candidatura, mas de grande reputação e, segundo soube depois, pouco dado a elogios públicos. Rogério era um homem de centro, e aquilo me encheu de esperanças de que pudesse formar-se uma corrente em torno da minha candidatura, que, afinal, permitisse uma reviravolta em nosso estado.

Quando consegui o endereço de e-mail do Rogério, mandei-lhe uma mensagem de agradecimento. Dizia que, depois das indicações para patrono e paraninfo de turmas na universidade, aquela fora a maior homenagem que recebera em minha vida. Ele me respondeu carinhosamente. Disse que, sendo mineiro, mesmo radicado no Rio havia anos, tinha menos tolerância com a depredação do estado do que nós fluminenses, por isso se sentira obrigado a dar vivas à minha candidatura.

Pouco depois, no domingo, dia 24 de junho, realizamos nossa primeira caminhada da pré-campanha, reunindo centenas de pessoas na praia do Leblon. A Copa do Mundo de futebol, na Rússia, começara dez dias antes e temíamos que a concorrência dos jogos do dia pudesse afetar o ânimo dos simpatizantes. Mas o encontro foi um sucesso.

Compareceram apoiadores e filiados do Partido Novo, entre eles Bernardinho e Gustavo Franco, e gente não ligada ao partido, como Arminio Fraga. Foi a minha primeira experiência nas ruas. A coisa toda começava a parecer real, uma campanha eleitoral de verdade – ainda que no ninho da rica Zona Sul e cercado por amigos de toda a vida que passaram por lá para um abraço.

O clima era de confraternização e, às vezes, até de comoção. Alguns consideravam que o fato de uma pessoa com a vida estabilizada se meter com política, ainda mais no Rio de Janeiro, era praticamente um ato heroico. A política tinha chegado a um tal nível de degradação que alguns amigos, ao invés de me felicitarem, se despediam, como se eu estivesse partindo para uma trincheira no *front* da Primeira Guerra Mundial. No lugar de me perguntarem por que eu achava que era qualificado para ser governador, diziam que eu era maluco por querer.

Pense nos seus amigos e colegas de colégio, da universidade, de profissão, seus parentes próximos e longínquos, as pessoas que trabalham com você e com seus amigos, enfim, pense em todo mundo que você conhece, inclusive quem você vê com pouca frequência, reunido na orla fechada para o trânsito, numa manhã de sol de junho no Rio de Janeiro, celebrando a esperança de mudança que você, que nunca imaginou vir a ser esse canal, passava a representar.

É muito difícil transmitir a sensação daquela primeira caminhada. Eu respondia emocionado aos abraços e manifestações de solidariedade. Pedia calma e brincava dizendo que o perigo de ganhar a eleição era pequeno – embora, por dentro, estivesse contagiado pelo momento e esperançoso da possibilidade de uma surpresa. Afinal, se um novato não vencesse agora, não venceria nunca.

Até Paulo Guedes, suado e sem camisa, foi interrompido em sua corrida matinal por militantes mais animados e obrigado a ir me cumprimentar, o que fez com sua habitual gentileza e palavras de incentivo, para, em seguida, engrenar uma conversa com Gustavo Franco e Arminio Fraga. Só esse encontro improvável já teria valido a caminhada.

Paulo Guedes havia se tornado uma estrela. Jair Bolsonaro repetira a técnica de Aécio Neves, usada com Arminio na campanha de 2014, e antecipara o anúncio de seu nome para futuro ministro da Fazenda, caso fosse eleito. Guedes era um conhecido liberal, doutor em Economia pela Universidade de Chicago, o que não impedia que Gustavo Franco desconfiasse da guinada liberal de Bolsonaro. Dizia que era um casamento arranjado, sem amor sincero.

Só faltou um detalhe para que aquela manhã de junho nas praias do Leblon e de Ipanema fosse perfeita. A presença de João Amoêdo. Era ele que a maioria dos presentes queria ver e sua participação havia sido anunciada nas redes sociais, nas quais João construíra uma sólida legião de seguidores que cresceria exponencialmente ao longo da campanha.[2]

Principal idealizador do partido, empresário bem-sucedido que deixara a sua comodíssima situação pessoal para dedicar-se a um projeto de renovação política, João atraía a simpatia de todos os que também se sentiam inconformados com a situação do país. O mote do partido – "Transformar indignação em ação" – tinha nele o maior exemplo, o símbolo de que já passara da hora de deixar nosso conforto para lutar por um país melhor.

Antes da caminhada, João Amoêdo enviou-me uma mensagem de incentivo, desculpando-se pela ausência provocada por uma contusão que o impedia de andar. As pessoas vinham me perguntar: cadê o João? E eu respondia como um técnico de futebol: está machucado.

6. Você conhece o Partido Novo?

São famosos os memes na internet com os filiados do Partido Novo abordando as pessoas nos lugares mais impróprios, com a pergunta de sempre: você conhece o Partido Novo? Pois bem. A verdade é que, naquele começo de campanha, nem eu conhecia o Partido Novo, nem ele me conhecia. Éramos como um casal que se casou depois de três meses de namoro.

Talvez fosse até pior. Porque um partido não é uma pessoa, mas um conjunto composto por dirigentes e filiados. No caso do Novo, milhares que se sentem, legitimamente, donos do partido, já que o sustentam com o pagamento de suas mensalidades. O Novo não sobrevive sem o dinheiro de seus filiados, porque não utiliza o fundo partidário. O partido sabe disso e os filiados também. E no dia que o Novo aceitar dinheiro do fundo partidário, vai perder a sua identidade.

Eu pouco conhecia o partido e não é fácil fazer propaganda de quem você mal conhece. Faltam respostas para determinadas perguntas e, por vezes, você corre o risco da idealização. A recíproca certamente é verdadeira. Os filiados, apoiadores e candidatos do Novo conheciam João Amoêdo graças a anos de militância conjunta. Mas me conheciam muito pouco. Havia desconfiança e havia ignorância. Para não falar no estranhamento provocado naquela manhã de junho pela invasão de centenas de pessoas que nunca tinham frequentado as barracas e as caminhadas do partido.

Às vezes, eu também não ajudava. Passei uma tremenda vergonha no Encontro Nacional do Novo em São Paulo, em 4 de agosto, na frente de mais de mil pessoas. Todos os candidatos a governador dos estados estavam no palco e cada um de nós fez um breve discurso. Quando chegou a minha vez, eu vinha falando empolgado sobre o desafio do Rio de Janeiro, sobre como os problemas dos outros estados pareciam modestos perto dos nossos, e fui arrematar mencionando a onda laranja – uma referência à cor do partido – que iria se formar pelo Brasil em favor de nossos candidatos.

Só que, ao invés de dizer onda laranja, disse onda verde. A primeira gargalhada da plateia me obrigou a continuar falando mais um pouco para, depois, tentar arrematar de novo com a onda laranja – só que saiu verde mais uma vez. Eu então repeti gritando: "Laranja, laranja, laranja!" Fiquei pensando na vergonha alheia dos presentes, que incluíam dois de meus quatro irmãos, os que moram em São Paulo, com as mulheres e meus sobrinhos.

Dois meses depois, no dia da apuração dos votos do primeiro turno, após passar pelo intensivo da campanha, eu já conhecia bem o partido e a recíproca era verdadeira. João Amoêdo e eu, e nossas famílias, havíamos construído uma relação de admiração e respeito mútuos. Estávamos orgulhosos do que havíamos feito e, principalmente, da maneira pela qual havíamos feito, cada um a seu modo e em sua escala, apesar da falta da vitória para celebrar. Mas, naquele domingo ensolarado e fresco de nossa primeira caminhada da pré-campanha, no final de junho, eu era um novato na política e no partido e logo surgiram teorias para explicar a ausência do João Amoêdo à primeira caminhada do candidato ao governo do Rio.

Uns me disseram que a direção do partido não engolira as críticas que Rogério Werneck, historicamente ligado ao PSDB, fizera ao Novo, em seu artigo que conclamara uma adesão das forças de centro à minha candidatura. A ausência de João seria fruto do desconforto que aqueles comentários haviam gerado, até porque, dada minha recente relação com o partido, ninguém tinha certeza se o artigo do Rogério não fora fruto de uma combinação entre nós.

Rogério, com um tom provocativo, convocara o Novo e os seus militantes a adotar uma postura mais porosa, dizendo que seria um erro usar minha candidatura "só para marcar posição e tornar o Novo um partido mais conhecido. O foco da sua campanha não pode ser o típico eleitor potencial do Novo. O objetivo deve ser bem mais ambicioso: assegurar a chegada de Marcelo Trindade ao segundo turno e sua vitória na eleição".

Em seguida, subira acidamente o tom: "O Novo terá de controlar seus tiques." E arrematara: "Não é hora de cair na tentação de reforçar muralhas que realcem as peculiaridades do Novo e o apartem dos demais partidos, mas de baixar as barreiras ideológicas e deixar que eleitores das mais diversas convicções generosamente abracem a candidatura de Marcelo Trindade."

Rogério expressava uma visão bastante comum – a de que, apesar do discurso liberal na economia, o Partido Novo era de direita e conservador –, daí falar em superar barreiras ideológicas. Além disso, o discurso do Novo de não se misturar com a velha política era percebido por alguns como radical, porque, de certa forma, transformava todos os políticos antigos em bandidos.

E a verdade é que, embora todos estivessem celebrando a minha candidatura, havia mesmo alguns críticos do Novo naquela manhã na praia. O discurso de que o partido não sabia fazer política porque recusava alianças certamente ganhou impulso com a ausência do João em minha primeira caminhada. Afinal, não é só a esquerda que critica o Partido Novo. Muitos sociais-democratas recusam-se a aceitar que um partido liberal seja o melhor pouso para quem pretenda reconstruir o país e lutar contra a desigualdade – talvez por não terem ainda digerido o dilaceramento do PSDB e a sua captura pelo populismo.

Como eu havia testado meus pontos de vista liberais nas apresentações que enviara ao partido, não acreditava que os dirigentes fossem radicais nem reacionários. Mas era inegável que essa percepção existia, como ainda existe, em alguns setores. Ao encampá-la, o artigo de Rogério Werneck teria incomodado as lideranças do Novo.

Para mim também não fazia sentido que a postura do partido contra as coligações resultasse na impossibilidade de seu candidato liderar uma grande coalizão de centro. Eram coisas diferentes. Uma coalizão não leva ao compartilhamento de recursos de campanha – como ocorre em uma coligação, o que, de fato, seria um problema grave, à luz da nossa restrição ao uso do financiamento público. Na verdade, uma coalizão apenas antecipa para o primeiro turno apoios que são dados caso se chegue ao segundo.

E, para completar, o fenômeno de uma candidatura do Novo catalisando eleitores em torno do centro, como Rogério Werneck pugnara, teria sido bem mais provável e eleitoralmente potente se Bernardinho tivesse sido o candidato. O partido havia insistido na candidatura dele e, portanto, deveria estar preparado para um quadro de coalizão, mesmo que informal, em torno de sua candidatura no Rio de Janeiro. Era indiscutível que o lançamento de uma candidatura majoritária à qual aderissem forças políticas diversas, ainda mais em um estado da importância do Rio de Janeiro, daria ao partido grande relevância nacional.

À noite, em casa, ainda saboreando o sucesso da caminhada, a alegria das pessoas e o reencontro com tantos amigos, mas encasquetado com as perguntas sobre a ausência do João, me ocorreu que o artigo de Rogério Werneck poderia ter, de fato, levantado preocupações quanto à minha lealdade ao Novo. Afinal de contas, eu era um neófito no partido e na política e notoriamente próximo de Arminio Fraga, quadro histórico do PSDB.

Um candidato que começasse a pensar que era mais importante que o partido, ou que efetivamente adquirisse essa importância, poderia adotar posições que conflitassem com a plataforma partidária, criando assim o risco da perda de identidade, o que seria particularmente grave para uma organização com pouco tempo de atividade, como o Novo. Essa seria uma preocupação justa.

Eu não tinha ideia de como aquela reflexão seria importante para mim ao longo dos meses que viriam. Um partido político em formação é feito de cristal fino. Como todos nós, só com o tempo, depois de experimentar muitas vezes a realidade não binária do mundo, é que fica cascudo.

Outra versão menos complexa para a ausência de João Amoêdo na caminhada circulou naquela manhã de domingo entre os pré-candidatos do Novo. Como antigo dirigente máximo do partido, recém-licenciado para concorrer, João teria querido evitar um encontro com Leandro Lyra, que estava presente. O jovem Lyra, então com 26 anos, fora o único vereador eleito pelo Partido Novo na cidade do Rio de Janeiro nas eleições de 2016. Um dos quatro eleitos na primeira campanha do partido – os outros eram de Porto Alegre, São Paulo e Belo Horizonte.

Pelas normas do partido, às quais todos haviam aderido, um candidato eleito não poderia disputar outro cargo antes de terminar o mandato que conquistara. Já à reeleição ele poderia concorrer, mas só uma vez. Leandro Lyra ignorara, porém, a regra e se inscrevera no processo seletivo do partido para candidatos a deputado federal enquanto ainda exercia o cargo de vereador, causando grande mal-estar. Afinal, na primeira oportunidade e no primeiro mandato, uma das regras de ouro do partido fora desrespeitada.

A discussão entre Leandro Lyra e o partido desenrolou-se durante todo o processo eleitoral, inclusive no campo judicial. Ao final, Lyra foi candidato contra a vontade do Novo, mas não se elegeu. Atribuiu o resultado à falta de apoio do partido e à própria polêmica que o envolveu. Tenho certeza de que, do meu comitê de campanha, ele recebeu exatamente os mesmos materiais e o mesmo tratamento que os demais candidatos.

No partido, evidentemente, a interpretação para a derrota foi outra. Os eleitores do Novo não teriam tolerado que o único vereador eleito na cidade do Rio de Janeiro descumprisse uma das regras anunciadas quando votaram nele e, por isso, preferiram outros candidatos do partido. A questão é controversa. Por um lado, Leandro Lyra teve uma votação maior para deputado federal em 2018 (36.360 votos) do que tivera para vereador em 2016 (29.217 votos). Mas Lyra era o candidato a deputado federal do Novo com a maior visibilidade, por ser o único com mandato. O fato de ter recebido menos de 70% dos votos do deputado federal eleito pelo Novo no Rio em 2018 – Paulo Ganime, com 52.983 votos – foi surpreendente e pode indicar que, realmente, os eleitores fiéis ao Novo reagiram à sua opção.

Eu entendi as razões de Lyra e busquei algumas vezes uma rota para a conciliação com o partido. Ele é um brilhante matemático e grande especialista em previdência. Sonhava participar do debate no Congresso sobre a reforma previdenciária, um tema inevitável e presente na agenda de diversos candidatos. Lamentei, contudo, que a sua juventude o impedisse de perceber que o cumprimento da regra era mais importante do que a sua participação na discussão em Brasília – até porque, mesmo continuando vereador, ele certamente seria ouvido pelos representantes do partido que viessem a ser eleitos para o Congresso.

A regra que impede candidaturas durante o mandato, como outras idealizadas como um marco contra velhas práticas políticas, tem méritos, mas também inconvenientes. Considerado o descasamento das eleições municipais com as demais eleições no Brasil, a norma obriga um vereador eleito a esperar dois anos sem mandato até poder candidatar-se nas eleições gerais.

Por isso, durante as discussões com Leandro Lyra, o Novo chegou a propor alteração da regra, de modo a que um vereador candidato à reeleição pudesse anunciar previamente que tinha a intenção de se candidatar para um mandato estadual ou federal, interrompendo seu segundo mandato municipal. Lyra não achou suficiente. Queria a candidatura imediata.

A meu ver, deve ser sempre possível discutir e alterar regras partidárias, se elas se revelarem inadequadas. Claro que não me refiro a aspectos morais ou éticos, que são inegociáveis. Mas as demais normas estabelecidas quando o Novo foi criado, inclusive as restrições às candidaturas e à reeleição, podem e devem ser objeto de um amplo debate e, se for o caso, submetidas à convenção do partido, conforme a experiência de sua aplicação vá se acumulando. Dito isso, não há dúvida de que o partido tinha um bom argumento quando determinava que qualquer mudança só seria aplicada após sua aprovação, evitando-se a alteração retroativa de normas claramente comunicadas aos eleitores nas eleições de 2016.

Pessoalmente, me incomoda uma outra regra, que proíbe uma segunda reeleição para o mesmo cargo. Acredito que, de algum modo, ela demoniza a carreira de político. Há uma necessidade urgente de que pessoas com capacidade técnica, que não sejam políticos profissionais, engajem-se na vida pública. Essa regra acaba desestimulando essa migração, especialmente para jovens em meio de carreira, que poderão enfrentar dificuldades quando voltarem ao mercado de trabalho.

As vocações para a política se revelam no curso do exercício dos mandatos. Forçar a substituição de um jovem deputado estadual com apenas dois mandatos, obrigando-o a se candidatar ao Congresso ou concorrer a um cargo no Executivo, ou ainda, no caso de um deputado federal ou senador, interromper sua carreira no Parlamento e obrigá-lo a retornar ao seu estado natal pode reduzir a atração de uma carreira na política. Sem falar que essa norma tira do eleitor a opção de manter seu deputado a serviço do estado ou do país.

O caso de Lyra não foi único. Terminadas as eleições, houve um debate em torno do uso do auxílio-moradia por deputados federais do partido. O compromisso dos candidatos do Novo era não usar qualquer benefício adicional ao salário. O deputado federal Alexis Fontayne quis usar a ajuda de custo para moradia, alegando, com razão, que precisava conservar sua residência em São Paulo e que o ônus de manter duas moradias era incompatível com o salário de deputado federal.

O Novo manteve-se irredutível também nesse tema, sustentando – com mérito, diga-se – a necessidade de se cumprir o pactuado com o eleitor até que uma alteração fosse aprovada e valesse a partir da eleição seguinte. Alexis aceitou o argumento e seguiu no partido. Já no caso de Lyra, a tentativa de mediação – que o próprio Bernardinho buscou até o limite – fracassou.

A partir das eleições de 2018, Leandro Lyra, na prática, abandonou o Partido Novo, pelo qual se elegeu. Passou a apoiar incondicionalmente Jair Bolsonaro e seu filho Carlos – também vereador no Rio de Janeiro –, deixou de usar a cor e os símbolos do partido e parou de interagir publicamente com os vereadores eleitos pelo Novo. Finalmente, em 2020, Leandro Lyra deixou o Partido Novo e acompanhou Carlos e Flávio Bolsonaro, filiando-se ao

Republicanos, o partido do prefeito Marcelo Crivella, a quem fizera oposição durante todo o seu mandato.

Ao abandonar o Novo, primeiro de fato e depois de direito, Lyra esqueceu que não foi eleito apenas com seus votos, mas também com aqueles dados aos demais candidatos do partido. Essa me parece uma falta bem maior do que a de ter se candidatado a deputado federal ainda no curso de seu primeiro mandato como vereador. De todo modo, esse episódio mostra a complexidade da realidade política e a necessidade de o Partido Novo ser inovador inclusive nas suas práticas partidárias, debatendo de maneira ampla – e, na medida do possível, publicamente – as dores naturais de seu crescimento.

Hoje, ao contrário do que acontecia quando me filiei, em abril de 2018, conheço bem melhor o Partido Novo, seus dirigentes e muitos dos mandatários eleitos. Continuo acreditando, agora com conhecimento de causa, que um partido liberal é a melhor alternativa para liderar o Brasil na sua busca por uma sociedade mais justa e mais desenvolvida, e que o Novo pode ser esse partido. Para isso não deve ficar refém de decisões tomadas quando iniciou sua caminhada. Se a alteração de uma norma for debatida, considerada adequada, e não implicar violação dos princípios do partido, nada mais natural do que evoluir. Não se trata de abandonar seus ideais para crescer artificialmente ou chegar ao poder, tal como os partidos antigos. Trata-se de manter regras fiéis aos valores fundamentais, mas atualizadas, como num corpo vivo, o que um partido necessariamente tem que ser.

Por outro lado, ser liberal também significa um compromisso com outras preocupações inerentes ao liberalismo, como o estado laico e a liberdade individual nos costumes. As pessoas têm todo o direito de ser conservadoras, mas um partido liberal não tem. Ele deve reconhecer a liberdade plena de toda pessoa, contanto que não ultrapasse o limite a partir do qual há dano ao outro. O estado não tem o direito de se imiscuir nas nossas opções religiosas ou de costumes, nem pode induzir, por via direta ou indireta, as opções individuais nesses campos. Um governo liberal deve usar seu poder constitucional para assegurar a liberdade das pessoas, protegendo a cultura, apoiando as minorias, fazendo nosso dia a dia de mais convívio e tolerância, não de ódio e segregação.

Acredito que a criação do Partido Novo e o seu desempenho eleitoral estão entre as melhores notícias na política brasileira nos últimos anos. No momento em que velhos partidos viram desmoronar suas estruturas corroídas pela corrupção e em que a polarização dividiu o país, o Novo surgiu como esperança de transformação das práticas políticas. Mas esse momento inicial já passou. A meu ver, para o Novo continuar sendo novo precisa continuar progredindo. E isso demanda decisões e ações, conscientes e persistentes.

7. Um estado repleto de talentos

Nas semanas seguintes ao lançamento da pré-candidatura, meu escritório no Shopping Leblon, Zona Sul da cidade, recebeu uma romaria das melhores inteligências do Rio de Janeiro. Provocados por mim ou aparecendo espontaneamente, alguns dos maiores especialistas do estado em temas relevantes para um programa de governo passaram por ali ou me convidaram a visitá-los.

Esses encontros prosseguiram depois que inauguramos o escritório da campanha, em Ipanema. A generosidade das pessoas me encantava e absorvi muitas informações vitais. Mesmo daqueles que defendiam agendas ou interesses específicos – fizessem-no mais ou menos explicitamente. Comecei a achar que realmente havia uma chance de formar-se um movimento em torno do meu nome, viabilizando uma candidatura com potencial de vitória.

Duas reuniões foram plenárias: a dos médicos e a dos economistas. A dos médicos, realizada em uma sala de hotel em Ipanema, foi organizada por Josier Vilar. Eu conhecera o Josier dias antes, em um encontro na sede do Partido Novo. Logo percebi uma identidade de ideias. Médico e empresário do setor, ele havia resolvido atuar em prol da saúde pública do Rio de Janeiro. Não estava interessado em beneficiar um candidato específico, mas a sociedade. Cooperou intensamente na elaboração de nosso plano de governo para a saúde e municiou-me de documentos sobre as iniciativas bem-sucedidas do passado que, de uma forma ou de outra, foram sendo abandonadas. Aprendi que a saúde era mais uma área em que os problemas e as soluções eram conhecidos, mas faltava ao estado capacidade de gestão e execução.

Com sua rede de contatos, Josier foi capaz de rapidamente reunir alguns dos mais renomados médicos do Rio de Janeiro para o encontro em Ipanema. Entre eles, Hans Dohmann, meu ex-colega de turma no Colégio São Fernando que fora secretário de Saúde no primeiro mandato de Eduardo Paes como prefeito e fizera um trabalho de gestão grandemente reconhecido.

Nosso saudoso e extinto colégio era conduzido com brilho e mão de ferro por uma diretora excepcional, apaixonada pelo pai, Fernando Magalhães – ele mesmo médico famoso e membro da Academia Brasileira de Letras –, a ponto de batizar a escola com seu nome e fazer-nos cantar um hino em homenagem ao santo homônimo: "São Fernando esse rei cavaleiro que do alto a nós todos conduz." E, como nem todas as lembranças da juventude são boas, foi lá também que estudou Sérgio Côrtes, secretário de Saúde dos governos de Sérgio Cabral, que estava preso durante a eleição, réu confesso de uma série de crimes contra a saúde pública.

Embora não nos víssemos há anos, Hans aceitou de imediato meu convite para uma reunião posterior em meu escritório. Por duas horas, ele generosamente me educou sobre o tema da saúde pública, tão complexo quanto fundamental. Além disso, prometeu – e cumpriu – mandar por escrito suas sugestões e rever nosso plano de governo quando ficasse pronto. Esta era a tônica dos encontros: cidadãos prontos para ajudar a quem, com seriedade e propósito, se arriscasse a tentar tirar o Rio do buraco.

A reunião com o grupo de médicos durou cerca de três horas. Estavam presentes profissionais de todos os setores, privados e públicos, que expuseram seus pontos de vista e debateram com franqueza e, vez ou outra, alguma ênfase. O clima não foi diferente na reunião com os economistas. Organizada por dois deles e prevista para contar com mais quatro ou cinco, terminou por lotar a sala de reuniões do meu escritório. Outra vez escutei visões e experiências, em boa parte coincidentes, e assisti a um debate intenso nas poucas áreas de discordância. Eram professores, funcionários públicos e profissionais do setor financeiro que compartilhavam o desejo de contribuir, com suas ideias e preocupações, com quem viesse a ter a chance de governar o estado do Rio de Janeiro, seu amor comum.

Claro que, como dizia Bernardinho, uma coisa é conseguir torcida, outra contratar jogadores. Quando se tratava de convencer talentos a se engajar na campanha ou se comprometer a acompanhar o candidato no governo, as dificuldades eram enormes. Recebi duas recusas importantes para meus planos. Uma foi de uma especialista em segurança pública que convidei para coordenar o programa de governo nessa área. A negativa foi menos grave porque ela concordou em ajudar, desde que não constasse como integrante da equipe. Ela havia feito parte de uma organização não governamental e, mesmo já afastada, não ficou confortável em ligar-se a um candidato, temendo que a organização fosse vista como apoiadora de um partido político. Isso não a impediu de contribuir, revendo o plano de governo para a segurança e indicando contatos importantes nas polícias Civil e Militar.

A segunda recusa foi mais sentida. Embora Marcos Pinto também não tivesse experiência política, foi a ele que recorri para tornar-se, para mim, o que eu teria sido para Bernardinho: o principal assessor durante campanha e o secretário da Casa Civil em caso de uma improvável vitória. Marcos é um advogado brilhante e também um economista de primeiro nível. Mestre em Direito em Yale e doutor na Universidade de São Paulo, fora diretor da CVM no mandato da minha sucessora, Maria Helena Santana. Antes disso, foi assessor do então presidente do BNDES, Guido Mantega.

Depois de deixar a CVM, Marcos recusou meu convite para juntar-se a meu escritório e tornou-se sócio de Arminio Fraga na Gávea Investimentos. Marcos conjugava a experiência no serviço público e na atividade privada que eu buscava. Ficou balançado. Dias depois, contudo, me visitou e recusou o convite. Conversara com Arminio, mas não chegara a um acordo sobre as condições de seu desligamento da Gávea. Perdi, ali, aquele que me parecia o companheiro ideal para trabalhar ao meu lado na campanha e depois.

Mal podíamos imaginar o que estava por vir. No ano seguinte, após, finalmente, deixar a Gávea Investimentos e passar algum tempo recarregando as baterias, Marcos aceitou o convite de Joaquim Levy, nomeado presidente do BNDES por Jair Bolsonaro, para ser diretor do banco. Tomou posse num dia e foi demitido no outro pelo próprio presidente da República, que alegou não saber que Marcos havia servido no governo do PT. O episódio acabou por derrubar também o próprio Joaquim Levy.

A conduta do presidente da República, passando por cima de um ministro – Paulo Guedes – e do presidente do BNDES para demitir aos berros, no meio da rua, um subordinado qualificado que passara pelo longo processo de verificação de credenciais conduzido pelo próprio governo, causava um grave dano ao país. Não era apenas a perda de um quadro de alto nível. Era a dramática diminuição da capacidade do governo de atrair outros profissionais de qualidade. Quem fosse convidado pensaria duas vezes antes de correr o risco de vir a ser enxovalhado em praça pública pelo chefe da nação.

Sem mencionar o "faça o que digo, não faça o que eu faço". Se o critério para o preenchimento dos cargos técnicos do governo passava a ser a identidade ideológica, Bolsonaro reproduzia aquilo que, quando estava na oposição, criticava no PT: o aparelhamento do governo com cães de guarda fiéis, e que se dane a competência.

No dia em que assisti àquele ataque covarde e imperdoável da maior autoridade do país contra um cidadão sem qualquer mácula em seu currículo, corri para marcar um almoço com Marcos. Fomos a um pequeno bistrô francês no Leblon. Como chegamos cedo, não havia ninguém na mesa ao lado e pude falar com clareza. Apesar de conhecer o seu espírito público e compreender a sua vontade de contribuir para o país depois de muitos anos na iniciativa privada, eu pensava que era hora de ele dar uma guinada e voltar à advocacia. Convidei-o mais uma vez a juntar-se ao escritório.

Ele ainda estava sob o impacto do tiro, mas também tinha concluído que voltar à advocacia era o melhor caminho naquele momento. Ficou de pensar e de conversar com meu sócio, Pedro Testa, de quem é grande amigo, e para mim pareceu que ele toparia. De fato, dessa vez e finalmente, deu certo. Graças ao presidente, resgatei o advogado das garras do mercado financeiro e hoje somos sócios.

Conhecendo a inteligência do Marcos, sempre penso em qual teria sido o resultado para a campanha se ele tivesse aceitado o meu convite. Teríamos antecipado a necessidade de movimentos que não fizemos? Teríamos ousado mais? Minha única certeza é que, durante a campanha, faltou-me a contraparte igual, crítica, que me olhasse com firmeza em todas as situações. Aquela pessoa que divide as decisões, sem submissão ou interesses paralelos. O que eu queria ter sido para Bernardinho e faltou para mim.

Nem só de recusas, no entanto, foi feita nossa peregrinação. Houve também os convites aceitos, e o mais importante deles foi o de Eduarda La Rocque, a Duda. Ela estava entre os economistas que se reuniram no meu escritório e eu já a encontrara duas vezes após o anúncio de minha candidatura. Duda ajudara a organizar a reunião com seus pares e me colocara em contato com outras pessoas, como o arquiteto e urbanista Sérgio Magalhães e José Luiz Alquéres, ex-presidente da Light, a quem eu já conhecia razoavelmente bem. Além da sua *expertise* sobre o setor energético e as concessionárias de distribuição que operam no estado, Alquéres tinha muito a contribuir na definição de uma estratégia para enfrentar os gargalos do Rio de Janeiro. Sérgio Magalhães fora o secretário de Habitação na primeira gestão de César Maia como prefeito, em meados dos anos 1990, e responsável pela concepção e implantação do projeto de urbanização Favela-Bairro. Embora o tema tivesse viés municipal, eu planejava envolver o governo do estado em um esforço de regularização fundiária nas favelas do Rio, apoiando a ação através do fornecimento de gás, água e esgoto pelas concessionárias estaduais.

Eu conhecia Duda apenas superficialmente, mas tínhamos vários amigos comuns. Ela também era apoiadora do RenovaBR. Dada a sua extraordinária conjugação de competências, tentei atraí-la desde o início para o núcleo central da campanha. Duda tinha experiência acadêmica, fora uma profissional atuante do mercado financeiro e seu trabalho como secretária de Fazenda da prefeitura do Rio na gestão de Eduardo Paes fora muito bem-sucedido. Esse leque que incluía conhecimento, experiência administrativa e uma visão grande-angular dos problemas, aliada à intensa preocupação social, qualificava-a para propor soluções com um olhar ao mesmo tempo liberal e social, como eu queria.

Desde o começo Duda teve dúvidas sobre o nível de engajamento a que estava disposta e manteve essas dúvidas latentes durante o processo. Eu gostava disso. No meu escritório de advocacia sempre houve lugar para quem tivesse dúvidas, a começar por mim. Na verdade, alguns de nossos melhores advogados foram, e são, mentes inconformadas, com poucas certezas. Pessoas criativas e talentosas muitas vezes não cabem em modelos idealizados de carreira e de vida, e nem por isso são piores profissionais. Além do mais, são companhias interessantes.

Em uma manhã de sábado, nas primeiras semanas da campanha, Duda me chamou para um café e propôs que eu aderisse à candidatura de Rubem César Fernandes, que pretendia concorrer pelo PPS. Eu havia conversado com o Rubem César duas vezes entre a desistência do Bernardinho e o anúncio da minha pré-candidatura. Tenho grande admiração pelo Rubem. Ele conhece profundamente as questões sociais e de segurança pública do Rio, mas eu achava o PPS um veículo ruim, dominado por políticos da antiga e identificado com posições de esquerda, ainda que querendo migrar para o centro. Disse a Duda que compreendia as suas dúvidas, mas que a decisão de uma candidatura independente pelo Novo estava tomada e era irreversível. E que continuaríamos próximos, se ela preferisse seguir com o Rubem.

Duda viajou por uma semana de férias e, quando voltou, estava mais animada do que nunca. Topou ficar responsável por reunir pessoas e coordenar o programa de governo. Estávamos atrasados, mas, enfim, tinha ao meu lado alguém com quem poderia dividir a responsabilidade de formar a equipe e sonhar junto. A presença da Duda, com sua rede de conexões, me permitiu atrair rapidamente outras pessoas, como meus dois assessores mais próximos: Ana Lycia Gayoso, que conduziria minha agenda e receberia boa parte das pessoas comigo; e Pedro Veiga, responsável pelos contatos políticos, inclusive com o próprio partido e seus outros candidatos, assim como por planejar, junto com a turma do marketing, os materiais de campanha. Ana Lycia trabalhara no RenovaBR e conhecia nossos candidatos que haviam passado por lá, inclusive Paulo Ganime, que seria eleito deputado federal. Pedro era experiente em campanhas e governos locais, mas essa seria sua primeira vez numa posição de comando. Acertei a remuneração deles e continuei trabalhando para completar o time.

Um desafio importante era encontrar o profissional que dirigiria nossa publicidade, o famoso marqueteiro, de triste reputação no Brasil pós-mensalão. Nisso estávamos ainda mais atrasados, porque muitos dos melhores profissionais já estavam engajados em outras campanhas, por todo o Brasil. Nosso guru veio finalmente de São Paulo. Tinha bastante experiência em campanhas políticas tradicionais e em marketing para empresas cujo público eram as classes C e D. Essa última qualificação me interessou especialmente, porque eu sabia que precisava me fazer conhecido por milhões de pessoas que não se identificariam imediatamente com um advogado bem-sucedido, nascido e criado na Zona Sul carioca.

Nosso publicitário teve boas ideias, mas logo foi perdendo espaço para os profissionais encarregados das redes sociais. A verdade é que, sem tempo de propaganda eleitoral gratuita e sem participação nos debates, eu não precisava de um marqueteiro tradicional. Deveria ter trazido alguém com domínio da linguagem e da dinâmica das redes. Além disso, como a missão numa eleição é conquistar almas e tocar afetos, a falta de familiaridade com a realidade do estado também atrapalhou nosso paulista, que terminou nos deixando antes do fim da campanha.

O assessor de imprensa foi indicado pelo partido e nos demos muito bem. Chama-se Aziz Filho e é um jornalista experiente, com passagem por quase todos os principais veículos de imprensa. Depois de conferir suas credenciais e checar sua reputação com jornalistas amigos, contratei sua empresa. Errei aqui também, mas dessa vez pelo excesso. Animado pelo começo da jornada e pelas palavras de apoio e alegria que não paravam de chegar, montamos uma equipe de jornalistas que, mais tarde, me pareceu desproporcional, quando constatamos a atenção mínima dedicada pela imprensa à minha candidatura, especialmente à medida que os resultados das pesquisas começaram a aparecer. Não houve grande prejuízo, além de ter gasto um pouco mais do que precisava. Alguns membros da equipe partiram para outros empregos mais estáveis ou relevantes, e ainda fiz bons amigos.

Na outra frente principal, contratei um jovem para ser o responsável pelas mídias sociais, que teriam, ou deveriam ter tido, papel fundamental na campanha. Era nossa maior esperança para superar o desprezo da imprensa tradicional, assim como as barreiras do desconhecimento e do pouco tempo até a eleição. Ele tinha experiência em propaganda e marketing digitais e logo passou a se dedicar integralmente à campanha. Como nunca tinha trabalhado em política, buscamos o suporte de quem já tivesse atuado no meio. Vieram dois profissionais com bom currículo na política e que haviam conduzindo a candidatura vitoriosa de um *outsider* para prefeito em 2016. Ainda contratamos a consultoria de um especialista, encarregado de fazer a medição dos resultados que fôssemos alcançando nas mídias sociais e auxiliar com sugestões de correção de rumos.

O núcleo duro do grupo incluía ainda meu amigo mais antigo, Flavio Pinheiro de Andrade. Flavio e eu nascemos com cinco dias de diferença, em setembro de 1964, e estudamos juntos desde o pré-escolar. Com mais proximidade em alguns momentos, e menos em outros, somos amigos há 50 anos. Ele decidiu doar sua inteligência, seu tempo e um bom dinheiro para a tentativa de realizarmos um sonho comum da maturidade: o de contribuir concretamente para o país. Mas não podia dedicar todo o seu tempo. Por isso não pôde fazer o papel de contraparte que eu tinha buscado em Marcos Pinto.

Uma vez ou outra nas reuniões no comitê de campanha, contávamos com a companhia de Carmen Migueles, que aceitara retomar a aventura política, agora como candidata a vice-governadora, após concorrer à prefeitura do Rio de Janeiro em 2016, na primeira experiência eleitoral do Partido Novo. Carmen e eu tínhamos vários pontos em comum, notadamente a paixão pelo ensino universitário e o interesse em dados e comprovações científicas para fundamentar nossas opiniões. Ela foi muito importante em alguns momentos, como quando me apresentou a policiais experientes cujas observações foram vitais na construção do nosso plano para a segurança. Carmen ainda colaborou intensamente com o plano de governo para a educação. Esta, aliás, teria sido sua área de atuação principal num futuro governo, caso tivéssemos chegado lá.

Além das semelhanças, Carmen e eu tínhamos, é claro, visões dissonantes sobre certas questões, o que talvez tenha impedido que ela se integrasse ao núcleo mais próximo durante a campanha. Mas, em geral, nos demos bem e, de quebra, tive o prazer de conviver um pouco com seu marido, Marco Tulio, professor e consultor como ela, que foi um exemplo de lealdade e firmeza mesmo nos momentos mais difíceis.

Quem também esteve muito presente na preparação da equipe foi Luciano Felipe, presidente do diretório do Novo no Rio. Ajudando nas contratações, me apresentando aos futuros candidatos a deputado do partido, dividindo sua experiência como candidato a vereador pela legenda na eleição de 2016, e conhecedor das questões internas do partido, Luciano foi essencial para que conseguíssemos lançar uma candidatura que sequer fora cogitada algumas semanas antes.

Com esse time, ao qual acrescentamos pouco adiante Samara Soriano, uma jovem e ativa produtora de eventos, que trabalhou muito em todas as áreas e tinha um ótimo astral, é que nos atiramos na aventura eleitoral.

8. Para começar, uma crise

Apesar do empenho de todos, a esperança de crescimento nas pesquisas que nutríamos em nossas reuniões de domingo à noite, em torno da pizza na minha casa, acabou não se concretizando. A coordenação entre as áreas de propaganda, imprensa e mídias sociais deixou a desejar durante toda a campanha.

Assim que percebi os choques entre os egos e visões, pedi ao Flavio Pinheiro de Andrade para dedicar ainda mais do seu tempo à campanha. Eu ficava o dia todo na rua, em viagens, caminhadas e reuniões, e precisava que alguém mediasse as discussões e os conflitos entre grupos. Alguém de fora, mas que todos respeitassem, sabendo que falava por mim. Flavio era a única pessoa que poderia fazer isso. E ele bem que tentou, inclusive transferindo nossas reuniões de domingo para sua casa.

Foi nas redes sociais que mais falhamos. O conteúdo não era criativo nem original. Não executamos o cronograma financeiro dos impulsionamentos e tivemos dificuldade de acesso às redes do partido e de João Amoêdo por razões operacionais que nunca fui capaz de compreender inteiramente. Não adquiri confiança na qualidade dos materiais produzidos e no alinhamento das mensagens com o nosso discurso. Tive que pedir à minha mulher e a meus filhos que fizessem o papel de revisores finais, para evitar postagens conflitantes com o meu pensamento e o do partido, o que resultou numa centralização onerosa.

Esse não foi o fator determinante da minha derrota. Havia uma demanda por um *oustider* e um deles foi capaz de vencer, mesmo com uma campanha também modesta, em boa parte pelo apoio de Bolsonaro. A minha inexperiência e a do partido, além do pouco tempo de preparação, certamente afetaram nossas estratégias de marketing, a relação com a imprensa e a ação nas mídias sociais.

Mas ainda não estávamos cientes desses problemas no sábado 7 de julho, quando jantaram em minha casa meus principais assessores e Carmen Migueles, seus maridos e mulheres, e algumas outras pessoas importantes para o programa de governo, como a professora Suzana Kahn, que estava nos ajudando a pensar em temas como meio ambiente e desenvolvimento sustentável. O clima era de celebração.

Na véspera, a revista *Época* publicara uma entrevista que reunia a Marcia Tiburi, candidata do PT, e a mim, respondendo às mesmas perguntas, de maneira muito diferente, sem que um conhecesse as respostas do outro, o que aumentava a sinceridade e o contraste.[1] Algumas passagens eram hilariantes. Perguntados se a máquina do estado estaria maior ou menor ao final do governo, Márcia Tiburi respondeu que esperava vê-lo bem maior, enquanto eu dizia "certamente bem menor", explicando nossa visão de que o estado deveria focar em saúde, educação e segurança e desburocratizar os requisitos para a atividade privada. Sobre a previdência, Tiburi dizia que não a considerava um gasto, mas sim um investimento, enquanto eu lembrava que a obrigação de reformar a previdência decorria da falência do sistema e do Plano de Recuperação Fiscal. E o que faríamos se um miliciano nos procurasse para conversar? Tiburi respondeu que todas as pessoas que estavam construindo a cidadania e a anticidadania em nosso estado deveriam ser levadas a sério. Já eu fui curto e grosso: chamo a polícia.

A repercussão da entrevista fora ótima, inclusive nas redes sociais, que, menos de um mês depois de seu lançamento e ainda sem gastos de impulsionamento, iam bem. Tínhamos também começado a ampliar nossos contatos para além da Zona Sul, e a percepção de que a população queria algo novo e votaria pela transformação nos contagiava. Mas a alegria daquela noite de celebração do nosso time duraria pouco.

No dia seguinte ao jantar, a exatos três meses da eleição, Lauro Jardim publicou em sua coluna de *O Globo* uma nota dizendo que Duda La Rocque seria a coordenadora de meu programa de governo. Só que a nota ia além e destacava que ela fora secretária do governo de Eduardo Paes e "conselheira econômica de Marcelo Freixo". Pior: a nota havia sido provocada pela minha própria assessoria e não por algum adversário, ainda que a menção a Freixo tenha sido acrescentada pelo colunista.

Conforme dizia o José Luiz Osorio, presidente da CVM quando fui diretor, todos os assessores de imprensa são também assessores da imprensa. Como se não bastasse, foi ainda a nossa equipe que transpôs a nota do ambiente de acesso restrito aos assinantes de *O Globo* para toda a internet, divulgando-a em nossas redes sociais. Ninguém na equipe percebeu, nem eu, o potencial explosivo daquela referência a Freixo entre nossos seguidores filiados ao Novo.

Logo, uma onda de mensagens começou a se formar nas minhas redes sociais e nas do partido. Filiados e simpatizantes de minha candidatura rebelavam-se contra a presença de alguém de esquerda na campanha. Até aquele momento, eu não tinha sentido os efeitos do altíssimo nível de polarização em que o país estava mergulhando.

Respondi a uma das mensagens dizendo que não deveríamos nos comportar de modo sectário, como os adversários que criticávamos. Houve alguns apoios, mas a maioria continuou a criticar intensamente. Parecia ser a vontade de muitos dos meus seguidores agir como Jair Bolsonaro, repelindo quem houvesse cooperado em governos anteriores.

No meio do dia daquele domingo a crise ficou ainda mais aguda, por conta de uma daquelas combinações de astros que a vida prepara para nos lembrar de nossa insignificância. Um dos críticos nas redes sociais postou um artigo da Duda, publicado em abril no *Jornal do Brasil* – antes, portanto, de sua entrada na campanha –, em que ela se opunha à prisão de Lula. Chamava-se "A estrela renasce pelas mãos de Moro" e sustentava, basicamente, que a prisão, além de indevida, tinha aberto a chance de Lula ressurgir como líder popular, em vez de ter que se defender das acusações de improbidade.[2]

Eu não conhecia o texto, que contrariava posições que eu havia defendido em artigos publicados nos jornais. Em março de 2016, após Lula ser conduzido coercitivamente para depor no aeroporto de Congonhas, em São Paulo, eu publicara em *O Estado de S. Paulo* um artigo examinando o teor de seu depoimento e enfatizando seu desrespeito pelas instituições da democracia brasileira.[3] Escrevi que a tese de Lula era que a força das instituições no país decorria de sua liderança e que, por isso, elas não poderiam contrariá-lo. E arrematei: "Ao dizerem-se traídos pelas instituições brasileiras – Poder Judiciário e Ministério Público à frente –, o ex-presidente e seu partido a um só tempo supervalorizam suas contribuições do passado e desmerecem as instituições do presente.

Pouco importa que se trate de atitude planejada ou espontânea, que decorra de estratégia política, de arrogância ou de convicção profunda. O risco para as instituições é o mesmo."

Minha opinião ia no sentido oposto ao da Duda. A prisão ordenada pelo Judiciário não poderia ser considerada abuso pelo simples fato de Lula ser um líder popular e não deveria postergada apenas para evitar sua exploração política por qualquer dos campos. Mas isso não importava mais àquela altura, especialmente no mundo superficial e instantâneo das redes sociais. Inclusive porque, para complicar, naquele mesmo dia um desembargador do Paraná resolveu revogar a prisão de Lula. A onda cresceu em minhas redes sociais e a cabeça de Duda passou a ser pedida em aclamação. Até quem de início a defendia, agora silenciava.

Duda me ligou. Pedi-lhe que tivesse paciência, que o tempo acalmaria as redes. À noite, tentei melhorar os ânimos divulgando um vídeo em que criticava a ordem de soltura de Lula. Me preocupei em não parecer reativo ao movimento contra a Duda. Falei apenas das razões jurídicas pelas quais a ordem era um absurdo. A decisão fora tomada no plantão judiciário e era fruto de uma chicana jurídica da pior qualidade. Evidentemente, seria cassada ainda no mesmo dia.

Não adiantou. Minha postagem recebeu comentários agressivos, dizendo que eu estava querendo distrair os seguidores e tinha que demitir Duda imediatamente. A intensidade raivosa de certas mensagens às vezes levantava a possibilidade de que elas não tivessem partido de apoiadores do Novo, mas sim de Jair Bolsonaro. Alguns diziam que fora a gota d'água e que migrariam para o PSL. Fiquei com a impressão, impossível de confirmar, de que parte dos seguidores do Novo preferia uma mensagem mais radical do que a proposta pelo partido. E de que havia gente infiltrada em minhas redes apenas para causar dano, em benefício de outros candidatos.

Eu reconhecia que, ao atacar Sérgio Moro e a Lava-Jato, o artigo da Duda atingia em cheio dois ícones de nossa base. Ela ainda citava Gregório Duvivier, alvo frequente da direita nas redes sociais. Era inevitável que aquela posição gerasse uma forte reação, mesmo tratando-se de um texto anterior à entrada de Duda na campanha e contrário à minha opinião publicamente declarada. Mas a onda contra ela me parecia estar indo longe demais.

Na segunda-feira a crise se agravou. Eu tinha uma agenda cheia. Fui ao Complexo do Alemão pela manhã e, à tarde, a um encontro para tratar de saneamento e da Cedae, a companhia de águas e esgotos do estado – um dos meus temas prediletos e um dos mais importantes para o debate estadual. No meio do dia recebi um telefonema da Patricia Vianna, dirigente do Novo, amiga de muitos amigos meus e que se tornara, desde os tempos de Bernardinho, bem próxima do projeto para o Rio de Janeiro.

Patricia começou dizendo que era uma veterana no Novo e que nunca vira uma reação tão enérgica dos filiados nas redes sociais. E o partido é dos filiados, completou. A principal mensagem ela deu em seguida: João Amoêdo não poderia deixar de se manifestar, e o faria. Embora dizendo que cabia a mim decidir a questão, ficava claro que, na visão dele, Duda deveria sair da campanha. E foi o que ele fez em uma transmissão ao vivo no Facebook ao final daquele dia. Reconhecia as qualidades técnicas de Duda, pontuava que fora uma escolha minha, mas entendia que suas opiniões sobre Sérgio Moro e a prisão de Lula não eram compatíveis com quem pretendesse cooperar com o Partido Novo.

Estávamos agora em um jogo aberto. Tratava-se de impor uma sanção por conta de uma opinião pessoal. A coordenadora do programa de um candidato ao governo de um estado pelo Novo não podia ser contra a prisão de Lula. Ou, ao menos, não poderia trabalhar em uma campanha do Novo se tivesse manifestado publicamente essa visão. Bem-vindo à política, novato ingênuo.

Dormi (mal) sobre o assunto e, no dia seguinte, terça-feira, nos reunimos de manhã no comitê de campanha. Diante da manifestação do João eu tinha três opções. Renunciar à minha candidatura. Manter a Duda e iniciar um confronto com o fundador, presidente e líder do partido. Ou engolir o sapo e pedir à Duda que deixasse a campanha.

Naquela manhã falei com Carmen Migueles, que tinha experiência com o nosso jovem partido e conhecia suas idiossincrasias, o fogo amigo e os inimigos externos. Ela mesma fora vítima de ataques dos seguidores de Olavo de Carvalho – guru da família Bolsonaro – desde a campanha pela prefeitura do Rio de Janeiro, em 2016. Diziam que as posições de Carmen sobre a educação eram extraídas das teorias de Paulo Freire, um dos demônios que os olavistas buscam exorcizar. Carmen fora uma das primeiras pessoas a me alertar sobre a existência de uma espécie de dupla militância bolsonarista dentro do Novo, apesar de o partido ter seu próprio candidato à Presidência. Mas a opinião de minha candidata a vice-governadora era inteiramente alinhada à de João Amoêdo. Não havia como manter Eduarda La Rocque na equipe, porque isso impediria que a campanha prosseguisse com um mínimo de coesão e empenho da parte dos filiados.

Duda chegou um pouco mais tarde ao nosso comitê e me poupou de uma das minhas três opções. Estava decidida a sair e não havia alternativa. Não precisava passar por aquilo e não ficaria em nenhum cenário. Insisti para que permanecesse por mais 24 horas, ela recusou. No fundo, e com razão, estava arrependida de ter imaginado que sua identificação pessoal comigo tornaria possível o convívio com um partido com visões tão diferentes das dela. Concordamos, e ela escreveu uma carta, que postei nas redes sociais, retirando-se da campanha. Disse que abraçara a candidatura acreditando que poderia atrair as forças éticas e comprometidas com a mudança, independentemente de visões ideológicas. Eu também acreditara nisso, assim como o Rogério Werneck no artigo em *O Globo* um mês antes. Será que estávamos todos errados?

Talvez os que insultaram Duda nas minhas redes sociais não representassem o pensamento majoritário dos que apoiavam minha candidatura, e é provável que muitos não tivessem nem mesmo a intenção de votar em mim. Mas as campanhas majoritárias não são vencidas apenas com eleitores fiéis, e os indecisos são muito sensíveis a ataques, mesmo vindos de quem nunca tenha realmente pretendido votar em você. Os que insultaram Duda provocaram um grave dano, qualquer que tenha sido a sua motivação.

Fico pensando, retrospectivamente, em qual teria sido a reação nas redes sociais caso Marcos Pinto, meses depois demitido por Jair Bolsonaro em circunstâncias semelhantes, tivesse aceitado meu convite e se juntado ao nosso time, ainda mais na posição central que eu havia planejado para ele. Provavelmente alguém teria lançado um ataque parecido, por causa da atuação de Marcos como técnico em governos do PT, e teríamos sofrido outra baixa.

Aqueles seguidores radicais nas minhas redes sociais produziam em nossa campanha, com sua patrulha ideológica, o mesmo efeito que Jair Bolsonaro provocaria em seu próprio governo. Perdíamos parte da nossa capacidade de atrair pessoas sérias, com capacidade técnica, que recusariam convites por não quererem correr o risco de serem perseguidas e defenestradas, não por mim, mas pela pressão nas próprias redes.

Diante da decisão da Duda, eu ainda tinha duas alternativas. Cogitei seriamente em deixar a corrida. Minhas dúvidas sobre meu alinhamento com o Novo cresceram com o episódio – e o sentimento certamente foi recíproco. Será que, apesar do que diziam os documentos oficiais, o partido era tão radical que não admitia que uma pessoa de esquerda pudesse trabalhar na campanha a governador ou divergir das opiniões de seu candidato?

Somente inteligências de direita poderiam nos cercar? Como fazer essa distinção? Quais são os limites?

O pronunciamento do João Amoêdo aumentava minha dúvida. De um ponto de vista eleitoral, entendi seu comportamento. Compreendi a dificuldade de comprar uma briga com os filiados por conta de um princípio abstrato, pondo em risco um projeto de partido e de candidatura – a dele – que estavam muito mais adiantados. Mas o fato de ele não ter me telefonado diretamente para explicar a dificuldade me incomodou. Era uma crise grave e eu era o candidato. Ainda que João não ocupasse formalmente um cargo de dirigente partidário naquele momento, ele era o fundador e líder do partido. Sob o ponto de vista estrito de gestão, a sua posição de liderança provavelmente implicava na necessidade de me chamar para conversar e compartilhar a dificuldade que eu estava enfrentando sozinho.

Decidi colocar o partido acima de mim. Fico pensando se fui egoísta, pouco solidário a Duda, se deveria ter rodado a baiana. Acho que não. Coloquei a instituição acima das pessoas, de mim e da Duda. Se os filiados eram contra a presença de minha coordenadora econômica e se o candidato à Presidência e fundador do Partido Novo era contra, eu não podia pretender que minha opinião prevalecesse. E também não podia abandonar o partido, causando-lhe o dano imenso de uma renúncia de candidatura a governador em plena campanha.

Publiquei uma nota nas redes sociais em reação à carta da Duda, comunicando que aceitara sua renúncia e que seguiria em frente. Dizia: "Não sendo filiada a nenhum partido e jamais tendo sido acusada de ato de improbidade, Eduarda havia generosamente superado suas diferenças ideológicas conosco para colaborar, tecnicamente, com um projeto de recuperação do Rio de Janeiro. Demonstra, com esse seu novo gesto, espírito público e respeito pelo nosso partido." Lauro Jardim ironizou: "Defender Lula no Novo não rola."

Perdemos ali uma tremenda inteligência, e eu engoli o meu primeiro sapo – meio barbudo, ainda por cima. Mas o verdadeiro problema era que sofríamos um sério revés decorrente da radicalização do processo eleitoral de 2018.

A sensação que experimentei naqueles dias não me era estranha. Ela era relativamente comum para quem, como eu, ocupara cargos no governo ou em agências reguladoras. Muitas vezes a vontade é pedir demissão e livrar-se do problema. Ganha-se pouco ficando e sofre-se todo tipo de dificuldade. Nessa hora, a coisa certa a fazer é reduzir o ego ao mínimo e pensar no impacto que seu ato causará aos outros. Nesse caso, o impacto de minha saída para o partido e os candidatos proporcionais seria grave, especialmente por eu ter sido lançado após a desistência de Bernardinho.

Acho que fui leal a Duda, mesmo deixando que ela partisse sem fazer o mesmo. Optei por me submeter à visão que parecia ser a da maioria – ao menos da maioria barulhenta das redes sociais. Eu deveria privilegiar o todo naquele momento. Mas ficou o alerta quanto aos riscos dali para a frente. Eu não poderia ter, e não teria, meias palavras sobre temas relevantes e controversos.

Bernardinho e eu havíamos escrito no artigo em *O Globo*, em janeiro de 2018, que "somente quem tiver jogado limpo na eleição terá legitimidade para fazer o que é preciso depois da posse". Agora estava claro que isso poderia vir a contrariar a maioria dos seguidores nas redes sociais, e eu não teria dúvidas sobre o caminho a seguir, caso a questão surgisse uma segunda vez.

9. Corpo a corpo raiz

Não tivemos tempo para velar a perda da Duda. Minha nota sobre sua demissão terminava dizendo: "Vamos em frente, com muita energia para construir um novo Rio." E foi o que fizemos.

Na sexta-feira 13 de julho, fiz minha primeira viagem para fora da capital, passando o dia em Cabo Frio e Macaé. Até o início oficial da campanha – 16 de agosto – não poderíamos ligar o número 30, do partido, ao meu nome, nem entregar panfletos ou pedir votos. Era a pré-campanha, um momento obscuro criado pelas confusas leis eleitorais brasileiras com a suposta finalidade de impedir o abuso de poder econômico. Nessa fase, ficávamos limitados a eventos fechados – em hotéis, clubes, residências e restaurantes –, entrevistas em veículos de imprensa, caso o espaço nos fosse aberto, e caminhadas, que realizávamos com frequência. Foi num desses eventos, em Petrópolis, na Região Serrana, que experimentei os rigores da Justiça Eleitoral – que já tinham atingido Bernardinho com a acusação de antecipação da campanha.

Chegamos a Petrópolis e fomos caminhar no Centro, que eu conhecia bem, pois passara muitos verões na cidade e nos arredores. Logo, porém, fomos abordados pela fiscalização do Tribunal Regional Eleitoral e informados de que, pelas leis eleitorais, deveríamos manter uma distância mínima dos prédios históricos. Considerando que Petrópolis é uma cidade histórica, a determinação praticamente impedia a realização de caminhadas por lá. Diante disso, antecipamos a ida para o restaurante em que faríamos uma apresentação para filiados e simpatizantes do partido. Era um evento fechado, mas as portas que separavam o salão onde ficamos do resto do restaurante não foram fechadas.

Em minha apresentação cumpri as instruções dos advogados do partido. Não pedi votos, não usei o número 30 nem descumpri qualquer outra regra. Ao final, um assessor distribuiu o meu cartão de visita, com meu endereço de e-mail e meus endereços nas redes sociais – cujo uso, desde que observadas as restrições legais, era permitido. Um rapaz que havia se sentado em uma das mesas e assistido à apresentação se aproximou de mim com o cartão em mãos e se identificou como fiscal do TRE. Informou-me que estava lavrando um auto de infração porque, embora eu não houvesse pedido votos, o fato de as portas estarem abertas e ter havido distribuição de material – os cartões de visita – configurara reunião pública para promoção de futura candidatura, o que era legalmente vedado.

O fiscal – que era policial cedido ao TRE – foi muito cortês e usei minha experiência de velho advogado para acalmar meus assessores, que entraram em pânico como se a campanha fosse terminar antes mesmo de começar. Percebi, contudo, que era urgente a contratação de um advogado especializado. Procurei e contratei Fernando Setembrino, com quem trabalhara como estagiário e que fora membro do TRE, pelo quinto constitucional,[1] por vários mandatos. Setembrino me alertou para o fato de que a frequência e a intensidade das denúncias e das representações de outros candidatos contra mim seriam inversamente proporcionais ao sucesso de minha candidatura. Quanto mais eu subisse nas pesquisas, mais processos eu teria. Felizmente, o processo de Petrópolis foi encerrado. Infelizmente, a regra anunciada por Setembrino confirmou-se e não houve outras representações ou denúncias contra mim.

Quando a campanha começou de verdade, conheci o que foi para mim, de longe, a melhor parte da experiência eleitoral: panfletar pelas ruas do estado. Decidimos visitar prioritariamente os municípios que fossem mais relevantes eleitoralmente e nos quais havia militantes do partido ou candidatos do Novo a cargos proporcionais. Precisávamos aparecer nas pesquisas e julgávamos que parte vital da estratégia era estar presente onde poderia haver mais votos e estrutura.

O resultado das urnas indicaria que o corpo a corpo e a presença de militantes podem ter realmente funcionado. Os municípios onde estive mais vezes e nos quais houve mais engajamento de membros do partido foram aqueles em que recebi proporcionalmente mais votos: Petrópolis (2,46% dos votos), Niterói (2,34%) e Macaé (1,74%). Também nesses municípios tive meus maiores percentuais de aderência à votação de João Amoêdo, recebendo, respectivamente, 76%, 77% e 92% dos votos que ele obteve.[2]

Na capital, a minha votação também ficou concentrada nos bairros em que estive mais presente, tanto no corpo a corpo e em eventos em clubes ou associações quanto em almoços, jantares, palestras e reuniões na casa de apoiadores. Em algumas das Zonas Eleitorais que concentram a população com maior renda, recebi mais votos do que João Amoêdo, possivelmente por ter sido bem votado por eleitores que optaram por Bolsonaro.[3]

Mas a presença física não foi a única explicação para os resultados. Talvez não tenha sido sequer a mais importante. As cidades e os bairros da capital em que tive a melhor votação estão entre os que têm os melhores Índices de Desenvolvimento Humano (IDHs) do estado, concentrando as populações de maior renda e escolaridade.[4] Esse elemento terá sido relevante para que um candidato de um partido liberal, que pregava a privatização e a concentração dos esforços do Estado em atividades centrais, fosse acolhido por uma população com maior escolaridade e renda, teoricamente menos dependente do Estado. Essa conclusão não é trivial nem óbvia, e sua confirmação exigiria um estudo aprofundado. Mas é certo que as urnas contêm resultados compatíveis com ela.[5]

Os políticos chamam de corpo a corpo a caminhada em algum lugar previamente escolhido – uma praça, por exemplo –, na companhia de militantes e cabos eleitorais. Uma vez ali, cumprimentam as pessoas sob as lentes das câmeras e, em seguida, partem para outro lugar, a fim de repetir o ritual. Como costuma ser uma atividade curta, e como muitas vezes os candidatos se locomovem em aviões ou helicópteros, lemos nos jornais que os políticos visitaram cinco ou seis municípios em um só dia de campanha. A minha experiência foi diferente e isso decorreu do fato de eu ser um neófito na política.

No primeiro dia em que me vi no meio da rua segurando um punhado de panfletos com a minha foto e a do João Amoêdo, cercado de gente vestida de laranja segurando bandeiras de cor laranja cobertas de meus adesivos, fiquei paralisado. Ainda por cima, o formato em que mandamos imprimir nossos panfletos era maior que o habitual. Olhava para minha foto e ela me parecia enorme. E o papel era mais grosso, porque papel bom vai menos para o chão, disse-me o Pedro Veiga.

Quando tomei coragem, meu impulso foi tentar conversar com as pessoas, ainda que rapidamente, enquanto entregava os panfletos. Foi o que fiz até o último dia da campanha. Caminhava ao lado de cada um para não interromper sua rotina. Só parava se a pessoa parasse antes, demonstrando interesse ou apenas gentileza.

Começava me apresentando:

– Olá, bom dia, meu nome é Marcelo Trindade, sou candidato a governador pelo Partido Novo. Você conhece o Partido Novo?

– Não, qual deles?

– O Novo, chama-se Novo mesmo. É um partido feito por gente que não era político profissional e decidiu sair de casa para fazer política e mudar esses políticos que estão aí. Se não mudarmos esses políticos a política não muda, não é?

Como minha foto estava estampada no material e eu era candidato a governador, era mais fácil para mim conseguir a atenção do interlocutor do que para os candidatos a deputado que geralmente estavam comigo. Depois de um cara-crachá e um olho no olho, o passo normalmente diminuía, ou mesmo parava, e se abria uma oportunidade para falar um pouco mais.

Quando havia espaço, eu continuava: somos o único dos 35 partidos que não usa recursos públicos, nem fundo eleitoral, nem fundo partidário. Somos um partido liberal que acha que o governo tem que focar em educação, saúde, segurança e qualidade dos serviços públicos – estes, de preferência, prestados pela iniciativa privada, com supervisão independente e qualificada por agências do estado. Você não concorda?

Algumas vezes a conversa prosseguia. Perguntas e respostas, opiniões e experiências do interlocutor. Um aprendizado permanente sobre a realidade, as visões e as necessidades das pessoas. No interior do estado, um ritmo mais calmo e, quase sempre, um desejo de boa sorte ao final da prosa. Na capital e na Região Metropolitana, mais urgência, tempos mais breves. Mas sempre uma interação verdadeira – creio que, em parte, consequência do meu interesse sincero pelo diálogo. Ouvir as pessoas nesses encontros de poucos minutos transformou-se num grande prazer, pelo aprendizado que me proporcionava e também pela possibilidade de perceber como reagiam ao meu discurso.

Na entrevista para a *Época*, houve uma pergunta sobre a possibilidade de se ganhar uma eleição usando argumentos racionais. Eu ainda não havia iniciado o corpo a corpo naquele momento, mas respondi que sim, na medida em que o eleitor identificasse nas propostas do candidato uma referência à sua realidade e percebesse sinceridade de propósito. Nas ruas, achei que minha resposta podia estar certa. Conversar sobre a perda de emprego, sobre não poder sair à noite por causa da violência e sobre outras aflições do cotidiano dos habitantes do Rio era uma forma de tocar os eleitores. Eles sabiam identificar os problemas e estavam interessados em ouvir propostas sérias.

Minha equipe chamou de "raiz" esse corpo a corpo demorado e intenso, em oposição ao corpo a corpo "Nutella" dos adversários. Segundo os registros automáticos de meu relógio de pulso, entre agosto e setembro dei mais de 20 mil passos por dia. Em alguns dias passei de 30 mil, com o recorde de 32.198 passos em 6 de outubro, véspera da eleição, quando estivemos em Bonsucesso e Madureira, na Zona Norte. O que prova o quanto eu havia tomado gosto pela coisa, pois já não tinha, ali, qualquer esperança de estar entre os mais votados quando as urnas fossem abertas.

Além dos candidatos a deputado estadual ou federal, eu estava sempre acompanhado de uma equipe de cerca de dez pessoas. Rapazes e moças simpáticos às ideias do Partido Novo e que, ainda que fossem remunerados, eram capazes de transmiti-las com convicção. Sua função era garantir uma presença mínima, independentemente do sucesso na atração de voluntários para o evento. Era uma opção diferente da tradicional: a contratação a um custo bem menor de entregadores de panfletos e carregadores de bandeiras atuando com aquele ar de mera obrigação – encostados em um poste, olhando o celular. A turma contratada para a nossa campanha era tão engajada que lhes pus um apelido – os Carrapatrintas, porque ficavam colados em mim como carrapatos do 30, número de nosso partido e meu número de urna. Era difícil diferenciá-los dos voluntários, tamanho o seu empenho e animação.

Decidi que não usaríamos helicópteros ou jatinhos. Faríamos todas as viagens de carro. Além de economizar – lembre-se de que não usávamos recursos públicos – conheceríamos a realidade dos caminhos e testaríamos nossas péssimas estradas; uma parte importante do nosso programa era um plano ousado de concessões rodoviárias. Quem anda pelas estradas do Rio de Janeiro e de São Paulo percebe o quanto o Rio está atrasado na infraestrutura necessária para ampliar a atividade econômica no interior.[6]

Contratei um motorista que, para minha sorte, tinha 2,13 metros de altura. Ele passava a impressão de também ser um poderoso segurança – só que estava mais para espantalho, porque era um doce de rapaz e incapaz de um gesto agressivo. Converti o carro de minha mulher no Trintamóvel, repleto de adesivos, e caímos na estrada. Como era uma caminhonete importada, minha equipe de marketing tolamente o considerou um sinal excessivo de riqueza. Recusei os insistentes conselhos para abandoná-lo e alugar um carro de aparência mais neutra. Como ocorreu com tantas outras propostas ao longo da campanha, achei completamente artificial e me recusei a fazê-lo. Dar o exemplo incluía não maquiar a realidade.

Os assessores tentaram, então, me convencer de que era essencial a mudança para um carro blindado. Acontece que eu não tenho, e nunca tive, carros blindados. Pior, tenho carros conversíveis. Quando os amigos me perguntavam por que essa insistência em não blindar os carros, sempre respondia que tinha feito uma promessa: no dia em que blindasse um carro me mudaria para São Paulo. Afinal, qual a vantagem de morar no Rio sem poder abrir a janela?

Tenho uma casa na Região Serrana, em Itaipava. Subo a serra de capota aberta e, por lá, é assim que circulo. Moro em uma casa na Gávea rodeada de vegetação por todos os lados. Praticamente uma vez por ano, quando o calor explode, aparece uma cobra jiboia no jardim. Chamamos os bombeiros, que rapidamente aparecem, capturam a bicha e a soltam na Estrada das Canoas (pelo menos é o que eles dizem). Trata-se de um dos poucos serviços do Rio que funcionam muito bem. Aproveitar a natureza do Rio de Janeiro é uma das razões para continuar vivendo aqui. Só fui assaltado uma vez, e foi na avenida República do Líbano, em São Paulo, dentro de um carro com cinco homens de terno, às três da tarde, e sob a mira de um revólver calibre 22 que me mataria de tétano antes de matar pelo disparo.

Não acredito em segurança pessoal. Me parece uma espécie de milícia contratada, limitando sua liberdade e evocando o tempo todo a ameaça da violência. Ou o lugar é seguro o suficiente para viver, ou não é. Além disso, mesmo dentro de um carro blindado, eu não saberia manter o sangue-frio diante de uma arma – que no Rio de Janeiro pode ser um fuzil – nem reagiria a um assalto. Sempre achei blindar carro para evitar uma bala perdida um custo desproporcional ao risco, uma tentativa de interferir nos desígnios do destino quanto à forma e o tempo da morte. Como diz a canção de Gilberto Gil, "não tenho medo da morte, mas sim medo de morrer. Morrer ainda é aqui, a morte já é depois". Tenho mais medo de um câncer doloroso, uma demência prolongada, ou de agonizar infartado no meio da rua do que de uma bala perdida. Talvez isso explique por que eu seja hipocondríaco mas não tenha medo de avião. Recusei a substituição do automóvel e seguimos em frente.

No carro viajavam, além do motorista e de mim, meus dois principais assessores, Pedro Veiga e Ana Lycia Gayoso. Os dois eram jovens e idealistas, e o clima era ótimo. Alternávamos discussões sobre agenda, pautas e avaliação de desempenho de outros candidatos e membros da equipe, com descontração, troca de experiências de vida, histórias e boa música, muita boa música – quase sempre comandada do meu Spotify, reunindo a trilha sonora que combinasse com as conversas e os causos.

Por conta da faixa etária e da forma física, decidi não tomar bebidas alcoólicas durante a campanha, temendo sentir o ritmo das poucas horas de sono e da intensa atividade. O efeito foi impressionante, na balança e na capacidade de raciocínio e foco. Pela primeira vez percebi que, mesmo em quantidades moderadas como as que eu ingeria – três ou quatro vezes na semana –, o álcool produzia impacto na minha capacidade cognitiva. Minha abstinência acabou contaminando a equipe, o que não impediu que cantássemos muito e construíssemos uma ótima amizade, com um evidente viés paternal, dada a diferença de idade e de trajetória de cada um.

Sem álcool e andando à beça, emagreci, mas não foi por falta de comida. Um dos maiores mitos das campanhas eleitorais é o de que se come mal. Ao final do segundo dia de campanha, notei que, se não almoçasse, ficaria de mau humor durante o resto do dia e não teria a energia necessária para a aventura. Então passei a sentar para almoçar e jantar todos os dias – ou quase. E foi assim que descobri alguns dos melhores restaurantes do Rio de Janeiro, todos baratos e populares. O melhor de todos foi a Dona Mariquinha, em Nova Friburgo. Um rodízio de comida caseira servido à mesa, simplesmente divino, ao custo de R$ 36. Merecem menção honrosa o Lampião, na Pavuna, onde comemos um maravilhoso baião de dois, e o Dolce Vitta, em Nova Iguaçu, com uma carne assada ao molho madeira, acompanhada de nhoque, de comer até morrer – o que não é difícil, dada a fartura do prato. Mas houve muitos outros.[7]

Mesmo quando não consegui almoçar, não faltaram opções de salgadinhos com substância e qualidade, especialmente empadinhas. Nesse quesito, o melhor foi o Rei dos Salgadinhos, no Centro de Resende. Foi duro encarar tudo isso sem uma cerveja gelada, mas aos poucos tenho voltado a cada um desses restaurantes para aproveitar a experiência completa.

Além do meu carro e da van com os Carrapatrintas, havia sempre mais um automóvel na nossa caravana. Eram as equipes de assessoria de imprensa, redes sociais e propaganda. Na equipe de imprensa, além de pelo menos um jornalista, havia um fotógrafo. Na de mídias sociais e propaganda, um fotógrafo, um cinegrafista e um profissional que gravava com o celular para postar nas redes. Era gente demais. Poderíamos ter feito tudo mais simples, com menos gente e profissionais mais experientes. Com menor quantidade de imagens, para que pudéssemos selecionar rapidamente as melhores, e alguém qualificado para perceber os momentos extraordinários, e foram muitos, e divulgá-los. O material captado era rico e de ótima qualidade, mas vasto demais. Não conseguíamos aproveitá-lo a tempo e a hora.

Para piorar, a equipe tinha dificuldade em acompanhar o meu ritmo. Sempre andei rápido e precisava seguir o ritmo das pessoas, que estavam em sua rotina, passando pela rua. Não podia atrasá-las. Só os Carrapatrintas me acompanhavam de perto, com muita energia, distribuindo panfletos, falando com as pessoas e a toda hora me chamando para falar com alguém que tinha uma pergunta que eles não sabiam responder, que queria me conhecer ou, no melhor momento do dia, que iria votar em mim.

Os Carrapatrintas eram quase todos amigos entre si e muitos moravam perto uns dos outros. Entre eles havia trigêmeos – um rapaz e duas meninas. Foram os únicos a aguentar toda a batida. Eu andava com cada pessoa, entregava o panfleto, voltava ao ponto de partida já emparelhando o passo ao de outro potencial eleitor e repetia o processo por horas. Distribuía mais ou menos 300 panfletos por turno. Entregava um a um, olhando nos olhos, falando rápido, transmitindo uma mensagem curta. Usava os segundos que a TV me negava multiplicados por tantas pessoas quantas eu pudesse abordar em suas rotinas diárias. Eram duas ou três horas antes do almoço e outras tantas depois. Tinha um prazer crescente em fazer aquilo e tenho saudades.

Claro que o corpo a corpo nem sempre é bem recebido. Em Rio das Pedras, por exemplo, onde estive em um sábado, experimentamos grande indiferença e até certa agressividade em alguns momentos. Em outra comunidade, em Vila Valqueire, embora recebido por um antigo funcionário que lá vivia há muitos anos e deixara o escritório para dedicar-se a um negócio de quentinhas, os Carrapatrintas foram expulsos por milicianos enquanto eu falava. Quando saí, não havia ninguém além de meu motorista.

Já no centro de Duque de Caxias o episódio de resistência foi ao mesmo tempo engraçado e simbólico do tradicional convívio da polícia do Rio com o jogo do bicho. Uma anotadora, sentada a menos de 20 metros de uma dupla de policiais militares – e que registrava as apostas em uma pequena máquina similar às de cartões de crédito, imprimindo o recibo –, recusou meu panfleto declarando em tom solene: "senhor, eu sou da contravenção", como se recitasse um manual de *compliance*. Ainda tentei descontraí-la perguntando a que bicho correspondia o número 30. Camelo, respondeu séria. Perfeito para nos tirar desse deserto da velha política, insisti. Minha equipe caiu na gargalhada, mas a bem treinada funcionária nem esboçou um sorriso.

Mas era no corpo a corpo que muitas vezes – muitas mesmo, ainda que estatisticamente pouco representativas, como as urnas viriam a demonstrar – eu ouvia do interlocutor as palavras mágicas: vou votar em você. Entre esses, boa parcela era de jovens, quase sempre universitários. Algumas vezes – alegria suprema – estudantes do ensino médio, como aconteceu em Resende em um ponto de ônibus, ou em Duque de Caxias, com um rapaz que trabalhava como vendedor em uma loja, ou em Nova Iguaçu, num bar. Esses jovens pediam para tirar fotos comigo e usavam os seus celulares. Isso aconteceu em várias cidades nas quais eu estava indo pela primeira vez, apesar de ter passado toda a minha vida no estado do Rio de Janeiro.

Uma de minhas poucas alegrias quando as urnas se abriram foi constatar que tinha sido votado em todas as cidades do estado. O que quer dizer que em cada uma dessas cidades, em maior ou menor número, não importa, há pessoas, de variadas idades e classes sociais, que desejam uma renovação na política – uma renovação de centro e liberal. Essa semente está lá e me orgulho de ter ajudado a plantá-la.

As palavras dos jovens eram a maior recompensa pelo esforço e produziam em mim uma expectativa de renovação da política. Com eles, os apoios eram, sem exceção, declarados sem ódio, sem repulsa ao outro, sem fora fulano, sem ciclano não. "Vou votar em você" era dito por esses jovens como um sim à renovação, e quase sempre com um sorriso. Isso me enchia – e enche – de alegria e de esperança em um futuro melhor.

10. A PESQUISA QUALITATIVA

Em julho, em plena Copa do Mundo, decidimos contratar uma pesquisa qualitativa. A recomendação foi uma das poucas unanimidades entre meus assessores e as pessoas experientes com quem conversei. Todos achavam que não poderíamos definir nossa estratégia de campanha sem ela. Eu nunca havia participado de uma pesquisa qualitativa. Na verdade, só sabia o que era pelos comentários de veteranos na política.

Ao contrário do que acontece nas pesquisas quantitativas – como as do Ibope e do Datafolha –, nas quais a metodologia é apresentar uma pequena quantidade de perguntas objetivas a um grande número de pessoas, nas *quali*, como são chamadas pelos entendidos, pequenos grupos de pessoas selecionadas são estimulados a discutir e avaliar determinados bens, serviços ou, no nosso caso, candidatos. As respostas são usadas para desenhar o produto ou a comunicação a ser empregada para vendê-lo. Para nós, havia uma dupla finalidade: ajustar minha aparência, meu vocabulário ou outra característica que pudesse gerar rejeição e descobrir que questões mais interessavam e engajavam os eleitores.

O primeiro passo de uma pesquisa qualitativa é definir os grupos de entrevistados. Minha equipe discutiu com as pessoas encarregadas do trabalho e me propôs concentrar nossos esforços nos eleitores das classes B e C. A percepção do time era que já tínhamos uma penetração razoável na classe A e os resultados não seriam substancialmente diferentes nesse segmento. Quanto aos eleitores das classes D e E, a equipe acreditava que só os alcançaríamos se subíssemos nas pesquisas e, como consequência, conseguíssemos espaço na grande mídia e participação nos debates na televisão. Dentro dessa estratégia, nosso foco no primeiro momento era aumentar as intenções de voto nas classes B e C.

Definida a programação, foram produzidos os materiais a serem usados nas entrevistas com dez grupos de dez pessoas cada. Fotografias minhas, com iluminação e roupas diferentes, para ver o que funcionava melhor, e um vídeo em que eu me apresentava. Tudo seria exibido na parte final de cada sessão, quando também seriam apresentados meu currículo, os objetivos do Partido Novo e os da minha candidatura.

Os grupos, sempre compostos por mulheres e homens, eram separados por faixa etária e região de moradia. Dentro da sala, sentavam-se em torno de uma mesa de reunião na qual eram colocados biscoitos e sucos. A única recompensa era uma pequena quantia para reembolso de despesas de transporte. As entrevistas eram realizadas no começo da noite, em um prédio em Botafogo localizado em frente a uma estação do metrô, de maneira a que as pessoas pudessem participar da pesquisa quando saíssem do trabalho e seguir para casa depois.

Os entrevistados respondiam a perguntas sobre a política e as eleições, trocando impressões sobre os temas e as pessoas mencionadas. Uma das duas pesquisadoras responsáveis pelo trabalho conduzia as conversas, estimulando o debate e provocando, quando necessário, temas cuja discussão nos interessava. Descobri que a pesquisa qualitativa não servia apenas para buscar o perfil que um candidato novato deveria adotar. Ela também mostrava os pontos fortes e fracos dos adversários.

Só após os debates iniciais os participantes eram informados que havia um novo candidato ao governo do estado, que eles não conheciam e sobre o qual opinariam, após observarem fotos, assistirem a um vídeo e ouvirem uma apresentação da minha candidatura. As opiniões que expressariam naquele momento seriam fruto de poucos minutos de reflexão, mas interessavam exatamente por isso. Em uma eleição, a janela de atenção dos eleitores é pequena. A primeira impressão é importante e pode ser a única.

Uma das paredes da sala em que eram realizadas as entrevistas era espelhada. Por trás do espelho, como nos interrogatórios de filmes policiais, havia outra pequena sala com uma bancada colada ao vidro que comportava quatro pessoas e mais uma fileira adicional de assentos atrás. Sentada na primeira fila ficava a pesquisadora que não estivesse conduzindo as entrevistas e, nas cadeiras restantes, os membros de minha equipe. A maior parte do tempo a turma se mantinha em silêncio, prestando atenção a cada reação, anotando o que parecia relevante. Manifestações enfáticas, de comemoração, só quando surgia uma menção espontânea ao meu nome, no momento em que o grupo era perguntado sobre os candidatos ao governo. O que aconteceu muito poucas vezes.

A pesquisa revelou um quadro que as pesquisadoras qualificaram como de desalento. A classe política era descrita como "degenerada", "egoísta" e "omissa". Apesar das diferenças de renda, faixa etária e residência, o eleitor do Rio de Janeiro parecia ser um só. Todos tinham os mesmos sentimentos de dor pela violência, desigualdade, desemprego e descaso com a saúde e a educação. As prioridades ficaram nítidas. A segurança era o mais urgente. Depois vinham trabalho e renda – revelando o efeito dramático da crise econômica que o estado experimentava. Só então aparecia a saúde e, no final, vista como uma questão de longo prazo, a educação.

Imagino que, se perguntados, os entrevistados provavelmente concordariam que a educação era a chave para resolver os outros problemas. Mas sustentar esse ponto de vista naqueles grupos seria discutir prevenção com alguém pendurado na janela do décimo andar durante um incêndio. Para ganhar a eleição seria preciso focar em segurança e, ainda mais difícil, prometer medidas que estivessem ao alcance do estado e fossem capazes de gerar trabalho e renda.

Nas discussões sobre segurança era frequente a menção às milícias e ao tráfico de drogas, e às dificuldades que causavam para a atividade econômica. Esse pareceu um bom ponto de contato entre os dois temas que lideravam as preocupações dos eleitores: segurança e trabalho. Viríamos a aprofundá-lo no nosso plano de governo e ao longo da campanha.

Os grupos revelavam as visões dos moradores de cada região. Os das zonas Sul e Norte da capital queixavam-se da violência, da pobreza e da desigualdade social, enquanto os da periferia acusavam os governos de só prestarem atenção à Zona Sul. Os serviços de transporte eram criticados por quem morava longe do trabalho e passava muito tempo viajando todos os dias. Como as empresas de transporte eram privadas, a má qualidade e o preço alto do serviço eram atribuídos à privatização e à falta de fiscalização. Só o metrô escapava.

Essa percepção era um desafio para nosso discurso baseado na privatização, mas combinava com nossa proposta de extinção do Departamento de Transporte Rodoviário – o famigerado Detro –, vinculado à Secretaria de Transportes e desde sempre envolvido em escândalos de corrupção com as empresas de ônibus.

Nossa proposta era que a supervisão do transporte rodoviário fosse transferida para a Agetransp, a agência reguladora dos demais transportes, e que esta tivesse sua governança reformulada, pois também havia se tornado foco de nomeações puramente políticas, de pessoas sem capacidade técnica.

Quando a discussão na pesquisa passava à avaliação dos candidatos à Presidência, a força renitente de Lula saltava aos olhos. Mesmo preso, era o candidato mais mencionado e considerado o líder que mais havia realizado pela população. A crise econômica não era vinculada a ele, mas a Cabral, Dilma e Temer. Lula conservava sua incrível capacidade de não ser associado aos problemas causados por seus próprios governos.

Bolsonaro aparecia como contraponto a Lula, mas também à violência e à corrupção. Era mais citado pelos entrevistados das áreas carentes, como a Baixada Fluminense e São Gonçalo. Dará o choque de ordem de que o país precisa, diziam. Mas era bastante rejeitado, especialmente na Zona Sul, por suas posições homofóbicas.

Entre os candidatos ao governo do estado, Romário foi o único a merecer menções espontâneas em todos os grupos. Era uma espécie de espelho de Bolsonaro, pois "fala o que pensa" e "não foge da briga". Sua atuação nas comissões parlamentares de inquérito que investigavam os escândalos do futebol era lembrada e transmitia a imagem de um candidato que lutaria pela ética. A campanha conduzida por ele em favor dos portadores de Síndrome de Down, caso de uma de suas filhas, humanizava-o e era vista como um sinal de que ele era um homem bom.

Também havia os que criticavam Romário pela falta de capacidade para lidar com problemas complexos. E os que mencionavam suas dificuldades financeiras e o não pagamento de dívidas, noticiadas pela imprensa. Tendo constatado sua força àquela altura, surpreendeu-me sua derrocada na reta final da campanha, quando suas limitações ficaram expostas nos debates na televisão, especialmente na TV Globo, onde foi duramente atacado, inclusive por Wilson Witzel.

O fato de Romário ter sido o perdedor nos debates e ter desabado nas pesquisas, terminando o primeiro turno em quarto lugar, autoriza a especulação sobre o efeito que a participação de Bolsonaro nos debates poderia ter tido na eleição presidencial. Minha impressão, entretanto, é que não foi a percepção do despreparo de Romário que o derrubou – assim como uma eventual percepção da falta de preparo de Bolsonaro, se ocorresse, também não teria sido capaz de derrubá-lo. A migração dos votos de Romário para Witzel decorreu, a meu ver, do fato de que seu discurso não era suficientemente enfático e crível no combate à criminalidade.

A mensagem de Witzel, como a de Bolsonaro, era de fato mais radical. Propunha reduzir a violência a marretadas, tratando com um sentimento de urgência a questão que nossa pesquisa apontara como a principal preocupação dos eleitores. Identificado com um dos lados da polarização que atingia seu grau máximo e impulsionado pelas redes que apoiavam esse lado, o ex-juiz pareceu mais decidido a atacar do que o ex-centroavante campeão do mundo convertido em senador.

Eduardo Paes apareceu bem avaliado, principalmente por suas realizações quando prefeito da capital. A comparação com Marcelo Crivella já contava pontos para ele e revelava o arrependimento de alguns dos entrevistados com o voto no bispo. Paes, contudo, era vinculado a Sérgio Cabral e ao PMDB. Foram feitas referências a ele ter participado dos malfeitos "na encolha", escapando de ser apanhado por ser "carioca", "malandro" e "rato", no sentido de esperto. Alguns entrevistados, mesmo reconhecendo os méritos de sua administração, atribuíam o sucesso de Paes à frente da prefeitura ao dinheiro recebido do governo federal para as Olimpíadas no Rio de Janeiro. Mas o resultado mostrava uma rejeição menor a Eduardo Paes do que a que aparecia nas pesquisas quantitativas.

Na visão de minha equipe, essa era uma má notícia. Competíamos com Paes pelos eleitores da Zona Sul, entre os quais precisávamos abrir frente para aparecer nas pesquisas e chegar aos debates da televisão aberta. Esse achado da pesquisa qualitativa foi determinante para que parte de meus assessores insistisse em que deveríamos atacar Eduardo Paes, vinculando-o a Sérgio Cabral, aos escândalos do Rio de Janeiro e à situação econômica de nosso estado. Foi o que fiz.

O rei da rejeição era Garotinho. Visto pela maioria como um símbolo do passado, era associado a corrupção, compra de votos, barganha de cargos, nepotismo e manipulação da mídia. Os poucos entrevistados que diziam ter a intenção de votar nele mencionavam uma obra ou um favor que lhe deviam.

Na ponta oposta, Tarcísio Motta, candidato do PSOL, era visto como professor íntegro, transparente, defensor das causas sociais e favorável à participação da população no debate sobre questões relevantes. Nos grupos de jovens, destacava-se como o verdadeiro representante da esquerda – o que se confirmaria nas urnas com sua expressiva votação de cerca de 11% dos votos válidos, levando-o ao terceiro lugar, com quase o dobro dos votos de Marcia Tiburi, do PT.

A dificuldade de Tarcísio vinha do fato de ser percebido como representante do PSOL. A resistência ao partido era grande por seu radicalismo de esquerda. Mas também por uma certa revolta dos que atribuíam a vitória de Marcelo Crivella e, consequentemente, a atual situação da capital, à rejeição a Marcelo Freixo, candidato do partido à prefeitura em 2016.

Já Marcia Tiburi não foi citada espontaneamente. Era completamente desconhecida – até mais do que eu – e associada aos problemas do PT pelos eleitores que queriam distância do partido. Índio da Costa, por sua vez, era malvisto por ter apoiado Crivella no segundo turno das eleições municipais e atuado como seu secretário de Urbanismo, Infraestrutura e Habitação.

Quando finalmente apresentados à minha candidatura na parte final da sessão, os entrevistados eram chamados, primeiro, a reagir às fotos, e depois de ouvir o texto e assistir ao vídeo, a relatar seus sentimentos. Em geral, a receptividade era boa. Mencionou-se um jeito confiável e um aspecto intelectual e capaz. Ser professor e ter trabalhado com empresas era bom. Não ser político era ótimo. Os pontos fracos foram a falta de experiência para "enfrentar os lobos", ser "da elite" – traço reforçado pela ligação com a PUC – e estar vinculado ao mercado financeiro por ter presidido a CVM, que regula esse mercado. Ter chegado ao serviço público sem prestar concurso nem ser funcionário de carreira levantou suspeitas em um dos entrevistados: quem teria me indicado? A quem deveria favores?

Esse último ponto era curioso e confirmava minha impressão de que Wilson Witzel fez muito bem de explorar sua condição de ex-juiz na campanha. E não apenas por causa da identidade profissional com a figura admirada de Sérgio Moro. Ele era também o homem que dizia ter nascido pobre e subido na vida por meio de concursos públicos.

O principal e surpreendente ponto de desconfiança em relação à minha candidatura, manifestado por vários entrevistados, foi uma suposta semelhança física com Sérgio Cabral. "Parecido com o Sérgio Cabral", apontou um jovem da Zona Norte. "A foto de lá" (eram duas) "está meio Sérgio Cabral", disse um entrevistado do grupo de 25 a 45 anos da Zona Oeste. Outro, da mesma idade, num dos grupos da Baixada Fluminense, confirmou: "Parece o Cabral naquela foto." Um participante do grupo de São Gonçalo detalhou o sentimento que a imagem parecia causar: "Cara de bonzinho, mas é complicado você ver a aparência. Os velhinhos adoravam o Sérgio Cabral. O Fernando Collor também."

Essa identificação com a aparência física de Cabral, figura rejeitada enfaticamente por todos os entrevistados, gerou um rebuliço na minha equipe. Em apenas alguns dias começaríamos a gravar as nossas aparições-relâmpago no horário gratuito de televisão, e eu não poderia lembrar a imagem do inimigo público número um.

A decisão foi mudar meus óculos, dado que não haveria tempo para deixar crescer o cabelo ou a barba. Óculos de armação pesada reforçariam o caráter intelectual mencionado por alguns eleitores e me diferenciariam do ex-governador. A correria foi tão grande que apareci no programa eleitoral com um dos olhos quase fechados. Uma das lentes dos novos óculos veio com o grau errado, o que me fez praticamente fechar o olho esquerdo durante a gravação. Sorte que, nos meus minguados quatro segundos, ninguém reparou.

O fato de não ser político profissional e a independência do Partido Novo eram destacados como fatores positivos em todos os grupos. "Gosto desse modelo de nova política. Sem aliança. Tem que tentar sem aliança." "O partido é novo e quer fazer algo diferente e tirar o velho, já dá uma confiança." "Não ter vivenciado a política ajuda no ingresso dele." Também as referências à modernização da gestão pública e à redução da burocracia, no texto que me apresentava aos entrevistados, agradavam. "É bacana pela gestão, ele fala da gestão eficiente... a burocracia gera mais formas de burlar", disse um. "Gostei da questão de estimular as empresas. Muitas foram embora. Se ele souber estimular isso traz as empresas de volta e gera emprego e renda", mencionou a jovem da Zona Sul, possivelmente pensando em suas próprias dificuldades de encontrar emprego.

Apesar de a falta de concurso ter sido mencionada, o meu passado de servidor público, como presidente da CVM, agradava à maioria. "Ser presidente da CVM mostra inteligência", disse um senhor residente na Baixada Fluminense. "Passa que ele tem a teoria e a prática", comentou a senhora da Zona Sul.

E a proposta de nomear apenas secretários de estado que dominassem tecnicamente os assuntos das suas pastas acertava em cheio. "Melhor coisa foi o funcionário especializado", falou a entrevistada de Niterói. "Positivo pra mim, servidores especializados, não cabide de empregos, servidor capacitado", afirmou outro morador da Baixada.

Houve também momentos engraçados em todos os grupos e era curioso ver as pessoas me avaliarem com base em impressões superficiais. "Parece ser gente boa, de família", disse a moça do grupo de São Gonçalo, opinião mais tarde confirmada pela jovem da Zona Sul: "Pai de família, honesto." O rapaz de Niterói também gostou: "Ele é mais informal, e é uma informalidade diferente, passa segurança", enquanto a senhora da Zona Norte viu nas imagens "um homem com estudo". O homem maduro da Zona Oeste arriscou mais precisão: "Mora na Tijuca. Classe média, chega em casa antes das dez, vê *Faustão*."

Apesar desses momentos positivos, a noite em que acompanhei as entrevistas de dois grupos foi a experiência de campanha que mais abalou minha esperança de uma transformação no Rio de Janeiro. O clima entre os eleitores era realmente de desolação, como disseram as pesquisadoras, com a consequente impaciência e a crítica a todos os que se envolvessem com a política. Na visão daquelas pessoas, era praticamente impossível melhorar a situação do estado pela via das eleições. Ouvi-las falando de mim e de minhas propostas com esse viés de absoluta – e justificada – intolerância, destilando seu asco pela política e por tudo que dela se aproximasse, não foi fácil. A certa altura ficou até difícil lembrar o que diabos eu estava fazendo ali.

Às vezes um dos entrevistados, mais do contra, puxava o coro de críticas e embalava o grupo. "Acho que ele está no mesmo lugar que os outros partidos, pensando na sociedade numa sala com ar-condicionado", disse a menina da Zona Oeste. "Até onde ele vai? Vai até o final, o fiofó de Belford Roxo? Ou fica na PUC?", concordou outro. "Apoiado", engatou uma segunda e mandou ver: "Fico muito preocupado porque ele é homem, branco, hétero, de classe média alta, dá aula numa universidade privada, então não sabe da realidade, das pessoas que estão realmente morrendo. Estou falando de mulher, negro, LGBT. Preocupa se ele vai a Belford Roxo, se vai conseguir chegar nesses lugares que ele não tem lugar de fala, mas que são lugares que precisam, que têm que ter prioridade na atenção. O partido é novo, mas novo pra quem? Novo na realidade dele ou novo na realidade das outras pessoas e grupos a que ele não pertence, mas precisa pertencer porque é um governador?" Uma terceira residente da Zona Oeste, do mesmo grupo, arrematou: "Cadê a coisa social? Até o modo como o texto está escrito, do que ele deseja, do que ele faz. Isso pra mim ainda é muito burguês, é muito classe média alta."

Assisti a tudo isso atentamente, por trás do vidro espelhado e tirei lições para a campanha. Precisávamos convencer as pessoas de que as privatizações trariam mais serviços públicos de qualidade, não menos; melhores hospitais e policiais, não piores; escolas mais modernas e ainda assim gratuitas, e não o contrário. Que parar de proporcionar vantagens e privilégios que as pessoas não recebem na atividade privada ia melhorar o estado, não fazê-lo desaparecer. E que ser liberal é ser radical num cenário de absoluta falência do estado.

Foi duro ver as pessoas declararem a intenção de votar em Romário (porque fala o que pensa) e em Bolsonaro (porque é o único que tem coragem para enfrentar a bandidagem), ao invés de buscarem propostas mais consistentes. Difícil constatar os motivos da intenção de voto dos eleitores e vê-los tão distantes da minha ingênua pretensão de discutir ideias e ideais. Somado a tudo isto, o fato de não poder sequer participar dos debates na TV revelava em cores de intensa realidade a dificuldade que nos aguardava.

A tolerância a discursos mais elaborados parecia mínima e eu não teria nem tempo nem espaço para reagir a isso.

Cheguei em casa abatido com aquele choque de realidade, potencializado pelo ambiente fechado e sem freios das entrevistas. Minha mulher me perguntou o que tinha acontecido. Incapaz de reproduzir em palavras a dinâmica e o sentimento, pedi que ela fosse assistir às entrevistas no dia seguinte. Encontrei-a depois num restaurante para ouvir suas impressões. Quando cheguei, ela já estava na segunda dose de gim, tentando digerir a sessão antes de começar a jantar.

11. Discutindo o discurso

Poucos dias depois da perturbadora experiência atrás do espelho da sala de entrevistas da pesquisa qualitativa, fui ao Clube Israelita Brasileiro, em Copacabana, para um encontro com filiados e apoiadores. Quando cheguei, lá me esperava Paulinho Mocidade, com seu parceiro, Afrânio. Embora eu goste muito de sambas, e de sambas-enredos em particular, e ele tenha um belo currículo na área, não o reconheci. Paulinho também tinha larga experiência com jingles eleitorais, incluindo a música da campanha vitoriosa de Marcelo Crivella à prefeitura, em 2016. Apresentou-se e colocou para tocar, no celular, o samba que compusera com o parceiro e vinha me oferecer como tema de campanha.

Era um caso clássico de empreendedorismo, anglicismo feioso tão caro a nós, os liberais. Paulinho e Afrânio leram o nosso plano de governo – e provavelmente o de todos os demais candidatos –, viram o nosso slogan e mandaram brasa. "É 30, é 30, é 30, pode crer, o Rio de Janeiro como tem que ser, trabalho, segurança, honestidade, Trindade é governo de verdade." Descobriram minha agenda e foram ao meu encontro. Fechei na hora, e a negociação da remuneração, que aconteceu no comitê dias depois, foi simples. Nos meses seguintes, gastaria centenas de milhares de reais em coisas nas quais não achava muita graça. Nesta, de que realmente gostei, pedi apenas uma redução protocolar na proposta do sambista e fomos em frente. Claro que o samba de Paulinho não caiu na boca do povo. Minha candidatura não tinha exposição no horário eleitoral, não havia como o samba pegar. Para piorar, a campanha de 2018 terminou não sendo embalada por músicas. Prevaleceram as agressões.

Nem mesmo uma questão menor como a escolha da música da campanha foi unânime entre os membros do meu time. Meu assessor de imprensa preferia outro jingle, feito por um compositor que ele conhecia de outras eleições. Eu o achei pior e a maioria votou no samba de Paulinho Mocidade, que acabou animando nossas caminhadas e comícios nos dois meses seguintes.

Com exceção da necessidade de encomendarmos a pesquisa qualitativa, não me lembro de uma só questão em que a posição da equipe tenha sido unânime. Isso era um bom sinal. Mostrava que estavam todos pensando e se manifestando. Não se pode desconsiderar, contudo, que uma das razões pelas quais eles discordavam o tempo todo era a luta por espaço e por fazer prevalecer seus pontos de vista. Todos queriam ganhar a eleição. Alguns, inclusive, tinham um incentivo financeiro, porque eu condicionara parte da remuneração à passagem ao segundo turno. Só que cada um gostaria de ganhar a eleição com seus próprios argumentos e métodos.

Passei a vida lidando com a vaidade dos advogados e estava acostumado a administrar o desejo de prevalecer dos participantes em uma discussão. A diferença é que na advocacia eu arbitrava conflitos sobre temas, táticas e estratégias que eu conhecia e nas quais tinha experiência. Já no meu grupo de assessores, eu era o leigo. Acho que pela primeira vez entendi o sentimento de um cliente diante de opiniões divergentes entre seus advogados.

Os pontos que mais provocaram disputas na equipe foram o tom e o conteúdo de minhas mensagens. Minha opção pelo discurso de centro e uma postura menos agressiva geravam controvérsia. Nosso marqueteiro estava entre os que gostavam da abordagem. Ele era um lúdico. Em certa medida, eu também estava ali exercendo o papel de sonhador. O nosso instinto apontava para mensagens construtivas e otimistas. Foi ele que criou o slogan da campanha – "O Rio de Janeiro como tem que ser" –, para ser reproduzido em cada área de atuação: saúde como tem que ser; escolas como têm que ser; polícia como tem que ser.

Os que se opunham ao estilo e ao conteúdo de centro eram liderados por um dos responsáveis pelas redes sociais, que também terminaria liderando a produção dos vídeos gravados em estúdio para o horário eleitoral gratuito e outras mídias. Esse grupo defendia o que chamava de Trindade Pistola – em referência ao canário enfezado que fora mascote do Brasil na Copa do Mundo. Eles tinham bons argumentos, baseados na pesquisa qualitativa. Segundo eles, meu discurso deveria atender à demanda por medidas firmes, em especial na segurança, e atacar duramente os adversários ligados a Sérgio Cabral, notadamente Eduardo Paes, que buscava se desvincular do ex-governador. Era preciso atacar a corrupção, e isso queria dizer atacar Cabral, Lula e o PT, inclusive para agradar aos eleitores de Bolsonaro. Fazer isso sem agressividade seria o mesmo que não fazer, dada a nossa enorme dificuldade em conseguir espaço e atrair atenção. Tínhamos que ser curtos e grossos.

Encerrada a pesquisa qualitativa, ficou claro que o adversário principal era Eduardo Paes. Ele representava a velha política e era dele que eu deveria me diferenciar. A pesquisa mostrava que Romário era visto como novo e, portanto, não fazia sentido bater nele. Além do mais, era um ídolo do esporte, e eu deveria tomar cuidado ao atacá-lo. Quanto a Garotinho, estava claro que ele teria sua candidatura impugnada e não chegaria ao final.

Ficou definido que eu falaria do fracasso do PT, mas, como o partido não tinha governado o Rio, colocaria mais ênfase na ligação de Eduardo Paes com o PMDB e com Cabral. Em tese, essa postura deveria produzir dois resultados: atacar a corrupção de PT e PMDB e mostrar que eu era o candidato dos eleitores que quisessem alguém novo e qualificado. Parei de tratar Paes como o ex-aluno que eu admirava por ter ido tão cedo para a política, conforme comentara nas entrevistas iniciais. Passei a falar apenas do político do PMDB que procurava se esconder de seu passado, mudando de partido e negando sua relação com Sérgio Cabral.

Por incrível que pareça – olhando em retrospectiva, claro – Wilson Witzel era pouco considerado em nossas discussões até ali. Não parecia um adversário com quem devêssemos nos preocupar. Isso, apesar das semelhanças de currículo e idade entre nós e do fato de que ele era um ex-juiz federal em um momento de grande popularidade de Sérgio Moro. Não creio que eu devesse ter atacado Witzel então, nem chamado a atenção para as diferenças entre nossas propostas para segurança, educação e gestão. As pautas de Witzel ainda não eram claras. E o futuro governador estava, e continuaria por um longo tempo, empatado ou atrás de mim nas pesquisas e também era ignorado pela mídia.

Havia sempre uma agenda oculta na discussão sobre nossa mensagem entre os que queriam e os que eram contra um aceno explícito aos eleitores de Bolsonaro. Em julho, ainda não se sabia se o capitão conseguiria se manter entre os líderes nas intenções de voto, mas era certo que teria uma expressiva votação. Os depoimentos que ouvimos na pesquisa qualitativa tinham revelado que o discurso bruto e radical de Bolsonaro encontrava grande acolhida entre os eleitores fartos da política.

A definição do conteúdo e do tom do discurso não acontece uma só vez ao longo de uma campanha. É preciso ajustar a mensagem à realidade, que se transforma todos os dias. Mas ficar mudando a toda hora é muito ruim, especialmente para um candidato desconhecido, que precisa fixar sua imagem. Eu havia começado com manifestações serenas e um discurso de centro, alinhados à minha convicção. Fazer uma guinada aumentando radicalmente o volume contrariava meu estilo natural.

Decidi, mesmo após a pesquisa qualitativa, manter o tom e a mensagem, salvo quando as circunstâncias exigissem uma reação mais dura. Eu era um candidato de centro e tínhamos um candidato à Presidência que era percebido como de direita moderada. As redes sociais de João cresciam a olhos vistos e esses eram os eleitores que queríamos conquistar num primeiro momento. Isso não queria dizer, evidentemente, que os votos dos eleitores de Bolsonaro não fossem bem-vindos. Eram. Até então ele não tinha candidato ao governo do Rio e havia adotado um discurso liberal na economia, o que poderia atrair parte de seus eleitores para nossas propostas. Mas não faríamos qualquer movimento que pudesse ser interpretado como um gesto de aproximação com o candidato do PSL. Seríamos fiéis ao nosso partido e ao nosso candidato.

Quanto ao conteúdo, levaríamos em conta as conclusões da pesquisa qualitativa, porém sem abrir mão da mensagem liberal. Falaríamos de segurança, mas também de privatizações. Ao longo da campanha recusei inúmeras vezes os pedidos de alguns de meus assessores para parar de falar na privatização da Cedae. Como todos os candidatos faziam pesquisa, e estas indicavam uma resistência à privatização, acabei sendo o único a defendê-la durante toda a campanha. Tenho curiosidade de saber qual teria sido o resultado da pesquisa qualitativa se ela tivesse sido feita pouco mais de um ano após as eleições, depois de meses de água fétida nas torneiras do Rio de Janeiro.

Embora seguisse o combinado quando gravava vídeos ou aparições programadas nas emissoras de televisão, o discurso era mais espontâneo e emotivo quando eu tinha contato direto com os eleitores. As caminhadas pelas ruas, ouvindo as pessoas, percebendo o que eu poderia fazer pelo estado se tivesse a oportunidade, me tocavam a fundo. Era provavelmente o político mais *naïf* naquela eleição e estava adorando.

A emoção que eu sentia muitas vezes contagiava a plateia. Contando histórias pessoais da infância pobre de minha mãe na Espanha ou das dificuldades que encontrava pelas ruas durante a campanha, e tirando dessas experiências reais as lições para um futuro melhor, me sentia mais capaz de tocar a audiência do que quando berrava palavras agressivas contra os adversários. Falando sobre as crianças vítimas de balas perdidas e sobre os idosos que se feriam correndo do fogo cruzado – que eu vira fazendo fisioterapia gratuitamente no Instituto Movimento e Vida, no Complexo do Alemão –, tentava mostrar às plateias das zonas mais ricas da cidade que a violência que assola diariamente os moradores das comunidades pobres é tão aguda que faz parecerem triviais as queixas sobre a violência que atinge os mais prósperos – ainda que esta seja igualmente real. Queria convencer as pessoas da ineficiência e crueldade de uma política de segurança pública reduzida ao confronto, e da necessidade de investir em inteligência e organização para combater o crime organizado.

Esse discurso deixava nervosos os meus assessores que defendiam o Trindade Pistola e me queriam mais alinhado às propostas de Bolsonaro. Para eles, o importante era falar duro e prometer energia, conseguir chegar lá e depois executar o programa. Para piorar, eu era dos poucos candidatos a governador que elogiava a intervenção militar na área de segurança no Rio, criticada tanto pelos que queriam ver resultados instantâneos que ainda não apareciam quanto pelas populações das comunidades mais afetadas pelas operações iniciais, como a Rocinha, o Vidigal, a Maré e o Complexo do Alemão.

Enquanto prosseguia o embate entre os membros de minha equipe, eu me convencia de que o melhor discurso era o coerente. Eu era mau ator e cada público tinha as suas preferências e prioridades. Eu não podia mudar o discurso para cada um. Não valia a pena mentir para tentar ganhar e só depois fazer a coisa certa. Quem tentou não conseguiu governar. E a verdade nua e crua é que, mesmo que eu virasse um farsante, provavelmente não ganharia a eleição.

O Trindade Pistola, por isso, só aparecia vez ou outra, quando o sangue subia à cabeça – também um mau sinal para políticos. Uma dessas ocasiões foi na PUC-Rio. Era a minha casa, minha *alma mater*. Eu tinha mais anos de PUC do que qualquer um na plateia ou na bancada, onde dois alunos representavam o Diretório Central dos Estudantes, o DCE, organizador do evento. Eu já estava chateado porque a sabatina tinha sido transferida dos pilotis, onde normalmente são realizados eventos com mais visibilidade, para a concha acústica, que fica mais escondida. Ainda assim, estava bem cheio – e a plateia repleta de ex-alunos e, portanto, muito simpática.

Os entrevistadores seguiam a cartilha de esquerda da chapa que comandava o DCE naquele momento – como era a regra durante quase toda a história da PUC. As perguntas vinham enviesadas. Em uma dada hora, perguntaram-me por que eu defendia o Estado mínimo. Fiquei bravo. Olhei para trás, para os lados: para quem você está perguntando isso? Para você, ora. E quem disse que eu defendo o Estado mínimo? Onde você viu isso no meu programa? Onde me ouviu dizendo isso? Não defendo o Estado mínimo, quase gritei, com as veias do pescoço já saltando. Defendo o Estado necessário. O necessário. O extraordinário é demais. A plateia, se dando conta de que a minha frase também era o refrão de uma canção de *Mogli*, o desenho animado, caiu na gargalhada. Morrendo de raiva, com o rosto vermelho, mas diante daqueles jovens que via como alunos, o máximo que consegui em termos de agressão foi citar um filme da Disney.

Parte do desafio para os liberais é comunicar efetivamente que suas propostas não buscam a reformulação do estado para beneficiar os ricos, como afirma a esquerda, mas para acabar com privilégios injustificáveis e com a apropriação indevida dos recursos públicos por grupos e corporações.

O verdadeiro liberalismo é o caminho para a igualdade de oportunidades. O discurso liberal deve assumir uma clara motivação social. Deve tocar não apenas o racional, mas também o emocional dos eleitores.

Com o desenrolar da campanha, João Amoêdo percebeu isso e as redes sociais ligadas a Bolsonaro passaram a atacá-lo, enxergando-o como um concorrente direto. Como João mantinha um discurso liberal, ponderado e racional, as tropas bolsonaristas passaram a chamá-lo pejorativamente de "isentão". E a alcunha logo começou a ser usada contra mim também, em comentários postados nas minhas redes sociais. A técnica de infiltrar os perfis dos adversários nas redes passando-se por seguidor decepcionado é muito usada pelas guerrilhas virtuais dos candidatos. A turma do Trindade Pistola dizia que isso era um problema e que perderíamos os votos dos eleitores de Bolsonaro se continuássemos com a postura de isentão.

O conceito de isentão foi uma grande sacada eleitoral da campanha de Bolsonaro. Ninguém quer apoiar um omisso e foi esse o significado que os apoiadores dele conseguiram conferir à alcunha. Quem não fosse para a extrema direita estava compactuando com o PT. Quem não fosse agressivo estava fazendo o jogo da esquerda. Quem andasse pelo centro na verdade estava do outro lado. Amoêdo era isentão. E votar em isentão é deixar de tomar partido na guerra de vida ou morte que o país enfrentava, segundo as tropas do capitão.

Para quem está na extrema esquerda, todos os outros estão à direita. O mesmo ocorre com quem olha da outra ponta. Da extrema direita, só o que se vê é a esquerda. O PSDB é de direita, dizem o PSOL e o PT. O PSDB é de esquerda, diziam Bolsonaro e até Paulo Guedes. Mas chamar João Amoêdo e o Partido Novo de comunistas não ia colar. A pecha de isentão foi a maneira de atacar o discurso racional de centro, acusando-o de frouxo e covarde. E pegou.

Quando as gravações do programa eleitoral finalmente aconteceram, em agosto, cedi no tom, mas não no conteúdo. Gravamos vídeos em que eu aparecia irritado, praguejando contra a velha política e os adversários. Não me reconheço ali. E não adiantou bulhufas. Me orgulho de não ter fraquejado, salvo por um ou outro esculacho mais forte em Lula e no PT – que pelo menos sabiam por que estavam apanhando. Mantive a mensagem de centro, ponderada, mesmo quando a expressão do rosto não combinava com o texto.

Faltando um mês para o fim da campanha, recebi um longo e-mail de meu assessor de imprensa, Aziz Filho. Estávamos estacionados nas pesquisas e tínhamos acabado de dispensar nosso marqueteiro conciliador. Aziz temia uma guinada à direita e clamou para que abandonássemos o tom agressivo: "A mensagem chega mais fácil ao coração se for com empatia, aquele seu tom inicial, antes da fase Trindade Pistola. Eu faria mais posts com sorriso do que com o dedo em riste, rosto tenso ou palavras duras demais. Não que esses não sejam interessantes, mas estão predominando demais. Nos quatro segundos do horário eleitoral, por exemplo, imagens da onda laranja em Ipanema cairiam melhor, na minha opinião, do que ficar repetindo todo dia você bravo com a velha política."

Concordei e reduzi o número de mensagens com um tom raivoso. Houve na equipe quem sustentasse que perdemos porque não fui suficientemente enfático e violento. Não foi isso. Não foi o tom, foi o conteúdo. Havia um preço a pagar para ter uma chance naquela eleição – e, mesmo assim, não era garantido, como se viu no caso de Índio da Costa. Esse preço envolvia um discurso alinhado à mensagem de Jair Bolsonaro e sua legião de apoiadores radicais nas redes sociais. E esse preço eu nunca estive disposto a pagar.

12. A doce ilusão dos jornais

Nos primeiros dias da campanha, com a nota do Lauro Jardim sobre minha candidatura, o artigo de Rogério Werneck, a romaria de inteligências e talentos ao meu escritório e a entrevista na revista *Época* em contraponto com Marcia Tiburi, tive a falsa percepção de que seria capaz de atrair a atenção da imprensa e, por meio dela, divulgar amplamente minhas propostas.

Nossa expectativa era boa até mesmo quanto ao espaço nos veículos on-line – aqueles que somente publicam na internet. Também ali começáramos bem. Geraldo Samor, jornalista com larga experiência e reputação em temas de economia e mercado de capitais, muito lido pelos profissionais da área, me entrevistou para sua publicação eletrônica, o *Brazil Journal*. Foi uma entrevista detalhada, talvez a melhor de toda a campanha, publicada em 21 de junho de 2018.[1]

Samor sabia que boa parte de seus leitores no Rio eram eleitores potenciais de Eduardo Paes. E que, se a disputa ficasse apertada, com um candidato populista ou de esquerda despontando com chances de ir ao segundo turno, até aqueles que pensavam votar em mim correriam para o porto seguro do ex-prefeito, que tinha experiência e realizações. Perguntou-me, então, como eu lidaria com a força de Eduardo Paes na Zona Sul, onde, teoricamente – e na prática, como as urnas revelariam –, eu poderia ter mais votos. Respondi que, embora não fosse acusado de corrupção, Paes tinha adotado a mesma forma de fazer política dos políticos tradicionais, muitos dos quais corruptos ou que compactuaram com a corrupção. Colocar gente técnica e séria em algumas secretarias para assegurar resultados e qualidade de gestão a serem exibidos e distribuir as outras entre os políticos da coalizão, para fazerem o que bem entendessem – quase sempre com desvios. Por isso, ressaltei, eu não acreditava que Eduardo Paes seria percebido como um candidato renovador, como eu poderia vir a ser. Acreditava que a maioria da população queria algo diferente.

Claro que não é fácil, em qualquer situação da vida, propor que se faça algo diferente do que sempre foi feito. Isso quase sempre gera desconfiança ou ceticismo. Quem é esse sujeito para propor uma mudança na forma que sempre adotamos? A proposta dele é juvenil, ingênua, contra a realidade e o modo pelo qual as coisas sempre funcionaram. Por isso terminei a entrevista citando Warren Buffet, ícone de boa parte do público do *Brazil Journal*. Para ele, as cinco palavras mais perigosas no mundo dos negócios, sempre usadas para justificar maus passos, são "todo mundo está fazendo isso".[2] A lição se aplicava perfeitamente à política brasileira. Já que meus adversários estão fazendo caixa dois, eu posso fazer também. Já que todo mundo está lançando *fake news* e atacando virulentamente os adversários com robôs e perfis falsos nas redes sociais, eu também vou. Sem isso não há chances de vencer.

Logo em seguida à publicação no *Brazil Journal*, o *Valor Econômico* me abriu um bom espaço, provavelmente por gentileza com a antiga fonte e pelo fato de que, por ter presidido a CVM, eu poderia atrair o interesse dos seus leitores. A entrevista foi publicada em 2 de julho de 2018.[3] No *Valor*, foquei na corrupção. Disse que a grande corrupção incentiva a pequena. Os empreiteiros, os empresários de transportes, os grandes empresários que aceitaram a corrupção são coautores dos crimes, têm a mesma culpa dos políticos corrompidos. Puxaram o gatilho juntos. E são mais culpados do que o pequeno empresário que, se não corromper o fiscal da prefeitura, não consegue a sua licença. Ou daquele que paga o achaque da polícia ou da milícia para não ter o seu comércio fechado. A corrupção atinge o pequeno empresário quase como uma extorsão. E ele aceita porque considera impossível que seu negócio funcione se não o fizer, e porque não tem a quem se queixar sem sofrer uma retaliação pesada.

Com o grande empresário não é assim. Ele pode resistir, mesmo que o custo seja alto. Para ele, não se trata de vida ou morte. Trata-se de optar entre sucumbir ao sistema e obter as vantagens indevidas ou reagir em busca de dias melhores, dando o exemplo. O incentivo para uma postura empresarial ética depende, claro, de mecanismos de fiscalização e controle que tornem excessivos os riscos para quem pense exclusivamente nos ganhos imediatos e protejam quem denuncie más práticas. E os canais de denúncia e as corregedorias têm que ser efetivos e independentes, isto é, não submetidos à influência do poder político.

Graças principalmente à Operação Lava-Jato, hoje é mais simples e seguro para um grande empresário resistir à corrupção do que há 30 anos. Me lembro quando, no começo de minha carreira, o grupo canadense Brascan, hoje Brookfield, investidor centenário no Brasil, vinha sendo achacado por um fiscal do INSS que exigia propina para não lavrar uma autuação contra empresas do grupo. O diretor jurídico da Brascan, Eduardo Spínola e Castro – cuja filha, Andrea, aliás, foi candidata a deputada federal pelo

Partido Novo em São Paulo nas eleições de 2018 – era um advogado muito qualificado, de grande reputação, e resolveu resistir ao achaque.

Apesar de toda uma rede de proteção em torno da conduta correta da empresa, que incluía o então ministro da Previdência Social, Raphael de Almeida Magalhães, a corporação reagiu. Durante muitos anos a Brascan foi perseguida pela fiscalização do INSS no Rio de Janeiro e não conseguia obter sua certidão negativa de débitos com aquele órgão, fundamental para suas atividades. Meus colegas de escritório e eu, indicados por um extraordinário advogado que prestava serviços à Brascan, Carlos Eduardo Cardoso, impetramos mandados de segurança a cada recusa, obtendo a certidão por liminar judicial dezenas de vezes. Mesmo com toda a sua força política, custou caro à Brascan fazer a coisa certa naqueles dias.

Hoje, o quadro é distinto. Em boa parte por causa dos escândalos de corrupção no governo federal, o modelo evoluiu e as entidades públicas capazes de lidar com esse tipo de denúncia – como a Corregedoria-Geral da União e o Ministério Público – ganharam institucionalidade. No Brasil e no mundo, após cada escândalo, edita-se uma lei para aprimorar o sistema. Não é à toa que a Lei de Improbidade Administrativa foi assinada por Fernando Collor, e a Lei Anticorrupção foi assinada por Dilma Rousseff. Acuados pelos escândalos, os políticos reagem na esperança de salvação.

Cerca de um ano antes de pensar em me candidatar, eu já escrevera sobre o papel dos empresários na corrupção endêmica brasileira em artigo publicado em *O Globo*.[4] Nele, afirmei que a divulgação da gravação da visita noturna de Joesley Batista ao Palácio do Jaburu serviria para acordar o país do cochilo escapista em que se encontrava, querendo acreditar que o governo de Michel Temer havia mudado as práticas na política brasileira. A prática do caixa dois, escrevi, havia dinamitado o compromisso com a ética dos nossos representantes e assegurado aos empresários acesso ilimitado ao dia a dia da administração pública. A doação ilegal fragilizava o partido e o político e os fazia reféns dos interesses do doador. Constrangia quem a aceitava, ensinava aos fracos de caráter o caminho da corrupção e reforçava os laços dos doadores com a "banda podre".

Quando concedi as entrevistas ao *Brazil Journal* e ao *Valor*, ainda não havíamos terminado a pesquisa qualitativa. Mas já sabíamos que os temas da corrupção e dos vícios da política seriam chave nas eleições. Fiz um esforço para ir além do discurso simplista – que estava na boca dos candidatos em geral – e bati, durante toda a campanha, na tecla de que a corrupção tinha faces ainda mais perversas do que a mais visível a olho nu, do desvio de dinheiro público para o bolso dos corruptos. As prioridades de políticas públicas eram definidas pelos corruptores e financiadores de campanhas, em seu interesse, frequentemente dissonante do interesse público. Em outras palavras: quem determinava que obras seriam realizadas, e como seriam realizadas, eram os empreiteiros. E quem dizia que serviços seriam prestados, e como seriam prestados, eram os concessionários – em ambos os casos, priorizando os próprios interesses. No estado do Rio, bastava pensar na construção do Arco Metropolitano e nos serviços de transporte intermunicipal – como a pesquisa qualitativa veio a confirmar – para perceber o terrível impacto causado pela corrupção.

Minha visão era, e continua sendo, de que os grandes empresários são igualmente responsáveis pelo que aconteceu no Brasil, e que a recuperação da economia e da política deve passar, antes de mais nada, pela sua autocrítica. Eu propunha no artigo em *O Globo* que essa autocrítica incluísse o compromisso de manifestar publicamente suas posições sobre propostas legislativas ou de ações do Executivo, enquanto não chega a regulamentação do *lobby*. Os empresários têm que ser protagonistas nessa questão. Vencer a corrupção é urgente também para o empresariado brasileiro.

Naquelas duas primeiras entrevistas, tive a vantagem de falar a leitores acostumados ao jargão das minhas referências ao mercado de capitais. Mas eu sabia que eram poucos. A partir daí, eu precisava encontrar um discurso acessível à maioria dos eleitores, e rápido. A orientação de meu assessor de imprensa nas entrevistas era clara: use frases curtas – coisa que eu não conseguia fazer. Ele insistia: se a frase é longa, o jornalista passa a ser o dono do texto, porque vai editá-lo. Se é curta, o dono é você.

Em 23 de julho, aconteceu a convenção do Novo, que confirmou nossa candidatura. Carmen Migueles e eu demos uma entrevista coletiva na pequena sede do partido, na rua 13 de maio, na Cinelândia, Centro do Rio. Lá estavam, com seus equipamentos amontoados na sala de menos de 20m², jornais e emissoras de televisão. Todos deram pequenas chamadas e notas. Curiosamente, foi *O Estado de S. Paulo* quem conferiu maior destaque, publicando no dia seguinte uma rápida entrevista que dei ali mesmo. Mas a manchete do *Estadão* deixou a equipe preocupada com os efeitos do meu discurso realista, que eles consideravam suicida: "Candidato do Novo ao governo do RJ fala em cortar 'privilégios' de servidores."[5] Essa passaria a ser outra área de permanente atrito em nossas discussões sobre a estratégia de campanha. Dizer a verdade, e ainda por cima de forma detalhada, incomodava os profissionais mais experientes da equipe. Queriam promessas de uma vida melhor, formuladas em frases curtas e diretas. Raiva e tristeza, só ao falar da corrupção e do PT.

Quando eu argumentava que modular o discurso era fazer a velha política que combatíamos, sempre ouvia que era preciso ganhar a eleição para poder fazer a coisa certa. Eu continuaria, até o fim da campanha, tendo dificuldade de encontrar um discurso simples e otimista. Talvez fosse difícil ser otimista após ter estudado os números do estado. Uma dose maior de ignorância poderia ter facilitado as coisas.

Depois da convenção, passamos quase dois meses sem que nossas propostas fossem apresentadas na mídia impressa do Rio de Janeiro. A dura realidade da restrição de espaço na imprensa mostrou finalmente a sua cara. É verdade que a entrevista que eu havia dado para a *Folha de S.Paulo*, ainda em junho, foi finalmente publicada em 16 de agosto.[6] A *Folha* alcançava um público mais amplo do que o *Brazil Journal* e o *Valor*, mas majoritariamente de São Paulo, onde eu não era candidato. Na entrevista, repeti a importância do exemplo e voltei a falar da falência do modelo que chamei de "meia ética": algumas secretarias para gente técnica e séria – citava Joaquim Levy e Wilson Risolia no governo de Sérgio Cabral – e outras liberadas para que os negócios ilícitos prosperassem.

A primeira vez que me dera conta daquele modelo fora nos últimos meses de 2006, quando eu era presidente da CVM e recebi um telefonema de Régis Fichtner, meu colega de turma na faculdade e suplente de Sérgio Cabral no Senado Federal. Cabral acabara de ser eleito governador e montava seu secretariado. Régis pediu-me referências de Joaquim Levy, que fora secretário do Tesouro Nacional até março daquele ano e com quem eu havia interagido bastante nos últimos anos. Estamos cogitando trazê-lo para ser o secretário de Fazenda do estado, disse-me. Mal consegui disfarçar a surpresa. Em sua passagem pela presidência da Assembleia Legislativa do Rio de Janeiro, a Alerj, Sérgio Cabral não deixara boa fama. Eu disse ao Régis que Joaquim era brilhante e seríssimo, mas também muito duro quando tinha um objetivo que queria alcançar ou um passo que queria impedir. E vai ser um dobermann na porta do cofre, arrematei. É exatamente isso que eu quero, Régis me respondeu. Dias depois, quando li no jornal a notícia da indicação de Joaquim, tive esperança de que o governo de Sérgio Cabral fosse transformar o Rio de Janeiro. Por um momento pensei que, vendo a oportunidade à sua frente, Cabral tivesse resolvido entrar para a história do jeito certo.

Na entrevista da *Folha*, mesmo pressionado por minha assessoria a falar de esperança, não consegui fugir do jargão do mundo empresarial. O estado do Rio de Janeiro é uma empresa falida, disse, e como toda empresa falida é, ao mesmo tempo, uma boa oportunidade. A empresa falida já chegou ao fundo do poço. Só pode melhorar. Temos um grande potencial de ganho daqui para a frente.

Nos veículos de maior circulação no Rio – *O Globo*, *O Dia* e *Extra* – as entrevistas também demoraram a sair. Entre a entrevista da *Época*, no longínquo 6 de julho, e a publicação da entrevista em *O Dia*, em 27 de agosto, passaram-se quase dois, dos quatro meses que eu tinha para tornar minhas ideias conhecidas, de silêncio nos jornais. Durante todo aquele tempo, tirando pequenas notas, fiquei invisível para os leitores daqueles veículos. Eu desconfiava das razões para essa falta de espaço. Em *O Dia*, por exemplo, a entrevista saiu pequena, com apenas parte das perguntas a que eu havia respondido. Nela, como havíamos decidido, eu mirava Eduardo Paes e o apontava como representante da velha política que eu vinha combater. Pelo menos a manchete era chamativa e com duplo sentido, como nos velhos tempos de *O Dia*: "'Discurso do Paes e do PMDB é de sequestrador', diz candidato do Novo ao governo do Rio."[7]

No mesmo dia 27 de agosto o *Jornal do Brasil*, que já era publicado somente na internet, divulgou uma entrevista que eu havia concedido dias antes. A manchete era boa e em linha com as mensagens positivas que me eram cobradas pela equipe, sem trair o discurso liberal: "Saída é iniciativa privada, defende Marcelo Trindade."[8] No corpo do texto, no entanto, frases que causavam arrepios nos marqueteiros: "Você tem que escolher onde vai cortar para reduzir a máquina pública e ter dinheiro para a segurança, para educação e saúde." O estado do Rio de Janeiro tem mais de 400 mil servidores públicos, entre ativos e inativos. Se pensarmos em todas as pessoas que dependem desses salários, teremos mais de um milhão de votos. Eu tinha esperança de que esse público, maltratado pelos meses sem receber, entenderia a necessidade dos ajustes. Sem eles, os problemas voltariam mais cedo ou mais tarde. Meus assessores eram céticos. Farinha pouca, meu pirão primeiro, diziam. "Pare de falar de cortes, pelo amor de Deus." Não dava para não falar. A necessidade de reduzir despesas era o primeiro ponto de meu programa, e eu não queria correr o risco de ganhar a eleição e, depois, ter que lidar com greves por ter escondido meus planos. As greves possivelmente viriam de todo modo, mas eu poderia enfrentá-las de frente, olhando nos olhos.

A entrevista de O Globo só foi publicada mais adiante, em 5 de setembro. Como definido nas regras do jornal para a eleição de 2018, saiu com metade do espaço destinado aos candidatos que lideravam as pesquisas.[9] Foi uma boa entrevista. Escolheram uma foto simpática e exploraram a questão de como governar com uma Assembleia Legislativa que provavelmente ainda seria dominada por políticos tradicionais. Minha resposta virou a manchete: "O Novo negociará de forma pragmática." Era uma boa mensagem para os eleitores que se preocupavam com o dia seguinte da eleição e, por isso, poderiam preferir votar em Eduardo Paes. Mas também uma maneira de o jornal dizer que o Partido Novo não era tão novo assim. "Caso seja eleito", eu explicava na entrevista, "todos hão de convir que alguma coisa de diferente terá acontecido." O candidato de um partido desconhecido ganhando no segundo estado da Federação. Isso será o sopro de um vento renovador e ele não acontecerá apenas na eleição majoritária. Outros quadros renovadores serão eleitos, inclusive de outros partidos.

Político sabe ler eleitor, sabe ler voto. E isso, argumentei, nos dará força na negociação política.

Aquela entrevista em *O Globo*, publicada a um mês do primeiro turno, encerrou minhas aparições nos grandes veículos da imprensa escrita até o fim das eleições. Dei uma entrevista à *Veja*, que não foi publicada, e uma ao jornal esportivo *Lance*, bastante profunda sobre as questões do Maracanã e o papel do esporte em geral – tema de que Bernardinho havia se encarregado em nosso plano de governo. No interior, tivemos mais espaço. A cada cidade que visitávamos eu dava entrevistas para os veículos locais.

Os jornais têm pelo menos duas questões importantes para enfrentar no interesse público de que são depositários. A primeira é a da sua própria neutralidade durante as campanhas eleitorais. Em tempos normais, os jornais manifestam sua opinião em seus editoriais. Mas no período das eleições se omitem e raramente apoiam ou reprovam candidatos. Assim agindo, ao contrário do que declaram, não se mantêm neutros, porque promovem o *status quo* e dificultam a mudança. A segunda questão diz respeito à opinião dos articulistas dos jornais. Ao impedir a livre manifestação de opiniões de apoio ou crítica a candidatos em suas páginas no período eleitoral, os jornais acabam contribuindo para a falta de informação dos eleitores.

Em 2018, depois da publicação do artigo de Rogério Werneck acolhendo minha candidatura, *O Globo* divulgou uma cartilha em que proibia seus articulistas de declarar apoio a qualquer candidato. Pode ser que tenha recebido reclamações de meus adversários, sentindo-se prejudicados por um tratamento especial. Ou reagido a manifestações dos próprios profissionais da redação, pouco importa. Qualquer que tenha sido a razão, o artigo do Rogério Werneck terminaria sendo o primeiro e único publicado no jornal com uma conclamação de adesão a uma candidatura.

Não tenho dúvida de que os jornais teriam cumprido melhor o seu papel se, ao invés de impedir, tivessem estimulado articulistas a declararem e justificarem suas opções naquela eleição – ressalvando, evidentemente, que não se tratava da opinião do jornal, sempre reservada ao editorial. Isso teria permitido aos leitores conhecer melhor e analisar mais profundamente os candidatos.

Um terceiro ponto, mais controverso, é o do espaço concedido à cobertura jornalística das campanhas e dos candidatos. Esse tema é mais importante nas emissoras de televisão, mas em 2018 os jornais adotaram o mesmo padrão das emissoras e vincularam a cobertura à posição nas pesquisas eleitorais. Ciente da importância de *O Globo* como formador de opinião no Rio de Janeiro, assim que soube dessa diretiva fiz uma visita à sua redação. Aliás, eu devia mesmo a visita, porque quando publicara o artigo com Bernardinho, em janeiro de 2018, prometi que daria a eles, em primeira mão, a notícia da confirmação de sua candidatura. Não pude pagar a dívida, ainda que tenha sido o seu colunista Lauro Jardim a dar o furo – bem menos impactante – de minha escolha como candidato. A conversa em *O Globo* foi muito profissional e atenciosa. Saí de lá, entretanto, com a certeza de que não conseguiríamos mudar a visão dominante naquela eleição. Os argumentos sobre a necessidade de tratamento proporcional aos candidatos conforme sua relevância nas pesquisas e de seus partidos no Congresso Nacional estavam definidos e não seriam revistos.

Alguém pode dizer que tudo isso é choro de perdedor, dado que Wilson Witzel, um novato com menos espaço na mídia que os líderes das pesquisas – embora participando dos debates na TV – foi eleito governador sob as mesmas regras. Mas não se trata de ganhar ou perder.

Inúmeros fatores decidem uma eleição. Trata-se de constatar que, em 2018, os leitores tiveram pouca informação sobre os novatos quando foram às urnas, em 7 de outubro. E, o que é pior, isso incluiu o surpreendente vencedor daquele primeiro turno e futuro governador, um completo desconhecido inclusive para quem votou nele. Tal fato se deveu, em boa parte, aos critérios de cobertura proporcional às pesquisas utilizados pela imprensa em geral.

Durante toda a campanha, buscamos espaço em quaisquer jornais que me dessem voz. Para tentar atrair a sua atenção, criamos diversos eventos, o que nos garantiu alguma exposição. Os blogs e colunas também davam pequenas notas, vez ou outra. Mas estava claro que, no último mês de campanha, só poderíamos contar com o que nos viesse a ser reservado pelas emissoras de rádio e de televisão – e seria bem pouco, a não ser que eu subisse nas pesquisas. Só a adrenalina da campanha de rua ajudava a amenizar o sofrimento diante do tamanho da dificuldade.

13. Na era do rádio

Em nossa busca desesperada por visibilidade, a melhor acolhida que encontramos foi nas emissoras de rádio, únicos veículos que concederam o mesmo espaço a todos os candidatos nas eleições de 2018. Mesmo que essa acolhida estivesse relacionada ao modelo de negócios das rádios – de custo fixo combinado com a necessidade de produção de amplo conteúdo ao vivo –, o fato é que elas terminaram desempenhando melhor seu papel na construção da democracia naquele momento.

Durante a campanha, estive na BandNews FM, na rádio Globo e na rádio CBN. Os estilos na condução das conversas eram bastante diferentes, mas o desafio de não falar rápido demais e usar frases mais curtas era o mesmo, e continuava difícil encarar. Na BandNews, onde estive duas vezes, as entrevistas foram feitas por jornalistas que comandavam a programação diária – Marcus Lacerda e Thais Dias –, e o clima foi extremamente positivo. Eles chamavam os candidatos pelo primeiro nome e usavam "você" no lugar de "senhor". Após as perguntas iniciais, as demais vinham dos ouvintes pelo WhatsApp e os candidatos raramente eram interrompidos.

Minha primeira entrevista na BandNews FM foi em 20 de agosto, como compensação oferecida aos candidatos que não haviam participado do debate na TV Bandeirantes no dia 16 daquele mês. Os ouvintes fizeram perguntas sobre segurança pública, a capacidade de um partido sem base de deputados na Alerj, como o Novo, conseguir governar e sobre a crise econômica do estado. Meu discurso buscava a simplicidade nos três casos: estabilidade nos comandos das polícias e aumento da capacidade de investigação; romper com o "toma lá, dá cá", formando uma coalizão para o segundo turno, mas só aceitando indicações de técnicos respeitados; e cortar despesas e privatizar para recuperar a capacidade de investimento do estado.

A última pergunta era recorrente: por que você, realizado profissionalmente na vida privada e até na sua passagem pela vida pública, saiu do seu conforto para tentar assumir um estado com todas as dificuldades do nosso? Thais Dias fez a pergunta num tom pessoal, em busca de uma resposta genuína. Deixei falar o sentimento: exatamente porque alcancei sucesso na vida privada é que penso que não posso me omitir. Acho que todos temos o dever de tentar. Nós, do Partido Novo, estamos tentando.

Minha equipe gostou do resultado, e ficamos animados. Em certa medida, servira de consolo por não participarmos do debate na televisão, dias antes. E achamos que no rádio, com mais tempo e sem edição, a coisa fora bem.

A entrevista seguinte foi marcada pela rádio Globo. O programa Café das Seis – seis da manhã, bem entendido –, comandado pelos jornalistas Carolina Morand e Fernando Ceylão, convidou todos os candidatos ao governo do estado, concedendo-lhes 30 minutos cada. Um verdadeiro luxo para os padrões de 2018. Apesar da gentileza e descontração dos apresentadores e da presença dos temas habituais, especialmente intervenção federal e segurança, grande parte da conversa foi dedicada às críticas normalmente endereças ao Partido Novo: partido de ricos, em que os candidatos financiam suas próprias campanhas, levando à elitização da política. Gastamos um bom tempo nisso. Demonstrei que as candidaturas de meus adversários eram bem mais ricas que a minha.

Em seguida, falou-se das dificuldades que um partido como o Novo teria para governar. A política é a arte do encontro, respondi, mas no Rio de Janeiro foi transformada na arte do escambo. Mesmo que a renovação da Alerj não fosse expressiva, a vigilância da imprensa e da sociedade impediria a volta aos métodos do passado. O assalto sistemático e organizado ao orçamento do estado não se repetiria.

Carolina Morand voltou-se então para a proposta de cortar despesas que fazia parte de meu programa de governo. Vai ter demissão de funcionários? Essa era uma pergunta direta e meus adversários respondiam com um "não" definitivo. Eu preferia uma resposta mais realista. Nenhum governador de um estado como o Rio, a segunda economia do país, mas com o maior índice de desemprego, quer mandar gente embora. É possível cortar despesas sem demitir funcionários concursados. Há um excesso de cargos de confiança – R$ 700 milhões por ano são gastos só com eles, informei. Muitos são supérfluos. Concluí lembrando que a lei permite a demissão de concursados se a folha ultrapassar o limite legal e que isso poderia ocorrer, se necessário.

Por fim, chegou a hora do ataque às privatizações. Esse era um momento que sempre me surpreendia. Não pelo fato de o assunto estar na pauta, o que era previsível. Mas pela repetição dos argumentos. Um dos desafios de uma campanha é você não se cansar de repetir a mesma coisa para plateias diferentes. A crítica era sempre parecida. A principal era a de que as privatizações frequentemente não funcionavam, como o caso do transporte público. Pude dar minha opinião sobre a questão com bastante profundidade. Expus os benefícios que a privatização tinha produzido nas telecomunicações e disse que reformaríamos as agências reguladoras, cuja atuação era essencial para que qualquer privatização funcionasse.

Voltei à BandNews FM em 19 de setembro, mesmo dia em que finalmente chegamos à sabatina da rádio CBN, vista por minha equipe como a última oportunidade de alcançarmos um público maior e aparecermos bem nas pesquisas a serem divulgadas antes do debate na TV Globo. Na última pesquisa divulgada pelo Ibope, em 10 de setembro, Eduardo Paes liderava com 23% das intenções de voto, seguido de perto por Romário, com 20%. Eu aparecia com 2% e Wilson Witzel com 1%. O cenário fora parecido no Datafolha de 6 de setembro, embora a vantagem de Paes fosse maior, 24% a 14%, e Witzel e eu empatássemos com 1%. Segundo as regras da Globo, só os candidatos com, no mínimo, 6% das intenções de votos poderiam participar do seu debate, que ocorreria em 3 de outubro. Ou seja: era preciso triplicar minha fatia nas intenções de voto em duas semanas.

A CBN concedeu o mesmo tempo a todos os candidatos, independentemente de seus partidos e da posição nas pesquisas. Era o mais longo tempo de exposição de uma entrevista durante a campanha. Uma longa hora. Tudo ou nada. Romário esnobou a oportunidade – foi o único a não comparecer. Pelo visto, aplicava a si mesmo a máxima com que respondera, certa feita, a uma crítica de Pelé, dizendo que o Rei era um poeta quando calado. Como tantos outros políticos liderando pesquisas em eleições passadas, usava a tática de não comparecer para não correr riscos. Com a sua dificuldade de expressão e o desconhecimento dos temas discutidos, preferia apostar na preservação, pelo silêncio, de sua posição nas pesquisas.

A CBN também fizera entrevistas com os candidatos à Presidência, e eu acompanhara a de João Amoêdo. João foi muito bem quase todo o tempo, mesmo diante das constantes interrupções dos entrevistadores por vezes com um tom agressivo – que se tornara a marca registrada nas entrevistas da TV Globo e que apareceu também naquela sabatina da CBN. Ouvindo a entrevista do João, descobri que no último minuto havia um pinga-fogo, uma rodada com perguntas curtas às quais o candidato devia responder apenas com "sim" ou "não". Depois de 58 minutos de uma rara oportunidade de discussão mais aprofundada, corria-se, naquele momento, um grande risco. Uma pergunta capciosa, de resposta complexa e não necessariamente binária, podia pôr a perder todo o exaustivo esforço de concentração da última hora.

Foi o que aconteceu com o João Amoêdo. As perguntas difíceis vieram, e ele respondeu com firmeza e extrema rapidez. Eu discordava de algumas respostas, mas não deixava de admirá-lo. Quando você está submetido a essa pressão, a lógica da resposta importa menos do que a forma do discurso – que era democrático, sereno e construtivo. Veio então a armadilha, como uma jararaca escondida nos galhos secos. É a favor da taxação de igrejas? Pela primeira e única vez no pinga-fogo, João titubeou. Não era para menos. Seu discurso extremamente liberal indicava a resposta afirmativa. Mas era uma evidente emboscada retórica.

Um advogado como eu provavelmente teria buscado abrigo em questões jurídicas. Igrejas são entidades sem fins lucrativos, como tantas outras, e, portanto, não são tributadas. A Constituição Federal expressamente impede tributar templos de qualquer culto. João poderia ter respondido: a Constituição não permite. Isso seria fugir da questão? Talvez. Mas era uma daquelas perguntas cuja resposta não cabia em um "sim" ou um "não". Percebi sua hesitação por dois longos segundos. Estava com o pé na arapuca e qualquer movimento em falso o colocaria dentro, de vez. "Sim", veio a resposta. João Amoêdo era a favor de taxar as igrejas.

Eu estava na estrada, a caminho de Teresópolis, na Região Serrana do estado, e a pontada que senti naquele átimo logo deu lugar a outros assuntos. Mas, 24 horas depois, já em Volta Redonda, cidade-sede da Companhia Siderúrgica Nacional, testemunhei a agressividade da reação a qualquer candidato que ameaçasse Bolsonaro. Eu distribuía panfletos em que apareciam, lado a lado, a minha foto e a de João Amoêdo. Em uma passarela, uma senhora atenciosa me escutou por um momento e examinou o panfleto. De repente, ligou os pontos e exclamou: "Esse não é o tal que quer taxar as igrejas?" A resposta de João na véspera caiu-me como um raio.

Só quem pede votos na rua sabe quanto vale cada um deles. Respondi que não era verdade, que João se referia aos lucros desviados pelas igrejas para outras atividades, como emissoras de televisão e rádio. A senhora foi firme: "É verdade sim, olha aqui." Mostrou-me então uma mensagem de WhatsApp com o vídeo da pergunta sobre as igrejas, no qual a resposta do João era repetida várias vezes, antecedida por uma voz que dizia que ele ia acabar com as igrejas. Dois segundos tinham bastado para municiar o ataque feroz dos adversários. Esses são os nossos tempos, pensei, enquanto aquela senhora partia desprezando meu panfleto. Era enorme o desafio em que havíamos nos metido: tínhamos que resistir à tentação da demagogia e da desonestidade intelectual e discutir com amplitude e simplicidade os problemas da população, em meio a uma luta ferrenha e desleal.

Escaldado pela experiência do João, resolvi assistir à entrevista de Wilson Witzel na CBN, concedida em 12 de setembro, antes da minha sabatina na emissora. Mais uma vez me surpreendi com sua autoconfiança. Witzel falava como se estivesse eleito, embora variasse entre 1% e 2% das intenções de voto nas pesquisas. Foi duramente questionado sobre os pontos polêmicos de suas propostas – escolas militares na rede pública de ensino, abate a distância de portadores de fuzil por atiradores da polícia, extinção das cotas raciais nas universidades públicas, entre outros. Era a primeira vez que o via ter tempo para falar fora dos espaços cronometrados dos debates. Convenci-me de que éramos basicamente o oposto um do outro. O único ponto comum é que ele, claramente, também considerava Eduardo Paes o adversário a ser batido. Enquanto eu buscava respostas técnicas para todas as perguntas, ele desfilava reações baseadas no senso comum. E, quando não tinha nenhuma explicação, assumia uma posição messiânica. Eu garanto, comigo é diferente, se fizer comigo eu prendo, eu sei fazer, vou ensinar, sou professor, entendo disso, e daí por diante. Registrei que, embora naquele momento Witzel estivesse mal nas pesquisas, foi tratado com a mesma assertividade adotada na entrevista com João Amoêdo. Eu esperava igual tratamento.

Quando entrei no estúdio da CBN, a apenas 18 dias da eleição, estava profundamente concentrado para a minha hora inteira de oportunidade. Foi um pouco frustrante. É difícil aceitar sua própria irrelevância, especialmente na minha idade e acostumado à acolhida pelas plateias do direito. Os jornalistas não escondiam certo enfado. Me olhavam como haviam olhado para Witzel, como quem cumpria a tediosa obrigação de entrevistar um candidato sem chances de vitória. O que, de fato, aparentávamos ser, ainda que no caso dele isso não fosse verdade. Entre os entrevistadores da CBN eu só conhecia pessoalmente Berenice Seara, que mantinha, e mantém, uma importante coluna sobre política estadual no *Extra*. Almoçáramos no começo da campanha por sugestão do Aziz Filho. Ela fora bem mais simpática no almoço do que foi no camarim, enquanto se maquiava para a entrevista.

Fiquei pensando se a atitude dela era um rescaldo de um episódio que ocorrera no começo de agosto. Berenice publicara que a maioria dos candidatos a governador, com exceção do PSOL, havia escolhido políticos profissionais como candidatos a vice. Ela não mencionou o Novo. Minha assessoria pediu-lhe uma retificação, incluindo Carmen Migueles na lista dos vices não políticos. Ela fez, mas deu o troco: "Com apenas quatro vereadores em todo o Brasil, o nanico Novo também ficou nas exceções: a vice de Marcelo Trindade é Carmen Migueles, candidata a prefeita do Rio em 2016 – primeiro ano em que a legenda concorreu."

No começo, Berenice me pareceu a mais enfadada dos entrevistadores. Acostumada aos bastidores da política, tendo todos os caciques como fonte, devia ser mesmo duro dar atenção aos projetos de alguém com mínimas chances de chegar ao poder. Depois que a entrevista foi engrenando, acho que acabou se divertindo, dada a quantidade de provocações que me fez. Os principais questionamentos foram, mais uma vez, o tamanho de meu patrimônio e o de outros candidatos do Novo, o suposto elitismo do partido por recusar recursos públicos e permitir que candidatos financiassem as próprias campanhas e a cobrança de contribuição de nossos filiados. Respondi com os argumentos que havia usado na rádio Globo, ainda que subindo uma oitava o tom, para acompanhar o das perguntas, que também era diferente.

Berenice Seara insistiu: mas muita gente não pode pagar essa contribuição compulsória que o Novo cobra de seus filiados. Isso o torna, necessariamente, um partido de pessoas mais ricas. Respondi que a contribuição não era compulsória, mas voluntária, e ela repicou: "Compulsória." Eu disse que não podia discordar mais. Compulsória era a contribuição de todos os brasileiros às campanhas financiadas com recursos públicos. A contribuição ao Novo era voluntária porque quem quisesse parar de pagar podia se desfiliar pela internet. Sustentei também que, se os milhões de filiados dos demais partidos pagassem uma pequena quantia mensal – muito menor que os R$ 29 pagos pelos 30 mil filiados do Novo na época –, seria desnecessário o uso de recursos públicos do fundo partidário, e que essa solução não impediria os mais pobres de participarem.

Gabriel Barreira, do G1, que fazia parte da bancada de entrevistadores, tentou o xeque-mate: Leandro Lyra, eleito vereador em 2016 pelo Novo, recebera cerca de R$ 160 mil de doações para sua campanha, enquanto Marielle Franco recebera cerca de R$ 70 mil, mais R$ 20 mil do fundo partidário vindo do PSOL. Isso não demonstra que Marielle não teria sido eleita sem o fundo partidário? Respondi que não, pois as captações eram parecidas e ela certamente teria conseguido captar mais se não contasse com o fundo.

Berenice aproveitou a deixa para retomar seu ponto sobre o elitismo do Novo: as pessoas com que Marielle podia contar eram eleitores pobres, da Maré, que não teriam como contribuir. Por acaso eu tinha estudado os mapas de votação da Maré e do Complexo do Alemão em 2016, para entender se teríamos alguma chance de atingir eleitores por lá. Havia me surpreendido com a baixa participação das duas comunidades no total de votos de Marielle. Fui tentar entender e vi que a vasta maioria de sua votação viera das Zonas Eleitorais da Zona Sul. Berenice, respondi, acho que a Marielle não é um bom exemplo, porque ela foi eleita majoritariamente por eleitores da Zona Sul, que também foram os maiores contribuintes para sua campanha. "Mas ela representa a Maré." Respondi que sim, mas que não foi eleita pela Maré, e com toda certeza foi financiada pelos seus eleitores da Zona Sul.

Berenice Seara ainda voltou ao ataque por duas vezes. Na primeira, para perguntar como era possível que eu, um liberal, tivesse doado recursos em duas campanhas para Alessandro Molon quando ele era candidato pelo PT. Como eu poderia ter mudado tão rápida e radicalmente de posição? Respondi que Molon tinha sido meu aluno, e na lista de doadores de suas campanhas havia outros insuspeitos liberais, colegas advogados e, como eu, antigos professores de Molon na PUC-Rio. Fui além. Mesmo correndo o risco de ataques das hostes bolsonaristas, achei que era uma boa hora para marcar minha posição. Adversários políticos não precisam, aliás nem devem, odiar-se. Tenho grande afeto pelo Molon, continuei, e não considero a falta de identidade ideológica uma razão para não apoiar um jovem que tenha a coragem de sair de sua zona de conforto, como ele havia saído, para entrar na política.

Pensei em dizer que também era doador do RenovaBR, que treinava candidatos de todo o espectro político em prol da renovação em todas os flancos. Mas resolvi não esticar o assunto.

Berenice não me deu muito tempo para respirar. Manteve-se na ofensiva para perguntar, com ironia, se o Novo era mesmo tão puro, uma vez que o vereador Leandro Lyra já havia traído o compromisso com o partido e se candidatado a deputado no meio de seu mandato. *Touché*. Era um ponto difícil para mim. Respondi que a prova de que o Novo era diferente é que os mecanismos de proteção de seus princípios haviam funcionado, pois seus filiados haviam ajuizado uma ação para impedir a candidatura de Lyra. Ela insistiu: e as instâncias partidárias? O diretório nacional vetou a candidatura, expliquei. Mas e agora? Ele vai ser expulso, o que vai acontecer? Respondi que não era dirigente do partido, o que, aliás, era vedado aos candidatos do Novo exatamente para afastar um potencial conflito de interesses. Não poderia responder sobre o futuro porque não comandava o partido.

Na pergunta seguinte, Gabriel Barreira pegou carona na referência irônica de Berenice à pureza ética do Novo para perguntar se o partido era mesmo liberal, inclusive nos costumes. Antes de responder que o partido não interferia nas decisões de seus filiados sobre essas questões, aproveitei para criticar o tratamento dado ali à pureza ética. O Brasil estava precisando que a ética fosse mais elogiada do que ironizada.

A longa hora de entrevista ainda me permitiu falar com detalhes sobre nosso programa para a área de saúde, que pretendíamos organizar a partir da divisão do estado em áreas de atendimento, comandadas por um hospital de referência. A esses hospitais ficariam vinculadas as Unidades de Pronto Atendimento, as UPAs, e de Atendimento Primário, inclusive com médicos de família. Os hospitais especializados seriam dedicados apenas às suas respetivas especialidades, recebendo pacientes de todas as áreas, em busca dos benefícios de custos e de qualidade. Nosso programa na saúde propunha ainda a digitalização de todo o processo de atendimento, de modo que o relacionamento com os pacientes se desse pelo celular e fosse personalizado, com aviso sobre consultas, vagas etc. Cada pessoa teria o seu passaporte digital, com os seus dados pessoais de saúde disponíveis imediatamente no celular. Manteríamos as Organizações Sociais, muito criticadas como uma espécie de privatização da saúde pública, mas cuidaríamos de uniformizar a remuneração dos profissionais que atuavam em hospitais e UPAs operadas pelo estado e pelas OS. E vincularíamos a remuneração das OS não ao número de atendimentos, e sim ao seu resultado, corretamente aferido. Não podíamos imaginar àquela altura como as questões relativas à saúde pública se tornariam centrais no debate nacional e internacional pouco mais de um ano depois, com a pandemia da Covid-19.

Além de Berenice, Gabriel e Federerico Goulart, Edimilson Ávila, jornalista da TV Globo, participou da entrevista. Edimilson transformou em realidade a profecia de meu assessor Aziz Filho, quando examinou nosso programa de governo. "Jornalista gosta de número, Marcelo. Entendo que o Partido Novo não quer fazer promessas vazias, mas você vai ser cobrado por isso." Edimilson criticou exatamente a falta de metas objetivas no programa. A seu ver, era uma contradição para um partido que prometia qualidade na gestão. Respondi da mesma maneira que fizera ao Aziz, dizendo que o nosso programa identificava os problemas e propunha as soluções que nos pareciam adequadas. Mas não iria prometer números fantasiosos, sem base científica, apenas para fazer propostas quantitativas que certamente seriam modificadas e descumpridas.

A discussão com Edimilson foi dura. Ele não se conformava com a resposta. Estive muito perto de perguntar se ele preferia que eu adotasse o estilo de Wilson Witzel em sua entrevista da semana anterior. O candidato do PSC citara dezenas de cifras ao longo de uma hora, a maior parte delas completamente inalcançável, estapafúrdia ou simplesmente fora da esfera de influência de um governador. Witzel prometera alongar o prazo de pagamento da dívida do estado com a União Federal para 100 anos. Concessões seriam feitas por 70 anos, porque assim o pedágio ou a tarifa seriam baratas. Instalaria fábricas numa área de 300 mil metros quadrados no município de Porto Real. Em 2020, a receita do estado superaria R$ 80 bilhões – era então de menos de R$ 60 bilhões – e, até o fim de seu governo, passaria de R$ 110 bilhões. Transformaria o BRT em metrô de superfície, levaria a Via Light até o município de Queimados e retomaria a indústria naval no estado. A economia do Rio de Janeiro, que ele dava a entender que estaria totalmente sob seu comando, cresceria mais do que a do Brasil. Tudo sem bases reais, puro discurso.

Acabei não mencionando Witzel em minha resposta a Edimilson. Tinha percebido o incômodo dele diante das respostas do futuro governador e imaginei que seria muito agressivo de minha parte. Apenas sustentei meu ponto de vista. Naquele momento, era necessário fazer o diagnóstico e propor as soluções. Nossa única meta numérica era o corte de despesas, porque era a única que estava sob o real alcance do governador. O mais seria irresponsável.

No dia seguinte, Eduardo Paes foi o entrevistado na CBN. Justiça seja feita, a tônica foi idêntica: assertividade dos entrevistadores e frequente interrupção do raciocínio do entrevistado. Claro que o clima com Eduardo não foi o mesmo. No lugar de indiferença, sorrisos antes e depois e entrevistadores mais interessados. Mas confesso que, revendo agora as três entrevistas, acho que, dos três, fui quem menos apanhou. Paes reclamou mais de uma vez por ser interrompido. Disse, com razão, que a entrevista tinha se transformado em um debate. Ao final, repetiu a piada, agradecendo a chance de participar de um debate. Tinha ido muito bem e estava claramente confiante na vitória.

14. A capa da invisibilidade: emissoras de TV e horário eleitoral

Em 20 de julho de 2018, quando foi divulgada a primeira pesquisa sobre a eleição estadual no Rio de Janeiro, do Instituto Paraná, haviam se passado poucas semanas desde o anúncio de minha pré-candidatura. Eu aparecia com 2,6% das intenções de voto, à frente de todos os demais novatos. Marcia Tiburi, do PT, Wilson Witzel, do PSC, e Rubem César Fernandes, do PPS, tinham, respectivamente, 2,4%, 1,9% e 1,1%, no cenário sem Anthony Garotinho, do PRP, que era o mais provável e se confirmaria. A pesquisa ratificava o alto índice de rejeição aos políticos tradicionais. Ficamos animados. Liderar entre os novatos não era pouca coisa, mesmo que estivéssemos todos empatados na margem de erro.

Além disso, no mesmo bolo apareciam políticos com mandato, como Pedro Fernandes, do PDT, e Tarcísio Motta, do PSOL. Eu era o único de um partido estreante, e 30% dos eleitores ainda não sabiam em quem votar. Naquele momento, nossa visão era de que tínhamos uma chance. Só o que precisávamos era divulgar nossa mensagem para outras tribos, além da nossa bolha da Zona Sul. A questão era como fazê-lo.

Um mês depois, descobrimos que não seria pela televisão. Quatro segundos, dia sim, dia não. Quarenta segundos, de 15 em 15 dias. Esse era o nosso tempo no horário eleitoral gratuito e no *RJTV*, da TV Globo. O e-mail enviado em 20 de agosto pela maior emissora do país com as regras das aparições dos candidatos em seus telejornais foi devastador. "Primeiro grupo: candidatos com 8% na pesquisa Ibope ou Datafolha: reportagens diárias de um minuto. Segundo grupo: de 4% a 8%: uma reportagem de um minuto por semana. Terceiro grupo: menos de 4%: uma reportagem quinzenal de 40 segundos." As regras da TV Globo, rapidamente copiadas pelas demais emissoras de televisão, eram totalmente baseadas nas pesquisas eleitorais.

Enquanto eu apareceria a cada 15 dias, por 40 segundos, meus adversários mais bem colocados nas pesquisas apareceriam diariamente, e por mais tempo. Sim, você leu direito: todos os dias, contra uma vez de 15 em 15 dias. Para completar haveria, em uma data a ser confirmada, uma entrevista com cada candidato. Para os mais bem colocados nas pesquisas a entrevista duraria 20 minutos. Para nós, apenas dois minutos, uma aparição dez vezes menor. E, acredite ou não, isso foi uma vitória, pois a proposta inicial da TV Globo era de um minuto.

No dia 23 de agosto, quando foi anunciada a divisão do horário eleitoral gratuito, veio o golpe final. A Coligação Força do Rio, de Eduardo Paes, composta por nada menos do que 12 partidos, teria o maior tempo na TV e no rádio, com três minutos e

43 segundos dia sim, dia não, e cinco minutos e 48 segundos em inserções ocasionais ao longo da programação. Para um segundo grupo, os tempos variavam entre 40 segundos e um minuto. Era o caso de Marcia Tiburi, Pedro Fernandes, Romário, Índio da Costa, e Garotinho. Wilson Witzel era da classe média. Teria 27 segundos no horário gratuito dia sim, dia não, e mais 43 segundos em inserções. Tarcísio Motta aparecia como o líder dos sem-tempo, com nove segundos em rede e 14 segundos em inserções ocasionais. Eu teria quatro segundos dia sim, dia não, e sete segundos em inserções eventuais.

A legislação eleitoral brasileira é repleta de anacronismos. Entre eles, o curto período de campanha e a distinção artificial entre campanha e pré-campanha. Estas, como muitas outras normas eleitorais definidas em lei, são difíceis de justificar por critérios lógicos. Mas a divisão do tempo no horário dito gratuito nas emissoras de televisão é um caso de patologia digno de estudo. Como é possível que o Congresso Nacional tenha sido capaz de aprovar uma lei que atribui a um candidato ao governo do estado ridículos quatro segundos por programa eleitoral? Como é possível que o Tribunal Superior Eleitoral ou o próprio Supremo Tribunal não tenham considerado essa norma inconstitucional?

Chega a ser constrangedor produzir um vídeo de quatro segundos – e eu produzi dois para a campanha. O custo é alto, não muito diferente do que se gasta para gravar um vídeo que mereça o nome. "A velha política roubou nosso tempo, procura Trindade30 nas redes", eu dizia em um dos vídeos, acompanhado por uma moça desesperada tentando dizer o mesmo em linguagem para surdos naquele tempo irrisório, a fim de evitar que fôssemos punidos por descumprir a lei eleitoral.

Quando vi a tabela com os tempos de TV no *Diário Oficial*, fiz uma sugestão aos meus marqueteiros. Logo depois da mensagem tradicional do PSTU ("Contra burguês vote 16!"), eu entraria dizendo: "A favor, 30!" Mas nem essa piada, que talvez despertasse a atenção das pessoas para o tamanho da farsa, foi possível fazer. Pelo sorteio, minhas aparições nunca sucederiam as do PSTU. E o partido ainda decidira mudar o slogan naquele ano para uma convocação à rebelião.

Também pensamos em contratar um sósia de Enéas Carneiro, o célebre e já falecido candidato à Presidência na eleição de 1989 – e nas seguintes – que, tendo pouco tempo no horário eleitoral gratuito, falava às carreiras e terminava dizendo: "Meu nome é Enéas." No meu caso, o imitador diria: "O nome dele é Trindade." Enéas, aliás, pôde falar por 40 segundos em sua primeira campanha. Um verdadeiro tríplex no Guarujá para os meus padrões.

Durante a ditadura militar só havia eleições parlamentares, com candidatos dos dois partidos autorizados: a governista Arena e o MDB de oposição. Na sua maioria, eram políticos que haviam sobrado das centenas de cassações dos anos 1960. Lembro-me de assistir ainda criança, no horário eleitoral, a um desfile de fotografias com o nome dos candidatos, com uma voz masculina monótona ao fundo dizendo três ou quatro palavras sobre o currículo dos fotografados. Por mais tempo que os meus quatro segundos.

A existir um horário político obrigatório na televisão numa democracia – solução a que o Partido Novo e eu nos opúnhamos –, ele deveria ser dividido de modo a assegurar um mínimo de possibilidade de expressão aos candidatos. No caso do Rio de Janeiro, onde houve 12 candidatos a governador, se a metade dos dez minutos do horário eleitoral fosse dividida de maneira igual entre todos os candidatos, cada um teria 25 segundos. Qualquer que fosse a forma de divisão dos cinco minutos restantes, mesmo privilegiando os maiores partidos, como ocorre atualmente, seria assegurado a cada candidato um tempo mínimo para expressão de suas ideias e para fazer-se conhecer pelo eleitor.

Pior que a insultante divisão do tempo gratuito na televisão é o efeito colateral que produz: os mandatos são negociados antes das eleições como verdadeiros ativos financeiros. O partido mais atraente é o que arrebata mais congressistas, pois recebe mais tempo e mais dinheiro. Questões programáticas e visões de país perdem relevância. Os objetivos que a lei eleitoral deveria priorizar são ignorados. Questões como o acesso dos candidatos aos canais de comunicação, independentemente de sua capacidade econômica, a adesão de militantes e candidatos aos partidos por afinidade de ideias e o pleno acesso do eleitor à informação não só não são contempladas, como são praticamente inviabilizadas pelo modelo atual.

A sentença de morte da TV Globo quanto às aparições em seus telejornais, somada à divisão do horário eleitoral gratuito, transformava nossa tarefa em um trabalho de Hércules. Detalhe: nossas minúsculas aparições começariam a partir de 31 de agosto, quando faltasse pouco mais de um mês para as eleições. As regras da Band eram um pouco melhores, porém também duras. Lá, todos os candidatos seriam entrevistados e as entrevistas teriam a mesma duração, não importando a posição nas pesquisas – mas seriam exibidas à meia-noite. Com o ritmo intenso da campanha, nem eu assisti à minha. Caí no sono antes que ela começasse. O mesmo modelo foi adotado por Record e SBT. Nesta última, tive que entrar e sair tão rápido que não pude sequer pedir um autógrafo ao Gérson, o Canhotinha de Ouro, e à Fernanda Maia, a eterna gandula artilheira do meu Botafogo, que estavam no cenário ao lado quando apareci ao vivo, por cinco minutos, respondendo a algumas perguntas na hora do almoço.

Nos debates nas televisões a minha situação era ainda pior. Meus adversários neófitos que restavam, depois do apoio do PPS a Eduardo Paes, eram Marcia Tiburi, do PT, e Wilson Witzel, do PSC. Ambos tinham participação garantida porque seus partidos cumpriam a regra dos cinco representantes no Congresso Nacional – um direito assegurado pela lei eleitoral. Para nós, do Novo, que nunca havíamos participado de uma eleição geral e por isso não tínhamos parlamentares, não haveria exceção. Eu ficaria fora dos debates – a não ser que conseguisse subir vertiginosamente nas pesquisas – e veria os dois outros novatos expondo suas propostas. O quadro era preocupante porque Witzel era do campo da direita e poderia me tirar votos – pensávamos –, ainda que aparecesse atrás de mim na única pesquisa disponível naquele momento.

Com a divulgação das regras pelas emissoras, percebemos que, à medida que nos aproximássemos da eleição, nossa exposição diminuiria ao invés de aumentar. Até então, havíamos conseguido algum espaço na mídia criando fatos que atraíam cobertura jornalística. No dia 18 de julho, por exemplo, fizemos um evento de lançamento da pré-candidatura no Rio Scenarium, na Lapa. Estava bem cheio, especialmente considerando que umas das regras eleitorais proibia o oferecimento de comida e bebida. Cada convidado pagou o que consumiu.

No palco ficamos Gustavo Franco, Bernardinho, Carmen Migueles e eu. Fizemos um pequeno debate, e eu falei ao final. A TV Globo compareceu e filmou tudo, de modo que, no dia seguinte, tivemos bastante espaço nos telejornais diurnos: *Bom Dia*, *RJ1* e *RJ2*. Foram entradas de 50 segundos, mais do que eu teria agora de 15 em 15 dias. As matérias sobre o lançamento me fizeram sentir a penetração que a televisão aberta ainda tinha e a falta que ela me faria. Por onde passei naquele dia, pessoas me disseram que haviam visto as reportagens da Globo.

O primeiro debate das eleições foi marcado pela Band para o dia 16 de agosto e, como previsto, não fomos convidados. Meu assessor de imprensa ligou para Rodolfo Schneider, diretor de Jornalismo da emissora no Rio, e depois para o saudoso Ricardo Boechat, diretor nacional. Nada feito. Seria inviável um debate com 12 candidatos, e não poderiam convidar só a mim, deixando de fora os demais que também não haviam sido contemplados. Se fizessem isso, os candidatos excluídos certamente reclamariam na Justiça e ganhariam o direito de participar. Estudei o assunto e, em 6 de agosto, faltando dez dias para o debate, enviei uma carta ao Boechat e ao Schneider explicando as razões jurídicas pelas quais eu poderia ser convidado. O Supremo Tribunal Federal já havia decidido a questão em 2016, exigindo apenas critérios objetivos. E esse critério poderia ser estabelecido no caso. O fato de ser a primeira eleição nacional do Partido Novo nos impossibilitava de ter deputados federais e senadores, e na única pesquisa registrada no Tribunal Regional Eleitoral naquele momento, a do Instituto Paraná, eu aparecia à frente de Witzel e empatado com Tiburi, ambos com direito a participar. Isso me diferenciava dos demais candidatos que não participariam.

Resolvi oferecer uma solução quanto ao risco de um candidato não convidado ir a juízo e inviabilizar o debate. Assinaria uma declaração dizendo que se algum outro candidato obtivesse uma liminar para participar, eu expressamente autorizava a Band a cancelar o meu convite. Não adiantou e Boechat ainda reclamou no ar, na BandNews FM, de que supostamente estaria sendo perseguido por mensagens de robôs na internet pedindo minha participação. Fizemos de tudo para participar, menos ir a juízo – ou usar robôs, claro. Depois de discutir com o advogado especializado que havíamos contratado, resolvemos não tentar uma liminar para ter acesso ao programa. Hoje me arrependo. Mesmo que as chances fossem pequenas, algum ruído teríamos feito e, talvez, chamado a atenção para o que estava acontecendo.

O plano B foi contratar um jornalista independente de renome – Sidney Rezende – para me entrevistar no mesmo horário do debate da Band e transmitir ao vivo pela internet. Ele reproduziria as perguntas do debate, que seria transmitido em telão para o público presente no auditório em que a entrevista comigo seria feita. Sidney mandaria aumentar o volume vez ou outra, para que ouvíssemos um pouco o que os candidatos diziam e eu comentasse suas respostas em seguida. Juntamos um monte de gente na plateia e transmitimos com grande sucesso nas redes sociais. Sidney, como era de esperar, comportou-se com a independência necessária, submetendo-me a duas horas de sabatina. Respondi a todas as perguntas. A equipe achou o resultado excelente e tivemos cerca de 50 mil pessoas acompanhando ao vivo. Ótimo, mas nada comparável à audiência da Band, com o sinal aberto de TV a que ficaram expostos meus adversários.

A pesquisa seguinte do Instituto Paraná, ainda a única disponível, com entrevistas feitas na semana depois do debate da Band, deu-nos a impressão de que tínhamos conseguido minimizar os danos da minha ausência: eu seguia à frente de Marcia Tiburi. Witzel, que participara do debate, me ultrapassara, porém dentro da margem de erro: 2,3% a 1,7%. Os debates seguintes seriam do meio para o fim de setembro, na Record e no SBT, e o último e mais importante, na TV Globo, aconteceria em 2 de outubro. Tínhamos no máximo 20 dias para reverter o quadro e subir nas pesquisas, a fim de tentar impor nossa presença nos debates que faltavam.

Mas a cobertura da imprensa continuou mínima. E também não éramos chamados para os debates realizados pelos jornais, que tinham regras ainda mais restritivas de participação. Nos meios da mídia tradicional só se viam Paes, Garotinho e, quando dava as caras, Romário – os líderes das pesquisas. Em menor medida, mas bem maior que a nossa, Tarcísio e Índio. A única vantagem visível de Witzel em relação a mim, àquela altura, era a sua presença nos debates.

A primeira pesquisa do Ibope para o estado do Rio de Janeiro, aguardada com grande expectativa por nós, foi divulgada em 20 de agosto. Nós, os novatos, continuávamos embolados lá embaixo.

Tiburi aparecia com 2%; Witzel e eu, com 1%. Com a margem de erro, empatávamos com os profissionais mais próximos, dessa vez Índio, com 3%, e Pedro Fernandes, com 2%. O índice de brancos, nulos e indecisos era de impressionantes 46% a 48 dias da eleição. Tudo aberto, me disse naquela manhã Carlos Augusto Montenegro, ex-presidente do Ibope. Segundo ele, a menção espontânea aos líderes era baixa e a rejeição a eles muito alta: Tem boa chance para um *outsider*, sentenciou.

Montenegro vaticinou ainda, contrariando os resultados da pesquisa do Ibope para São Paulo, divulgada na mesma data, que Marcio França estaria no segundo turno por lá. Não existe governador de São Paulo, mesmo que no cargo há poucos meses, que não vá para o segundo turno, ele disse. Há várias testemunhas dessas previsões, feitas em uma reunião com empresários que Carlos Langoni, ex-presidente do Banco Central, promoveu comigo e com outros candidatos. Montenegro acertou as duas apostas.

Participar de uma pesquisa eleitoral como candidato era completamente diferente de qualquer prova que eu já havia feito na vida. Claro que há expectativas racionais e estudos sobre eleições anteriores que permitem antever de alguma forma o desempenho de um candidato. Mas, quando os resultados são divulgados, tudo pode ser diferente, e a eleição de 2018 no Rio de Janeiro é a maior prova disso.

Antes da divulgação de cada pesquisa há sempre a esperança de que os esforços em passeatas, as semanas de corpo a corpo e a exposição nas mídias disponíveis poderão ter produzido efeito. Essa não foi a realidade para mim. Da primeira pesquisa do Ibope em diante, oscilei teimosamente entre 1% e 2%, tanto no próprio Ibope quanto no Datafolha. A estratégia nas mídias sociais não estava funcionando nem para mim nem para meus iguais, como eu considerava os outros candidatos novatos. Faltando pouco mais de um mês para as eleições, na pesquisa do Datafolha de 22 de agosto eu aparecia com 2%, Marcia Tiburi e Witzel com 1%. Em 10 de setembro, a menos de um mês da eleição, quando Ibope e Datafolha divulgaram pesquisas, tudo seguia na mesma toada: eu tinha 2%, enquanto Marcia e Witzel tinham 1%.

Talvez as eleições de 2018 pudessem ter sido uma oportunidade para que ao menos uma das emissoras de televisão tivesse feito um caminho inovador. Por exemplo, realizando diversos debates – e não apenas um – em que fossem discutidos com mais profundidade poucos temas de cada vez: segurança e educação; urbanismo e transportes; saúde, meio ambiente e saneamento; cultura, turismo e esportes. Uma sexta-feira por semana, durante um mês. Teria sido possível para mim e para outros candidatos mitigar a força das redes sociais e dos aplicativos de mensagens – utilizados sem limites de qualquer espécie e provavelmente com financiamento não declarado por alguns de meus adversários – se os outros meios estivessem acessíveis. A cobertura das emissoras de televisão e a participação nos debates poderiam ter oferecido à sociedade a chance de conhecer outros discursos, menos ou mais radicais, menos ou mais estruturados do que aqueles que terminaram prevalecendo.

Com mais debates, teria sido possível até mesmo um rodízio de participação dos candidatos menos relevantes. E a imprensa poderia ter servido de contraponto ao radicalismo da internet, abrindo espaços inovadores para novos sérios, novos irônicos e novos radicais, talvez até em um debate dos excluídos do debate principal. Poucas coisas divertiram tanto as plateias, ao longo da campanha, quanto meus debates com Dayse Oliveira, do PSTU, ou Pedro Vilas-Bôas, seu jovem candidato a vice-governador que por vezes a substituía. As suas propostas de rebelião eram completamente radicais e impraticáveis numa democracia, mas para um jovem eleitor com as incertezas da juventude, ou para quem quisesse simplesmente se divertir, um debate entre candidatos sem tempo de TV, com visões antagônicas mas sem discursos de ódio, em horários alternativos, com normas menos rígidas, ou que focasse apenas em questões específicas – como ideologia, economia, segurança, desigualdade e costumes –, poderia ter valor. E se os maiores quisessem participar, ou tentassem impedir o debate dos excluídos, tanto melhor.

É indiscutível que a falta de cobertura dos meios de comunicação tradicionais reduz a capacidade de um candidato novato tornar-se conhecido. O fato de Cabo Daciolo ter recebido 1,34 milhão de votos na corrida presidencial de 2018 demonstra o poder – depois amplificado nas redes sociais – que os debates em televisão ainda conservam. Ao restringir o acesso dos *outsiders*, as emissoras diminuíram sua relevância naquele momento de transformação que estávamos vivendo, com Bolsonaro colhendo o fruto de anos de discurso radical, visibilidade como deputado federal e grande esforço nas mídias sociais. Não à toa liderava as pesquisas mesmo sem usar o horário gratuito de TV e esnobando a mídia tradicional.

A presença de um candidato como João Amoêdo nos debates teria contribuído intensamente para a percepção, por uma base muito mais ampla do eleitorado, da existência de uma alternativa à direita do PT com um discurso mais lúcido e organizado do que o de Bolsonaro, que, além do mais, terminou não participando de nenhum dos debates após o atentado contra a sua vida. Surpreende-me que as emissoras de televisão, que são concessionárias de uma autorização pública de funcionamento, não tenham percebido que prestariam um serviço à população caso interpretassem a lei de maneira mais razoável.

A decisão de reproduzir as restrições do horário eleitoral na cobertura jornalística das eleições – inclusive em seus canais na internet – desconectou os veículos de imprensa das ruas, com a honrosa exceção das emissoras de rádio. Pior: a única brecha para obter uma cobertura mais justa era aparecer nas pesquisas eleitorais, cuja incapacidade de capturar com rapidez as intenções de voto já dera o ar de sua graça em 2016 e, nas eleições de 2018, chegaria a desafiar a estatística.

Não é possível ignorar a dimensão do atraso das pesquisas na identificação de mudanças nas intenções dos eleitores nas eleições de 2018. No Ibope de 6 de outubro, véspera da eleição, Eduardo Paes aparecia com 32% e Romário com 20% dos votos válidos. No dia seguinte as urnas deram a Paes menos de 20% e ao Baixinho, menos de 9% dos votos. Witzel, que, segundo a pesquisa, teria 12% e estaria empatado com Índio da Costa, passou de 41% nas urnas, enquanto Índio não chegou nem a 6%. O Datafolha também não capturou a mudança nas preferências do eleitor, ainda que desse Witzel e Romário empatados com 17% e Índio com 13% dos votos válidos. Foram os resultados dessas mesmas pesquisas que, ao longo de toda a campanha, definiram o acesso à cobertura jornalística e, no meu caso, também aos debates. Não estou afirmando que as pesquisas estavam erradas. E tampouco posso afirmar que teria obtido um resultado melhor nas urnas se tivesse participado dos debates. É impossível saber. Mas certamente teria maior clareza sobre as causas do resultado.

Cabe à imprensa o importantíssimo papel de combater as *fake news*. É preciso atrair o público para a discussão política, o que, acredito, tem menos a ver com reproduzir o visual e a linguagem da internet e mais com a produção intensa de conteúdo. Ao menos por um período curto como o das eleições, isso parece possível a um custo relativamente baixo. Além de cumprir uma função social relevante, permite competir e faturar.

Uma maior cobertura da imprensa não resolve todos os problemas de um candidato novato. A competição nas redes sociais é dura. Há disparadores de mensagens massificadas de aplicativos. E há influenciadores digitais com milhões de seguidores que podem abrir espaço seletivo à exposição de ideias de determinados candidatos e até demonstrar seu apoio explicitamente. Fora do mundo virtual, a competição também é avassaladora. As igrejas têm enorme capacidade de difusão de mensagens em favor dos candidatos que elas apoiam, os quais, por sua vez, adotam discursos destinados a manter esse apoio.

Tudo isso confirma a necessidade de reação da imprensa. Modelos melhores e mais criativos podem ser usados no futuro pelas emissoras de TV e de rádio, e pelos jornais, para democratizar o acesso dos candidatos, aumentar sua interatividade com a internet e transformá-las, de fato, em meios de disseminação de informação em tempos de eleição. Esse caminho não teria provavelmente mudado o meu resultado nas urnas – até porque eu não teria aderido a Bolsonaro –, mas talvez pudesse ter evitado a derrota acachapante que a própria imprensa e as pesquisas sofreram nas eleições de 2018.

15. No meio da estudantada

Alijado dos debates nas emissoras de televisão e mesmo nos jornais, restavam-me dois espaços: as sabatinas, quando cada candidato é ouvido sozinho, e o que eu chamava de circuito paralelo de debates, organizados por entidades como universidades, ONGs, associações e até empresas. Embora as plateias normalmente estivessem cheias, a maioria dos candidatos não comparecia a esses debates. Os que lideravam as pesquisas nunca iam. Índio da Costa também não. Wilson Witzel raramente aparecia, o que me surpreendia. Afinal, ele precisava tanto de exposição quanto eu. Em certas ocasiões estava presente o Pedro Fernandes, do PDT, de quem tive boa impressão. Era um político mais tradicional e seus dados por vezes divergiam dos meus, mas parecia buscá-los em fonte séria – que ele generosamente me franqueou quando fui questioná-lo, descobrindo que provinham de seus assessores na Assembleia Legislativa, onde ele era deputado. Mais uma vantagem de quem já estava no jogo há mais tempo. Enquanto eu precisava pagar meus assessores ou encontrar quem quisesse trabalhar como voluntário, os candidatos que tinham mandato parlamentar utilizavam seus assessores como força de trabalho. Além de Pedro Fernandes, esse era também o caso do vereador Tarcísio Motta, do PSOL.

Um dos poucos debates sem vínculo com um órgão de imprensa ao qual Wilson Witzel compareceu foi o do Centro Tecnológico da Universidade Federal do Rio de Janeiro, na Ilha do Fundão, em 20 de setembro. O evento foi organizado pelo Diretório Central dos Estudantes. Faltavam 17 dias para as eleições. Era um ambiente inóspito para liberais, com cerca de 2 mil jovens em sua imensa maioria apoiadores do PT e do PSOL. Fiquei orgulhoso ao ver uns 30 ou 40 estudantes se aproximarem de mim na primeira fila do auditório, onde eu esperava o começo dos trabalhos. Vinham em pequenos grupos, dois ou três de cada vez, pedindo adesivos de propaganda e fotos comigo. Garotos e garotas de personalidade, pensei.

Após cumprimentar Tarcísio Motta e Marcia Tiburi, notei Witzel sentado ao lado de alguns assessores, um pouco mais acima, no auditório. Fui cumprimentá-lo. Ele estava acompanhado de sua mulher. Perguntei sobre sua adesão à candidatura do Bolsonaro, que acontecera na véspera, no debate do SBT. Fora um movimento importante, pois o PSC, partido de Witzel, apoiava a candidatura de Álvaro Dias à Presidência. O futuro governador me disse que se considerava alinhado às propostas de Bolsonaro e que desde sempre havia prevenido seu partido quanto a isso. E a adesão era explícita, mesmo em meio a tantos universitários de esquerda. Ao seu lado havia um rapaz muito forte que, no meio daquele ambiente hostil, vestia uma camiseta preta com o desenho do rosto de Bolsonaro.

Durante o debate confirmei a minha impressão inicial de Wilson Witzel: ele exibia uma autoconfiança que parecia desproporcional à realidade eleitoral supostamente retratada nas pesquisas. No mérito das discussões, eu me achava mais preparado, com mais conhecimento sobre os dados, com maior experiência administrativa e com propostas mais concretas – mas esse sentimento, para ser sincero, eu tinha em relação à maioria dos candidatos com quem debatia. Então, possivelmente, era fruto de minha velha arrogância juvenil.

Havia duas exceções: Eduardo Paes e Tarcísio Motta. Paes tinha um conhecimento amplo das tarefas governamentais. Muito inteligente, estava atualizado sobre os novos conceitos de gestão pública – apesar da fama de mal-humorado e de pavio curto. A minha crítica a Paes não era quanto à sua competência. Eu simplesmente não acreditava que ele conseguiria administrar o estado sem recorrer ao modelo ao qual se acostumara – uma composição política mais fisiológica do que ideológica em troca de apoio para governar. E via suas chances de vitória comprometidas por sua identificação com a velha política do Rio de Janeiro.

Com Tarcísio Motta minha dificuldade era outra. Apesar da nossa completa divergência de visão sobre a maioria das questões, ele me parecia sempre bem preparado para os debates. Conhecia os dados e a realidade. As nossas propostas eram diametralmente opostas, mas eu reconhecia a maneira aprofundada com que ele buscava debater e gostava disso. Outra coisa me chamou a atenção em Tarcísio: ele jamais se aproveitou das plateias simpáticas a ele para me excluir do debate ou negar legitimidade a uma visão diferente da sua. Não usava de ironia, mesmo quando fazia uma piada sobre nossas diferenças, e não incentivava uma polarização raivosa.

Na UFRJ Tarcísio foi duro com Witzel, pressionando-o ao máximo e explorando incessantemente a ideia do futuro governador de abater bandidos a distância, usando atiradores de elite da polícia, proposta que Witzel confirmara no debate da véspera, no SBT. Essa foi uma das principais sacadas de marketing do candidato do

PSC. Chamava a atenção da mídia pelo absurdo da proposta e, ao mesmo tempo, mostrava firmeza contra o crime que oprimia a população. O discurso do confronto também se encaixava nos projetos de Bolsonaro, atraindo os eleitores do capitão. O futuro governador não se abalou durante o debate, nem mesmo com as vaias intensas que recebeu quando reiterou suas ideias mais radicais. Defendeu suas posições. Naquele auditório não havia muitos votos disponíveis para o discurso de Bolsonaro, que Witzel reproduzia e amplificava, mas isso não diminuiu sua ênfase.

O clímax, entretanto, ainda estava por vir. Terminado o debate, diante do coro de "Ele não" entoado pelos 2 mil alunos de vermelho, o jovem de camiseta preta que acompanhava Wilson Witzel levantou-se e da plateia gritou com um vozeirão: "Bolsonaro!" Witzel ergueu o braço direito, cerrou o punho e respondeu do palco: "Bolsonaro!" O clima esquentou para valer. Gritaria, empurrões, o coro de "Ele não" alcançando um volume ensurdecedor e acompanhado por Marcia Tiburi e Tarcísio Motta. Deixamos o palco em meio àquela confusão. Ao despedir-me de Witzel, ele me disse, rindo nervosamente: "É preciso ter coragem para a gente vir aqui." Eu respondi que sim, mas pensei: você bem mais do que eu.

Minha frustração por não participar de mais debates era ainda maior por uma razão simples: eu adorava debater. Me sentia preparado quanto aos temas e pronto para as armadilhas. Na verdade, ansiava por elas e pela oportunidade de safar-me. Se eu fosse bem, aumentaria a percepção de minha presença e o interesse dos eleitores. Carregava no lombo 25 anos como professor universitário e 33 como advogado. Estava focado e motivado, sem bebidas alcoólicas, sem distrações, sem pensar em praticamente mais nada, acordando cedo e dormindo tarde apenas pela vontade de aproveitar cada minuto para tentar fazer conhecidas as minhas ideias e as do meu partido.

Eu não queria conquistar votos nos debates fazendo o discurso mais palatável para cada plateia. Queria expor honestamente o que eu pensava. E tinha a pretensão de que poderia convencer muita gente, inclusive quem discordasse de mim, de que eu era a melhor opção naquele momento. Não fugia das perguntas nem dos temas difíceis em nenhum ambiente. Ao contrário. Uma coisa que me deixava louco era a intolerância ao confronto de ideias demonstrada por alguns adversários. Marcia Tiburi me irritava especialmente. Fazia caretas o tempo todo quando eu, ou outro candidato à sua direita no espectro político, apresentava suas posições nos debates. Quando chegava a sua vez, parecia-me despreparada, sem conhecimento dos dados, os quais buscava incessantemente folheando suas notas. Ela se limitava a um discurso genérico, que sempre acabava no "Lula Livre" ou em Fernando Haddad como a única alternativa à Presidência.

Confesso que já tinha minhas dúvidas quanto ao empenho de Tiburi como candidata desde a entrevista na *Época*, ainda na pré-campanha. A primeira pergunta daquele pingue-pongue entre candidatos neófitos havia sido sobre o que um via de novo no outro. Respondi detalhadamente: "Nunca concorreu a cargo público e é uma tentativa de renovação que eu aplaudo. É uma professora universitária muito respeitada em sua área de atuação. Uma militante política tradicional, primeiro no PSOL e depois no PT." Tiburi vinha sendo alvo de ataques nas redes sociais com a divulgação de vídeos com suas opiniões sobre temas filosóficos e não triviais de seus tempos de professora. Aproveitei a oportunidade – a primeira que tive na grande imprensa – para defendê-la e lançar minha mensagem em favor do debate eleitoral honesto. "Nós, provavelmente, discordamos em 100% das questões", disse, "o que não significa que eu não respeite sua candidatura. Respeito, sim, e acho que é preciso tomar cuidado para não distorcer coisas que ela tenha dito no passado no ambiente acadêmico e tentar usar eleitoralmente." Já a resposta de Marcia Tiburi a meu respeito foi bem mais curta, demonstrando que ela não havia considerado necessário estudar o adversário. "Não conheço o Marcelo Trindade, infelizmente."

No debate da UFRJ, quando terminei minhas considerações iniciais para aqueles milhares de estudantes majoritariamente de esquerda, os militantes do PT, que ali eram minoria em relação aos do PSOL, puxaram uma musiquinha em coro: "Eu vou contar pra tu, o Novo é o partido do Itaú." Enquanto Tiburi e boa parte do público riam, eu me sentei espumando de raiva. Minha maior dificuldade sempre foi conseguir me controlar para não ser agressivo demais em debates e discussões. Atacar o adversário de uma maneira desproporcional, em qualquer debate, é meio caminho andado para a derrota. Quem julga, observa ou vota tende a tomar as dores do agredido e a considerar o opressor arrogante ou covarde – ou ambos. Enquanto outros candidatos faziam suas apresentações iniciais de três minutos, pensei em uma versão da musiquinha para cantar tão logo tivesse a palavra novamente: "Eu vou contar pro'cê, a Odebrecht tem saudades do PT/ Eu vou contar pro'cê, a OAS também chora sem te ver." Décadas de arquibancada, pensei, garantirão o ritmo certo e é capaz de pegar.

Eu estava repetindo mentalmente a letra e a melodia, quando Marcia Tiburi foi designada para fazer a primeira pergunta entre candidatos. Ela, é claro, animada pelo corinho de sua claque, me escolheu para responder. Explicou que a pergunta era para mim porque queria saber a opinião de um neoliberal. Era o meu momento de ir à forra. A plateia, de maioria psolista, adoraria meu cântico sobre o PT e as empreiteiras. A batalha entre Ciro Gomes e Fernando Haddad para definir quem seria o adversário de Bolsonaro no segundo turno estava quente e a esquerda, dividida, com o PSOL apoiando Ciro.

Ao invés de cantar minha versão, comecei respondendo que havia um mal-entendido. Eu não era neoliberal, era liberal para valer. E ser liberal, prossegui antes de responder à pergunta, significava escutar as mensagens dos adversários ao invés de rir quando as outras pessoas expõem suas ideias ou, pior ainda, cantar musiquinhas que as desqualifiquem *a priori*. Fui interrompido pelas palmas do auditório, *y compris* a maioria psolista, que não perdeu a oportunidade de dar o toco nos petistas. Ainda pensei em puxar o coro com a musiquinha, mas me dei conta de que estaria contrariando o meu discurso. Quando as palmas pararam, segui em frente. O tempo era curto e precisava responder à pergunta. Tratei de expor nossa visão sobre a calamidade no ensino médio no Rio de Janeiro, principal responsabilidade do estado na divisão de competências com a União. Fui bem menos aplaudido quando terminei essa parte.

Os aplausos do auditório à minha crítica aos militantes do PT fizeram com que não voltassem a me atacar naquela manhã. Mesmo assim, não resisti a uma pequena revanche na minha última manifestação. Falando depois de Tiburi, incluí, entre as razões para aqueles jovens considerarem votar no Novo, o fato de que não deveriam votar em quem, dizendo ser de esquerda, como o PT, aliara-se aos empresários brasileiros num gigantesco esquema de corrupção. A plateia se dividiu e eu emendei: "O PT, cujos líderes e boa parte da militância estão apoiando não você, Marcia", disse, olhando para ela, que estava ao meu lado, "mas Eduardo Paes, do MDB, a quem o PT deu suporte ao longo dos anos de prefeitura do Rio de Janeiro, inclusive indicando o vice-prefeito." Marcia pediu direito de resposta, que lhe foi negado – o dito vice-prefeito fora fotografado em campanha com Eduardo Paes poucos dias antes.

Na saída da UFRJ, antes de tomar o rumo da Região dos Lagos, no norte do estado, onde passaria dois dias, encontrei no banheiro o Chico Alencar, candidato a senador pelo PSOL, que estivera na plateia. Mais um de quem, no mérito das opiniões, eu discordava em praticamente tudo, mas admirava por ter deixado o PT ao perceber como as coisas estavam sendo conduzidas. Ele puxou o assunto: "Fico feliz que exista uma candidatura liberal sensata, para que o debate seja travado no campo das ideias e não do ódio." Sempre me lembro do exemplo de Chico Alencar e Tarcísio Motta quando vejo o discurso do ódio utilizado por outros parlamentares do PSOL, ou por militantes e parlamentares do próprio Partido Novo.

A verdade é que é muito difícil para os partidos manter unidade e coerência, e não se deve pretender transformá-los em seitas, que não admitem divergências. Aí está a importância das atividades e dos debates partidários. Toda discussão estimula a tolerância e contribui para que possamos nos conformar com o fato de que teremos discordâncias até com os que são filiados ao mesmo partido, com os quais deveríamos nos identificar mais. A unidade permanente e completa é irrealizável. Ao final, caberá às lideranças partidárias assumir a missão de tornar públicas as visões adotadas pelo partido, e àqueles que se oponham radicalmente se retirarem.

Voltei a uma universidade pública para o meu último debate da campanha, na Universidade do Estado do Rio de Janeiro, a Uerj, em 3 de outubro. Presentes eu e a esquerda. Estavam lá Tiburi, Pedro Fernandes – hoje no PSC e no cargo de secretário de Educação de Witzel –, Tarcísio Motta, Pedro Vilas-Bôas, vice de Dayse Oliveira no PSTU, e Luis Honorato, do Partido da Causa Operária, o PCO, que eu nunca tinha encontrado. A quatro dias do primeiro turno, o clima estava dominado pelo debate nacional. À direita, o clamor pela união em torno de Bolsonaro para ganhar no primeiro turno, diante do risco, levantado pelos institutos de pesquisa, de uma derrota no segundo. À esquerda, a disputa entre

Haddad e Ciro pelo direito de alegadamente representar a democracia contra a barbárie.

Não bastasse esse nível de polarização, eu ainda me preparava para enfrentar uma plateia totalmente avessa às minhas propostas, que incluíam a possibilidade de alunos das universidades públicas estaduais – todas em grave crise financeira – pagarem voluntariamente uma mensalidade de cerca de R$ 1 mil (o equivalente a um terço da cobrada nas universidades privadas), desde que declarassem que tinham meios para isso. O auditório estava lotado e centenas de pessoas não conseguiam entrar e reclamavam do lado de fora. Dessa vez, o número de meus apoiadores chegava a uma dúzia, no máximo. O PSOL dominava, mas havia mais petistas do que na UFRJ. A maioria dos presentes apoiava Ciro na batalha pela representação da esquerda no cenário nacional, e esse era o assunto sobre o qual os estudantes queriam falar.

Antes de começarmos, um dos pretendentes a um lugar no auditório, que se espremia na porta, caiu na gargalhada e virou-se para a mulher que estava atrás dele dizendo: "Tá toda a esquerda lá e o maluco do Novo." Minha presença para discutir o liberalismo em meio à disputa de vida ou morte no campo da esquerda pareceu-lhe ridícula – e talvez fosse mesmo. "Será que o cara do Novo veio avaliar o prédio para privatizar a universidade?", ele perguntou à mulher, que, por acaso, era a minha. Cris ainda tentou explicar que não havia esse plano, mas o interlocutor já havia se esgueirado para dentro do auditório.

Quando me tocou falar, o microfone falhou. Falarei sem microfone, disse. Para ser ouvido pela plateia arredia no auditório superlotado tive que dobrar a voz, já sofrida na reta final da campanha. Mencionei, então, que era professor da PUC e levei uma vaia estrepitosa. A rivalidade entre as duas universidades sempre fora grande, especialmente entre os alunos de Direito. Entrei na PUC em 1982, voltei em 1993, quando fiz meu concurso para professor e de lá nunca mais saí. Tirando o breve período em que cursei o mestrado na própria Uerj – que abandonei ao ser nomeado diretor da CVM – a PUC tem sido a minha casa. Meu sangue subiu com aquelas vaias. Repreendi os alunos – aqueles jovens transformaram-se imediatamente em alunos para mim. Disse a eles que podiam ter preconceito contra o meu partido, contra minhas ideias, contra meu patrimônio e contra mim, mas não podiam ter preconceito contra uma universidade, porque a universidade é o lugar da diferença e do debate e todas merecem respeito por isso. As palmas vieram e prosseguimos bem até o fim.

Mais adiante, mencionei a contribuição voluntária dos alunos que pudessem pagar, para evitar a injustiça de jovens ricos usarem os recursos que poderiam financiar os estudantes pobres em um país com tanta desigualdade. Achei que seria covardia não tratar da questão, caso ela não aparecesse, soterrada pelo debate nacional. O argumento em favor da autodeclaração da capacidade de pagar o que poderia ser gratuito mereceu sonoras gargalhadas, demonstrando que mesmo os jovens duvidam que as pessoas ajam moralmente sem o chicote do Estado. Pedro Vilas-Bôas, também jovem e ótimo orador, distorceu, sob palmas, minhas palavras e em um discurso demagógico disse que R$ 1 mil era mais do que a renda familiar da maioria dos jovens que estudava na Uerj. Ou seja, ele desconsiderou a premissa de minha proposta, a de que apenas quem voluntariamente se declarasse financeiramente capaz contribuiria. Constatei, pela milionésima vez, o poder de sedução e destruição do aplauso e do estrelato.

Ao agradecer pelo convite que me tinha sido feito, agradeci também, em tom de despedida, a presença de Marcia Tiburi, Pedro Fernandes e Tarcísio Motta, que haviam debatido até muito tarde na véspera, na TV Globo, e mesmo assim foram à Uerj na manhã seguinte. Agradeci especificamente à Marcia, que registrara no debate da Globo a ausência dos demais candidatos. Mais uma vez, apenas a esquerda e eu nos dispusemos à exposição pública de ideias em eventos que não eram patrocinados por um veículo da grande imprensa. E o fizemos cientes de que a ausência dos líderes das pesquisas afastaria a cobertura dessa imprensa.

Um indicador negativo de muitos dos candidatos ao governo do Rio de Janeiro foi a sua recusa ao debate público, qualquer que tenha sido a razão. A visão de que a discussão só tem valor se houver um benefício eleitoral é duplamente preocupante: mostra mais interesse nos fins do que nos meios e revela desprezo pela crítica às próprias ideias.

16. Debatendo com a esquerda

Eu tinha um duplo incentivo para participar dos debates do circuito alternativo: comunicar-me com a minha base de apoio, de modo a incentivá-la a continuar fazendo campanha, e conquistar novos eleitores. Eu sabia que, como candidato do Partido Novo, e com um discurso liberal, dificilmente converteria eleitores da esquerda – ao menos no primeiro turno –, mesmo tendo recebido mensagens carinhosas de alunos que, sendo de esquerda, declaravam seu voto por respeito e admiração pessoal. Mirava nos eleitores de centro ou de direita, que estivessem inclinados a votar em Eduardo Paes, Romário, Garotinho ou mesmo Witzel, ainda que este contasse, aos nossos olhos, como eu, com poucos votos para serem tomados.

A ausência nos debates do circuito alternativo dos candidatos de quem eu pretendia tirar votos era um problema para mim. Como mostrar aos eleitores daqueles candidatos que eu poderia ser uma melhor opção se não debatia com eles? Essa era exatamente a razão para a ausência dos líderes das pesquisas nesses eventos. Não correr riscos de perder votos, sobretudo entre eles, já que provavelmente não temiam os novatos. A relevância das redes sociais agravou esses riscos, pois qualquer falha poderia ser logo explorada pelo adversário e viralizar. Mais do que nunca os líderes das pesquisas esconderam-se e só foram ao debate quando era inevitável.

Romário chegava ao cúmulo de não comparecer nem a debates importantes, como o do jornal *O Globo*, nem a entrevistas solitárias, como a da rádio CBN. O Baixinho, que em campo dizia gostar de marcação, na política não queria jogar nem sozinho na área. Talvez temesse que os outros candidatos tivessem a oportunidade de demonstrar que ele estava despreparado para governar o estado.

Meu sonho de consumo era debater com Eduardo Paes, porque enxergávamos nosso maior potencial de crescimento entre seus eleitores. Mas ele nunca compareceu aos debates fora das emissoras de televisão. Em toda a campanha só cruzei com ele uma vez, no estúdio da TV Bandeirantes, antes de gravar a entrevista individual com os 20 minutos estabelecidos pela emissora para todos os candidatos – um latifúndio para os meus padrões, mas que seria exibida à meia-noite. Ele tentou ser simpático, me pedindo, com ar brincalhão, para parar de dizer que ele tinha sido mau aluno. Eu não estava em um bom dia e reagi friamente.

Não ter a chance de debater com Paes limitava a possibilidade de me comparar a ele perante os seus eleitores, mas é claro que eu poderia perfeitamente sair derrotado se nosso encontro viesse a acontecer. Nos debates a que assisti pela televisão, ele me pareceu o mais bem preparado entre os presentes. De qualquer forma, a minha única saída era buscar oportunidades para o confronto direto entre nós, superá-lo e usar esse material nas redes sociais.

Cada vez que se confirmava a ausência dos líderes das pesquisas num debate – em geral com um ou dois dias de antecedência – eu sabia que teria mais um embate só com os candidatos da esquerda. Brincava com meus assessores dizendo que, de tanto conviver com os adversários, eu ia acabar chamando a mídia de "golpista" e gritando "Fora Temer". Debater com a esquerda era simples. Claro que havia os riscos normais de qualquer discussão, como não conhecer bem um assunto ou ter posições que provocassem resistência na plateia. Mas a diferença de visões ficava evidente, garantindo que os eleitores que presenciassem o debate ou o vissem depois que postávamos o material pudessem fazer suas escolhas sem dificuldade.

Havia diversas formas de vencer as discussões com os candidatos de esquerda usando apenas bons argumentos. Desde a corrupção do PT até a desconexão entre as propostas do PSOL e a realidade, dada a falta de recursos para executar ideias mirabolantes e as chances remotas de produzirem os resultados que diziam esperar delas. Minha tarefa era expor nossas propostas e demonstrar por que as de meus adversários de esquerda não funcionariam – salvo se concordasse com elas, claro. Quando se tratava de educação, por exemplo, frequentemente os objetivos eram iguais, ainda que os métodos sugeridos para alcançá-los quase sempre fossem diferentes.

Meu verdadeiro desafio nos debates com a esquerda era o de encontrar o tom adequado para questionar o irrealismo por vezes embutido em seus projetos. Não queria ser agressivo, e não só porque estava decidido a não participar do crescente clima de polarização. A verdade é que não é fácil lidar com a falta de realismo das propostas dos candidatos de esquerda, sobretudo quando a desconexão com a realidade é sincera, ou seja, decorre de uma divergência de visão do mundo, de falta de informação ou de ingenuidade. É difícil encontrar o tom para reagir nessas situações em que a plateia enxerga sinceridade e boas intenções no adversário. Há o risco de parecer um cético raivoso e amargo, que nega às pessoas de bom coração o direito de sonhar com dias melhores. Quem não gosta de sonhar? O irrealismo é onde nos abrigamos em inúmeras situações da vida. Principalmente quando somos mais jovens, mas também quando, envelhecidos, conservamos um olhar lúdico para as coisas. Vejam o meu próprio caso. Ao me candidatar, mesmo sabendo tratar-se de um desafio quase impossível, conservava o sonho da vitória arrebatadora. Por isso rebater a possibilidade do sonho de esquerda, trazer o debate para o campo das possibilidades reais, sem parecer contraditório, não era trivial. Eu também estava exercendo meu direito de sonhar.

A identidade do público com os desejos irrealistas, com os sonhos, é o que torna difícil combatê-los. A partir dessa identificação, as objeções levantadas com fundamento nas dificuldades reais são vistas com desconfiança, inclusive porque muitas vezes não são de fácil compreensão. A réplica de quem argumenta com uma proposta irrealista normalmente explora essa faceta, fazendo crer que a objeção contra o sonho é um pretexto desenhado para evitar a realização de um ideal alcançável, se houver o desejo político de realizá-lo. Essa característica é que faz com que o discurso irrealista da esquerda às vezes se pareça com o dos populistas.

Naquela eleição, o populismo era representado por Garotinho. Embora sua candidatura fosse obviamente inviável – o que demorou para ser reconhecido pela Justiça Eleitoral, com prejuízo para os demais candidatos –, Garotinho fazia da demagogia e das promessas de números inalcançáveis a base de seu discurso. E foi com esse discurso que se manteve entre os líderes das pesquisas durante quase todo o processo eleitoral, apesar de seus altos índices de rejeição. Para rebater as propostas de um populista é preciso revelar o seu oportunismo, mostrar que ele, na verdade, não acredita no que sustenta, que se aproveita da situação para parecer simpático, ou que o discurso promete o que não é possível entregar, como o candidato bem sabe.

O discurso de esquerda não é diferente quando também ignora a realidade. Na questão das finanças públicas, por exemplo, os discursos populistas e os de esquerda têm se baseado quase sempre no mesmo irrealismo, como se não houvesse a escassez de recursos e o nível de despesas atuais pudesse ser mantido e ampliado. Ambos também apontam para a elite, o sistema ou os bancos, quando se trata de encontrar um culpado pelas dificuldades econômicas. Mais de uma vez ouvi nos debates que se os ricos pagassem mais impostos haveria dinheiro para realizar todos os sonhos do país. Eu aproveitava essa discussão para concordar que, realmente, era necessária uma reforma tributária. No Brasil, os ricos pagam bem menos impostos que o resto da população. Pelos tributos indiretos, embutidos nos preços de bens e serviços, que levam quase todo o salário de quem tem menos. Pelo lucro presumido, que permite a quase todos os prestadores de serviços pagar pouco mais que a metade da alíquota máxima dos assalariados que recebam o mesmo valor. Pelas aplicações financeiras incentivadas, em sua maioria criadas pelos governos do PT. Pelos fundos de investimento exclusivos, que permitem postergar os impostos sobre ganhos financeiros, já tributados modestamente.

Eu sustentava que a reforma tributária não deveria ter como objetivo aumentar ainda mais a carga sobre os contribuintes, e sim cobrar impostos de maneira mais justa e simples. O problema é que o sistema é injusto e regressivo. Era preciso rebater o discurso dos candidatos de esquerda, de criar novos impostos quando faltam recursos, sem se preocupar com a qualidade do gasto público. Os recursos arrecadados, como diziam os melhores especialistas, precisavam ser alocados com mais justiça. Isso significa o estado gastar onde deve – saúde, segurança e educação para os mais pobres –, delegando os demais serviços públicos, como transporte, às entidades privadas e cuidando de regular e fiscalizar adequadamente esses serviços.

A reforma da previdência estadual era outro tema de constante discordância com a esquerda. Ainda que dependa de mudanças na Constituição Federal, essa reforma era, e é, impositiva para equilibrar as contas do estado. Alguma coisa já havia sido feita no primeiro governo de Sérgio Cabral e no governo Pezão, mas havia muito mais a fazer. Aliás, era sempre um desafio na campanha reconhecer méritos nos governos de Cabral, diante da corrupção generalizada em seus mandatos. Os candidatos da esquerda, meus interlocutores de debate, criticavam todas as medidas de Cabral, mesmo as corretas. Quando a opinião vinha do PT, abria-se uma boa oportunidade, dado que o partido fizera parte da base de apoio a Cabral. O PSOL, porém, fizera oposição sistemática a todas as propostas dos governos do PMDB e buscava agora sua medalha.

Houve méritos indiscutíveis nos governos de Cabral, especialmente na área da segurança, no início do programa das Unidades de Polícia Pacificadora, as UPPs, e na área da educação, durante a gestão de Wilson Risolia, quando o estado pulou da penúltima para a 3ª posição no Índice de Desenvolvimento da Educação Básica (Ideb) do ensino médio. Tais avanços indicavam que era possível para o estado encontrar soluções para os seus problemas. Mas, sempre que eu elogiava uma medida dos governos de Sérgio Cabral, ressalvava que a completa desestruturação do estado fizera com que esses avanços fossem anulados, o que demonstrava os efeitos danosos da corrupção para além da violação da lei e dos princípios éticos.

Dada a minha inexperiência, os debates com a esquerda serviam também como treinamento para debates maiores, caso eu conseguisse subir nas pesquisas e ser convidado a participar. Pensava em chegar lá e manter o mesmo tom. Discutir a dura realidade sem negar a possibilidade de dias melhores. Sonhar era legítimo, desde que o fizéssemos em bases que pudéssemos realizar. Era de fato importante combater a desigualdade, mas mudando as prioridades e não continuando a gastar mal.

Entre meus assessores, a turma do Trindade Pistola insistia para que eu aproveitasse os debates com a esquerda para atacá-la com toda a força, dizendo que, na verdade, seus candidatos eram a favor da expropriação dos meios de produção e do conflito de classes como solução, embora tivessem vergonha de assumir. Queriam que eu me tornasse um antagonista radical do PT e do PSOL. Essa foi a tática de vários candidatos vencedores nas eleições de 2018. Eles estavam convencidos de que a polarização era o caminho para a vitória e os resultados mostrariam que, na maioria dos estados, estavam certos.

Mas, no Rio de Janeiro, Witzel, como eu, mirava em Eduardo Paes. Era a esquerda que atacava Witzel por suas propostas agressivas, não o contrário. Witzel só atacava a esquerda indiretamente, ao defender pautas como a escola sem partido – isto é, ao alinhar-se ao discurso de Bolsonaro. Acredito que Witzel não atacasse mais porque, na economia, seu discurso era fundamentado em números tão fantasiosos quanto os dos partidos de esquerda. Sua proposta era em boa parte populista, baseada em sua atuação pessoal, e não na das instituições, para resolver os problemas do estado. Faltava um líder, ele dizia, no melhor estilo caudilhesco. Quando eu chegar, tudo vai mudar, repetia, numa espécie de aparição messiânica.

Um dos desafios dos candidatos liberais é demonstrar as falhas das premissas dos discursos irrealistas da esquerda e dos populistas da direita, ao invés de cair na tentação dos discursos simplistas, virulentos e preconceituosos. Debater, ao invés de acusar, é o caminho para revelar que as propostas da esquerda não têm consistência. A discussão aprofundada é difícil e os atalhos do populismo e da virulência, tentadores. Mas ela é, a meu ver, o único caminho para a estabilidade política e o sucesso de um projeto liberal de médio e longo prazos no Brasil.

17. O debate sobre a segurança pública

Já sabíamos, desde os resultados da pesquisa qualitativa, que o tema da segurança pública dominaria o processo eleitoral no Rio de Janeiro. Foi o que aconteceu. Em todos os debates de que participei, a questão da segurança surgia com intensidade. Mas em uma dessas ocasiões fiquei preocupado com os rumos que a discussão poderia tomar.

A Agência de Notícias da Favela, um veículo com boa penetração nas comunidades e claro viés de esquerda, organizou um debate para o dia 16 de setembro no complexo de favelas do Alemão. Tudo indicava que, como sempre ocorria no circuito paralelo de debates, eu estaria cercado apenas por adversários dos partidos de esquerda. Com essa configuração, eu provavelmente seria o único alvo de perguntas enviesadas sobre segurança pública.

Apesar da intervenção federal na segurança pública do estado, continuavam os confrontos e mortes nas favelas. Eu já me manifestara reiteradamente a favor da intervenção, enquanto o discurso dominante entre as vozes de destaque naquelas comunidades era contra. Eu compreendia a crítica de quem vivia ali. Os tiroteios, a ocupação pelo crime e os confrontos com a polícia faziam com que os moradores preferissem, entre os males, o que parecia menor – a ocupação territorial pelos traficantes e milicianos –, em vez de pagar o preço diário da tentativa fracassada do estado de retomar o território.

Para quem, como eu, olhava de fora, a intervenção era o desfecho previsível de um lento processo de degeneração das instituições do Rio de Janeiro. Ex-governadores presos, a franca decadência do projeto das UPPs, que deveria ter sido o ponto de partida para a reintegração das favelas à cidade, e o estado incapaz de ir além da presença policial meramente repressora nas comunidades. A capital do estado também vinha em uma escalada de violência que havia feito seus índices de homicídios, roubos de carga e outros delitos crescerem continuamente, revertendo os bons resultados verificados entre 2006 e 2014. Uma onda de crimes que começara em 2017 – com a morte de uma turista espanhola na Rocinha em outubro – se intensificou no começo de 2018 com uma violenta disputa pelo controle do tráfico de drogas na Rocinha e no Vidigal. A gota d'água veio com os arrastões nas primeiras semanas de fevereiro, em pleno carnaval, com imagens fortes circulando na internet.

Diante da situação caótica, o governador Luiz Fernando Pezão – que também viria a ser preso mais tarde – finalmente cedeu e solicitou ao presidente da República, Michel Temer, a implantação no estado de um regime de Garantia da Lei e da Ordem. Conhecido como GLO, esse regime, que está baseado na Constituição Federal e é disciplinado por um decreto do presidente da República, permite a qualquer governador solicitar o emprego das Forças Armadas caso as forças de segurança locais estejam indisponíveis ou sejam insuficientes para a garantia da ordem e o desempenho regular de suas missões. Temer enxergou uma oportunidade política no pedido e decidiu ir além. Na sexta-feira 16 de fevereiro de 2018, decretou a intervenção federal no Rio de Janeiro, retirando do governo do estado o comando do aparato de segurança pública – polícias, Corpo de Bombeiros e segurança penitenciária –, com o que Pezão concordou. O estado chegava ao fundo do poço. O governador, que em setembro de 2017 já perdera a gestão das finanças públicas, submetidas ao Plano de Recuperação Fiscal homologado pela União, perdia agora o comando de suas polícias. Tudo isso a oito meses da eleição de seu sucessor.

Os primeiros meses da intervenção federal foram conturbados. Os resultados não apareciam, os confrontos prosseguiam e as críticas aumentavam. Até o brutal e covarde assassinato da vereadora Marielle Franco, em 14 de março, e a evolução errática das investigações caíam na conta do Gabinete de Intervenção. Havia inclusive quem achasse que uma das intenções dos matadores da parlamentar, incomodados pela repressão à sua rotina de crimes e corrupção, era prejudicar a imagem da intervenção.

Toda a campanha passou-se sob o regime da intervenção – que somente terminaria em 31 de dezembro daquele ano. Por isso o debate sobre sua conveniência, seus métodos e efeitos foi intenso. Os candidatos de esquerda eram radicalmente contra, mas quase todos os outros também hesitavam em apoiar a intervenção, temendo perder votos nas áreas que sofriam com os confrontos.

Em 9 de agosto, cerca de um mês antes do debate no Alemão, eu havia me encontrado no Comando Militar do Leste, no Centro do Rio com o general Braga Netto, o interventor federal. Pouco depois, visitei o general Richard Nunes, secretário de Segurança Pública nomeado pelo interventor. Eles haviam convidado os candidatos a governador para reuniões individuais a fim de expor a situação de segurança do estado.

O general Braga Netto fez uma breve exposição sobre os problemas, com os números alarmantes que já conhecíamos. Depois, passamos a questões específicas. Ele reconheceu a grave crise na estrutura de carreira da Polícia Militar do Rio de Janeiro: com o regime de promoções automáticas, a PM se tornara uma pirâmide invertida. Em bom português, muito cacique para pouco índio. Para que se tenha uma ideia, àquela altura havia no estado 119 coronéis na ativa, enquanto em São Paulo, com uma população e um efetivo policial muito maiores, havia apenas 64. No Rio de Janeiro havia 62 soldados por coronel. Em São Paulo, 1.311. A mesma estrutura viciada se repetia entre aposentados da PM. Comentei que percebera os efeitos nocivos da pirâmide invertida pela outra ponta, ao estudar os gastos das polícias Civil e Militar. Ambas já despendiam praticamente metade de suas despesas de pessoal com os aposentados, cuja remuneração média era, para piorar, substancialmente maior que a dos policiais da ativa.[1]

No encontro com o general Richard, ele explicou que a distorção na carreira era apenas um sintoma da grave desorganização da Polícia Militar, que incluía a falta de equipamentos básicos – desde fardas e coletes à prova de balas até armamento, munição e veículos. O Gabinete da Intervenção Militar havia anunciado investimentos de R$ 550 milhões, e eu perguntei quanto havia sido alocado para a Polícia Civil, que praticamente perdera sua capacidade de investigação. O general respondeu que os investimentos também abrangeriam equipamentos para a Polícia Civil, inclusive polícia técnica. Dificuldades operacionais atrasaram a tomada efetiva do comando pelo novo secretário de Segurança Pública. Apesar disso, foram investidos quase R$ 1 bilhão nas polícias do Rio até o final de 2018, o que correspondia ao somatório do investimento realizado pelo governo do estado nos cinco anos anteriores.

Visitamos também o Centro de Operações Integradas, criado pelo Gabinete de Intervenção para concentrar em um mesmo local representantes de todas as forças envolvidas com a segurança pública – polícias, inclusive federais, bombeiros e militares. Dali era possível monitorar em tempo real, em telões, imagens de centenas de câmeras espalhadas pela cidade e por rodovias, outro legado da intervenção.

Saí dos encontros com os generais Braga Netto e Richard Nunes com a convicção de que a intervenção federal produziria efeitos de longo prazo no combate ao crime organizado. Essa avaliação incluía o roubo de cargas, que havia se tornado um elemento dramático das estatísticas, minando a disposição das empresas de investirem no estado e, portanto, a perspectiva da nossa recuperação econômica. Ao final da reunião com o general Richard, eu lhe pedi desculpas porque vinha respondendo a quem me perguntava que, caso fosse eleito, meu secretário da Segurança Pública ideal seria ele. Mesmo sabendo que era pouco provável que um general da ativa aceitasse a missão, a razão da minha escolha era simples: ele teria dez meses de vantagem em termos de conhecimento da situação da segurança pública do estado em relação a qualquer concorrente. Ele respondeu, polidamente, que tinha ouvido falar na história e que ficava lisonjeado.

Não seria inédita, fosse no Rio de Janeiro fosse em outros estados, a nomeação de secretário de Segurança Pública oriundo de outras corporações, que não a polícia estadual. O secretário mais longevo no estado, José Mariano Beltrame, que ocupara o posto durante os governos de Sérgio Cabral e o primeiro governo de Pezão, era policial federal. Um dos motivos para essa solução era evitar a disputa entre as polícias Civil e Militar pela secretaria e as sabotagens que membros da corporação não contemplada às vezes preparavam para os secretários oriundos da outra.

Diante do cenário de disputas, crise institucional, corrupção endêmica e completo desaparelhamento das polícias, eu não tinha dúvidas sobre como responder quando me perguntavam se eu era a favor da intervenção militar na segurança. Como questionar a necessidade da intervenção, diante de um estado incapaz de investir o mínimo necessário para recuperar suas polícias? Como imaginar que o governo federal simplesmente transferisse enormes recursos para um estado falido e com um aparato de segurança desestruturado, sem a contrapartida da gestão pelas Forças Armadas das verbas oriundas do orçamento federal?

O governador Pezão perdera a capacidade de comandar as polícias. Não se poderia exigir que um policial saísse do quartel mal equipado, em um carro velho para defender a lei e a ordem, tendo como exemplo governadores presos, cujo enriquecimento ilícito, no caso de Sérgio Cabral, chegava às centenas de milhões de reais, incluindo detalhes de luxo que beiravam a patologia. Era preciso ser herói, no Rio de Janeiro daqueles tempos, para arriscar a vida no combate ao crime, ao invés de seguir o exemplo do ex-governador e corromper-se – ou, quando menos, omitir-se.

Eu vinha me educando sobre segurança pública havia algum tempo. Mais precisamente, desde 2016, quando, outra vez a convite de Wolff Klabin, eu apoiara, com outros profissionais liberais e empresários, a implantação de uma ferramenta – um software – de análise criminal desenvolvida pelo Instituto de Segurança Pública (ISP) do Estado do Rio de Janeiro, em parceria com o Instituto Igarapé, uma organização não governamental. O Igarapé era, e é, atacado por parte da polícia e por movimentos de direita, que o veem como um inimigo, um defensor dos direitos humanos que pretende limitar as ações de policiais expostos ao risco de morte em defesa da sociedade. Não me surpreendi quando, em fevereiro de 2019, o então ministro da Justiça e Segurança Pública, Sérgio Moro, viu-se obrigado a revogar a nomeação da diretora do instituto, Ilona Szabó, como integrante do Conselho Nacional de Política Criminal e Penitenciária, por causa do veto do presidente Bolsonaro e dos protestos de seus seguidores nas redes sociais.

A verdade é bem diferente. O instituto desenvolve um trabalho independente e com grande respeito pela atividade policial, como pude testemunhar dezenas de vezes, desde que comecei a interagir com eles e a colaborar no financiamento de suas atividades. A resistência ao Igarapé me parece motivada pela recusa em aceitar uma análise baseada em evidências, como propõe o instituto na questão da segurança pública. Há quem prefira, por motivos diversos – lícitos e ilícitos –, que a paixão e a simplificação dominem o debate.

Mas é claro que não foi apenas a visão do Igarapé – aliás, incluída em um documento apresentado a todos os candidatos, denominado *Agenda Rio Seguro*[2] – que levei em consideração na definição do meu plano sobre segurança pública. Nessa área, como nas demais, nos beneficiamos da grande quantidade de especialistas dispostos a contribuir com governos que queiram efetivamente transformar o Rio de Janeiro. Ouvi diversas vozes e visões, o que me permitiu elaborar uma proposta que me parecia realista e centrada, mas sem abdicar da esperança de dar a guinada que o estado precisava nesse setor.

Durante a pré-campanha conversei com dois coronéis da reserva da Polícia Militar, em encontro patrocinado por minha candidata a vice-governadora, Carmen Migueles: Robson Rodrigues, ex-chefe do Estado-Maior da PM e com atuação relevante na implantação das UPPs, e Alberto Pinheiro Neto, ex-comandante da PM. Os dois me impressionaram pelo preparo, pela referência permanente às estatísticas para referendar seus pontos de vista e pela disposição em contribuir com a educação de um candidato com pouca chance eleitoral. E também por sua juventude, o que me fez lembrar que eu ajudava a pagar a aposentadoria precoce de dois cidadãos mais jovens e mais saudáveis do que eu que poderiam estar prestando excepcionais serviços ao poder público.

O coronel Robson tivera uma atitude corajosa após o assassinato de Marielle Franco. Amigo da vereadora, que conhecera quando ela fora lhe comunicar atos de policiais que ele considerara "indefensáveis", publicou uma carta aberta para combater as *fake news* que passaram a circular sobre ela. Essas falsas informações procuravam construir a versão de que a vítima tinha a sua parcela de culpa por sua execução. A carta fora escrita com o coração e dava uma face humana à polícia diante do crime abominável. "Choro agora por uma amiga admirável, sobretudo porque lutava contra essa estupidez e sonhava com uma sociedade melhor. (...) Que tenhamos Marielle presente para transformar nossa polícia em uma instituição melhor para a sociedade e para policiais vocacionados."[3]

Outra fonte de inspiração para o nosso programa, embora ele nem saiba disso, era o ex-secretário Nacional de Segurança Pública José Vicente da Silva Filho. Coronel da reserva da Polícia Militar de São Paulo, com uma visão ao mesmo tempo prática e teórica, moldada por anos de estudo do assunto, ele revelava, em suas palestras – às quais assisti um par de vezes –, os dados da redução da violência em São Paulo, comparando com os números do Rio de Janeiro no período. Eram dados impressionantes que, enquanto mostravam o nosso atraso, sinalizavam caminhos para as soluções.[4]

A minha experiência na advocacia também influenciou o nosso programa de governo, embora eu nunca tenha sido advogado criminalista. A vivência como regulador do mercado de capitais, somada aos anos de estudo de Direito, me convenceu do acerto da visão que prevalece entre os estudiosos: a de que, para desestimular a prática de um delito, o tamanho da pena é menos relevante do que a certeza de sua aplicação. Claro que a pena tem que ser proporcional ao delito. Mas se a chance de ser pego ou condenado for baixa, aumentar a pena não adianta. Como eu dizia na campanha, não cumprir 10 anos ou não cumprir 30 anos não faz a menor diferença. Se o criminoso acha que não vai cumprir a pena, ela perde sua eficácia, qualquer que seja o seu tamanho. Aliás, mais de uma vez vi Wilson Witzel sustentar esse mesmo ponto de vista, com base em sua experiência como juiz federal.

Tirando o aspecto de revanche, pelo qual a sociedade satisfaz seu sentimento de justiça impondo sofrimento ao culpado, a pena tem como finalidade desestimular os demais agentes a delinquir, pela percepção da consequência imposta a quem praticou o ilícito. Se o destinatário dessa mensagem tiver um comportamento racional, verificará três fatores: a intensidade da pena; as chances de ela ser imposta, isto é, de haver uma condenação; e a probabilidade de que, uma vez condenado, o agente tenha efetivamente de cumpri-la. Só um dos elementos não resolve o problema. Penas altas que raramente são aplicadas e cujo cumprimento nunca é integral têm pouca eficácia na prevenção dos delitos. E isso serve para qualquer delito, de homicídio e tráfico de drogas a corrupção.

Da mesma forma que o secretário de Segurança, o comandante da Polícia Militar por ele nomeado, coronel Luís Claudio Laviano, me convidou, assim como aos demais candidatos, para uma visita. Ele relatou o grave quadro da corporação que comandava. A pirâmide sobre a qual haviam me falado os generais estendia-se aos oficiais de menor patente. A promoção automática aumentava o número de majores e esvaziava o quadro de capitães. E sem capitães não há como comandar a tropa. A boa notícia é que eles já tinham um plano de revisão da carreira pronto para ser apresentado a quem fosse eleito governador, de modo a resolver o problema com o apoio da PM. Mesmo que o plano, uma vez apresentado, não fosse o ideal, seria um ótimo ponto de partida para aquela discussão inadiável.

Laviano fora comandante do Bope, o Batalhão de Operações Policiais Especiais da Polícia Militar. Como quase todo "caveira"

– alcunha dos membros desse corpo –, tinha fama de durão, mas também de honesto. Talvez por isso me animei a perguntar-lhe sobre a "banda podre" da polícia. Ele não negou a existência de um contingente de policiais corruptos, mas disse que não sabia estimar o número. Falou-me, entretanto, da dificuldade de punição dos oficiais condenados por más práticas. Enquanto um membro da tropa, uma vez julgado pela corporação, era expulso de imediato, a expulsão dos oficiais dependia de confirmação pelo Tribunal de Justiça, extremamente lento no exame dos processos. Até lá, os oficiais continuavam a receber seus soldos.

Nosso plano de governo prometia implantar uma política de tolerância zero com os desvios policiais, dando efetivo poder às corregedorias das polícias e exigindo investigação rápida e punição exemplar. Eu dizia, durante a campanha, que o policial mais importante de toda a corporação seria o corregedor de polícia. Estava convencido, por tudo que tinha ouvido, que havia os policiais irremediavelmente corruptos, mas também muitos outros que se deixavam corromper à vista da facilidade e da leniência de certos comandos. Estes, eu pensava, não praticariam ilícitos se acreditassem que estariam colocando a carreira em risco. Se a repressão fosse eficaz, o bloco dos corruptos eventuais se ajustaria à nova realidade.

As visitas aos responsáveis pela segurança pública haviam me convencido de que os investimentos da intervenção federal deixariam um legado que permitiria uma atuação mais inteligente e planejada das polícias. A repressão depende cada vez mais do uso da tecnologia, que permite que a investigação seja feita com precisão e rapidez, e que a reação policial seja mais eficaz e menos letal.

Era com esse espírito otimista, apesar do sofrimento diário da população com a violência, que eu chegava ao debate no Morro do Alemão. Como para nos lembrar da dura realidade, quis o destino que, naquele domingo, a comunidade amanhecesse sob fogo cruzado. Os confrontos haviam começado na véspera, mas quando chegou a hora do evento, depois do almoço, apenas uma parte do complexo continuava conflagrada. No local do debate, o ginásio da Vila Olímpica do Alemão, o clima estava calmo. Meus assessores e eu decidimos que era possível comparecermos, correndo riscos aceitáveis, porque os confrontos estavam concentrados em outra localidade. Depois, conversando com moradores, descobri que os riscos tinham sido maiores do que a gente calcular. Uma das moradoras mostrou-me uma mensagem de WhatsApp que alertava sobre tiroteios na Estrada do Itararé, exatamente onde se situava o ginásio. Ela havia decidido participar mesmo assim porque havíamos nos conhecido no Instituto Movimento e Vida e ela ficara interessada em ouvir mais.

A troca de mensagens de WhatsApp ou de outros aplicativos é uma das ferramentas mais utilizadas por moradores para se protegerem do risco de ficarem no meio do fogo cruzado. Ao primeiro sinal de tiroteio ou de presença policial maciça, as mensagens circulam e, obviamente, também chegam aos bandidos, que muitas vezes conseguem prevenir-se. Esse é apenas um exemplo das dificuldades, insuperáveis, do combate ao crime organizado baseado unicamente em um policiamento de confrontos. A não ser que se acredite que um morador que veja a chegada da polícia à comunidade mantenha o sigilo da operação e não avise parentes e amigos que poderiam vir a ser alcançados por um eventual tiroteio. Os números da violência nas áreas pobres do estado são avassaladores, e é difícil ter noção dessa realidade sem viver em algumas dessas áreas.[5]

A caminho do debate no Alemão reli nossa proposta para a segurança, pensando em qual seria a reação daquele público às ideias de um liberal da Zona Sul. Mas a violência da noite anterior e durante a manhã fez com que pouquíssimas pessoas fossem ao ginásio da Vila Olímpica do Alemão naquela tarde de domingo.

O tiroteio também afetara o ânimo de meus adversários. Estavam apenas Tarcísio Motta, Pedro Fernandes e Dayse Oliveira. Éramos, como previsto, a esquerda e eu.

Não resisti a dizer logo de saída que era, no mínimo, surpreendente que candidatos ao governo de um estado conflagrado não estivessem dispostos a debater em um dos principais palcos da conflagração. Depois me arrependi, achei uma bravata demagógica. Cada um faz campanha como quer, e eu não era exatamente um *expert* no assunto para dar lições para os outros. Com as questões sobre segurança na ponta da língua, pronto para apanhar ao defender a intervenção, e na esperança de conquistar eleitores que percebessem no discurso liberal e progressista uma alternativa para as mazelas diárias a que eram submetidos, descobri, na hora do debate, que as perguntas seriam sorteadas entre as enviadas pela internet. No sorteio, não me tocou nenhuma pergunta sobre segurança.

Falei muito sobre educação e aproveitei, claro, para destacar sua relevância na superação das dificuldades da comunidade. Consegui falar da necessidade de invertermos a gangorra dos gastos em segurança e educação – priorizando esta última. Para que isso fosse possível, deveríamos reduzir os índices de violência e assegurar o acesso dos alunos à escola – objetivos fundamentais, diante dos trágicos episódios de violência vitimando crianças nas favelas. Embora não tenha sido perguntado diretamente sobre segurança, tentei incluir o tema em minhas intervenções. Queria demonstrar que nosso partido, percebido como de direita, tinha uma proposta técnica e consistente sobre o assunto e que ela não estava baseada nem no "tiro na cabecinha", nem no confronto e nas mortes.

Saí do debate me perguntando se nosso lema para a segurança pública – "Orgulho de ser polícia, orgulho de ter polícia" – não era distante demais da realidade que havíamos acabado de visitar. Seria possível recuperar uma relação de admiração e respeito recíproco entre a população mais carente e a sua polícia? Talvez na segurança pública, como em alguns outros temas naquela eleição, o discurso de centro não fosse o mais eficaz para a ocasião. Muitos eleitores, tanto nas favelas como fora delas, queriam propostas enérgicas e milagrosas, e nós não estávamos dispostos a oferecê-las. Não propúnhamos resolver a violência com mais violência. Aumentar penas também não teria efeito em comunidades onde tantos jovens aceitam correr diariamente o risco da prisão ou mesmo da morte, diante da falta de alternativas ao trabalho no tráfico. Mas também não aceitávamos desistir da retomada dos territórios ocupados por milicianos e traficantes para preservar uma suposta paz imposta por marginais.

A redução dos índices de homicídio e roubo de carga a partir de 2019 no estado parece confirmar a impressão de que os investimentos da intervenção federal estão produzindo resultados. A nota dissonante – o aumento das mortes em confronto com a polícia – pode ser fruto do estímulo dado pelo governador Witzel a uma atuação mais violenta das polícias. Mas ainda é cedo para determinar uma relação clara de causa e efeito, tanto em um caso quanto em outro.

Na hora da fotografia dos candidatos reunidos ao final do debate, fiquei à esquerda da Dayse, candidata do PSTU. Brinquei: "Vou trocar, porque ninguém está à esquerda da Dayse." Demos todos uma gargalhada descontraída e fomos fotografados nesse clima. Postamos a foto nas redes sociais e logo começaram a pipocar comentários, certamente oriundos dos adversários, com ataques de supostos eleitores meus: vou desistir de votar em você, tá muito amigo da esquerda; só anda com esse gordinho do PSOL, já vi que não dá para votar em você; e coisas do gênero. Os adversários não estavam para brincadeira nem mesmo com um candidato que claudicava nas pesquisas. Simpatia e cordialidade não estavam na moda. O plano era incentivar o eleitor binário. Amor ou ódio. E só.

18. A OUTRA PONTA DA GANGORRA: O DEBATE SOBRE A EDUCAÇÃO

A crise da segurança pública no Rio de Janeiro em 2018 produzia o efeito perverso de reduzir a atenção sobre a questão da educação pública, que vivia, e vive, uma crise igualmente grave. A crise na educação, por sua vez, contribui para a perpetuação de um ambiente em que a influência do crime organizado se propaga com facilidade. Por isso fiquei inconformado quando descobri que não seria convidado para o debate sobre educação entre candidatos ao governo que ocorreria em 24 de setembro, organizado pelo Centro de Excelência e Inovação em Políticas Educacionais (Ceipe), da Escola Brasileira de Administração Pública e de Empresas da Fundação Getulio Vargas (Ebape/FGV), em parceria com o Todos pela Educação, a mais importante organização não governamental dedicada às políticas públicas sobre educação no Brasil. No debate seriam também apresentadas propostas para a educação formuladas pela iniciativa suprapartidária Educação Já, liderada pelo Todos Pela Educação. O Educação Já propunha sete medidas prioritárias para um salto de qualidade na educação.

O Ceipe havia sido criado no começo de 2017 para planejar e ajudar a executar políticas públicas em educação. Era dirigido por Claudia Costin, que fora ministra da Administração e Reforma do Estado no governo de Fernando Henrique Cardoso e, depois, secretária de Educação do município do Rio de Janeiro, durante a gestão de Eduardo Paes. Costin obtivera excelentes resultados no ministério e na prefeitura, apesar da intensa oposição do sindicato dos professores aos métodos que ela propunha, especialmente a remuneração por desempenho – que também gerara paralisações dos professores no estado quando implantada por Wilson Risolia, secretário de Educação de Sérgio Cabral.

No primeiro anúncio do debate na FGV, apenas os candidatos que lideravam as pesquisas estavam incluídos – e todos haviam confirmado presença. Minha assessoria entrou em campo para evitar que a restrição que vinha sendo imposta pelos veículos de imprensa atingisse também nossa capacidade de participar de um debate tão relevante quanto aquele. Deu certo, e no dia 20 de setembro o convite foi estendido a todos os candidatos.

A ampliação da lista de convidados não agradou aos líderes. Eduardo Paes cancelou sua participação e enviou seu candidato a vice-governador, Comte Bittencourt. Paes liderava as pesquisas e já se via no segundo turno. Provavelmente preferiu não correr riscos na reta final – tática rotineira na política brasileira. E Romário, embora houvesse confirmado presença, não compareceu. A ausência de Romário não era novidade. Fora Paes e Romário, que lideravam as pesquisas naquele momento, e o candidato do PCO, Luis Honorato, todos os demais compareceram. Foi o debate com a maior participação de candidatos em que estive, embora

Garotinho não tenha verdadeiramente debatido. Ele pediu para falar primeiro e se retirou logo depois, apressado e sem debater. Brinquei com Índio da Costa, que estava ao meu lado, dizendo que ele devia estar fugindo de algum oficial de justiça. Depois, meus assessores confirmaram que havia um oficial à espreita. Três dias após o debate na FGV, a candidatura de Garotinho foi definitivamente indeferida pela Justiça Eleitoral.

No mesmo dia do debate, que seria de manhã, eu deveria ser entrevistado, bem cedo e ao vivo, na TV Record, em Vargem Grande, na Zona Oeste. Eram poucos minutos, mas era o único espaço que a Record abrira para os candidatos da parte de baixo das pesquisas. Não poderia perder aquela pequena oportunidade de alcançar mais eleitores. O problema é que o debate na FGV ocorreria na praia de Botafogo, a mais de 40 quilômetros de distância, e no pior horário de trânsito. Pedimos à Record que eu fosse entrevistado logo no começo do programa e eles concordaram. Cheguei ao estúdio por volta das seis da manhã e a entrevista só começou às 7h50. Falei por sete minutos – que era o tempo reservado para a entrevista – e saí de lá pouco depois das oito. Ainda na Barra da Tijuca, acompanhando o trânsito por um aplicativo, percebi que não chegaria antes das nove em Botafogo. Saltei, tomei o metrô na estação da Barra e deu certo. Cheguei à FGV com um pequeno atraso, mas o debate também atrasara um pouco.

Priscila Cruz, presidente-executiva do Todos pela Educação, e Claudia Costin apresentaram o diagnóstico da educação no estado e as sete medidas propostas pelo Educação Já. Eu conhecia os números e os havia estudado mais uma vez nos dias anteriores. Também tinha preparado uma apresentação, não para exibi-la, o que não era permitido pelas regras do debate, mas para servir de roteiro de minha fala inicial e, depois, de guia nos debates. Era uma oportunidade estar ali em meio a quase todos os candidatos, e eu precisava me sair bem.

Como cada candidato teria cerca de dez minutos no início para expor suas propostas, planejei dividir minha fala em três partes. Nos primeiros dois ou três minutos destacaria os dados catastróficos do ensino médio do Rio de Janeiro. Sabia que Priscila Cruz e Claudia Costin também fariam isso, então focaria nas informações mais contundentes. Nos seis ou sete minutos seguintes falaria sobre nossas propostas e usaria cerca de um minuto para a conclusão. Eu esperava que a exibição dos números assustadores da educação no estado levasse o debate para o nível de profundidade que ele demandava. Se isso não acontecesse, como provavelmente ocorreria com alguns candidatos, ficaria clara a diferença de nossa abordagem.

Os dados eram terríveis. O Rio de Janeiro era o pior colocado do Sudeste em todos os aspectos e perdia de longe para São Paulo. Éramos os piores em número de crianças de zero a três anos na creche, com apenas 32%, contra 47,1% de São Paulo. Na Região Metropolitana da capital o número era ainda pior, de 30,1%, comparados com os 50% da Grande São Paulo. Éramos também os piores, ainda que com taxas superiores a 90%, no número de crianças na pré-escola e no ensino fundamental, inclusive na chamada taxa líquida de matrículas, que considera o número de alunos matriculados nas faixas corretas de idade. Esse indicador é importante porque revela o nível de distorção entre a idade correta e a idade efetiva do aluno, e tem grande correlação com a evasão escolar. Quanto maior a taxa de distorção, maior tende a ser a da evasão.

Comecei, então, a falar do drama no ensino médio, que era o que mais interessava ao governo do estado. Pela Constituição Federal, a tarefa de prover educação pública é repartida entre os diversos níveis de governo. A educação infantil e o ensino fundamental competem, a princípio, aos municípios (ainda que os estados também possam fazê-lo), cabendo aos estados o ensino médio. Como Claudia Costin mostrara na sua apresentação, a rede estadual de ensino do Rio de Janeiro era a sexta maior do Brasil, com 1.294 escolas, mais de 40 mil professores e 719 mil alunos. Do total de alunos na rede estadual, 71% estavam no ensino médio, o que mostrava que esse deveria ser o foco de nosso debate.

Os números do ensino médio eram ainda piores que os do ensino fundamental. Tínhamos uma taxa líquida de matrículas dos jovens entre 15 e 17 anos de apenas 66,3%, enquanto São Paulo atingia 81,5%. Nesse quesito, estávamos abaixo não apenas da média do Sudeste como do país, cuja taxa era de 68,4%. Esse índice ajudava a explicar nossa taxa de evasão. Os jovens deveriam concluir o ensino médio até os 19 anos, mas no Rio apenas 56,4% o faziam. O estado com a segunda economia do país era, nesse quesito, não apenas o pior da Região Sudeste, como o 15º entre os 27 estados do país.

Em nosso programa de governo e nas minhas entrevistas e debates, eu sempre destacava as absurdas taxas de distorção do nosso ensino médio. Como professor, sabia da dificuldade de ensinar a quem não está interessado. Um jovem pobre, carregando anos de ensino de baixa qualidade, pressionado pela necessidade de trabalhar e que chega ao ensino médio muito atrasado em termos da sua idade dificilmente concluirá seus estudos. Ele acaba condenado ao subemprego ou a alternativas piores. Graças à gestão firme de Wilson Risolia na Secretaria de Educação de 2010 a 2014, o estado do Rio tinha conseguido a duras penas reduzir o índice de distorção no ensino médio de 43,4%, em 2012, para 36,4%, em 2015, contra uma taxa média no país de 30,6%. A partir daí, a combinação da crise econômica e do desgoverno no Rio de Janeiro levou rapidamente a taxa de volta ao patamar de 40,3%, em 2016 e 2017.

Para que se tenha uma ideia de como a má gestão é a principal responsável por esse cenário desolador, basta ver que nos outros estados da Região Sudeste a taxa foi inferior a 30% tanto em 2016 quanto em 2017, ficando por volta de 15% em São Paulo. A recessão econômica aumentou o índice de distorção em todos os estados. Os jovens eram chamados a cooperar com a emergência de suas famílias mais cedo, perpetuando a dificuldade de obter uma melhor remuneração no futuro. Mas nos outros estados as taxas de distorção variaram menos e foram substancialmente menores.

Na época de Risolia, além de atrelar a gratificação dos professores e diretores à melhoria do desempenho dos alunos, foi criado um programa de estímulo aos alunos que completassem o ensino médio. Para cada ano completado com sucesso, uma quantia era depositada em uma conta de poupança do jovem, que só poderia ser movimentada com a aprovação no final do ensino médio. Essas e outras medidas eram atacadas pelo sindicato dos professores, que declarava greves frequentes, o que não as impediu de produzirem resultados mensuráveis em favor da população carente e jovem do estado.

Conheci Risolia quando ele era o vice-presidente da Caixa Econômica Federal que cuidava da gestão de recursos de terceiros, e eu era presidente da CVM. A Comissão supervisionava os fundos pelos quais ele era responsável e Risolia tinha uma atuação bastante ativa na Anbid, a associação que reunia os bancos de investimento e gestores de recursos no país. Mais tarde, acompanhei a sua chegada ao primeiro governo de Sérgio Cabral, convidado por Joaquim Levy para ser o presidente do Rio Previdência, o fundo de previdência dos servidores do estado do Rio de Janeiro. Ele foi encarregado da reorganização do fundo, extremamente deficitário. O projeto era capitalizar o fundo e concentrar nele o pagamento das aposentadorias e pensões de todos os servidores do estado.

Cumprida sua missão na previdência, Risolia foi chamado por Sérgio Cabral em outubro de 2010 para ser o terceiro secretário de Educação em menos de três anos, após o Rio de Janeiro ter obtido o seu pior resultado no Ideb do ensino médio. Esse índice, divulgado bianualmente pelo Ministério da Educação tanto para o ensino fundamental como para o ensino médio, é a ferramenta mais utilizada para medir a qualidade do ensino no país. Em 2009, o estado do Rio conseguira a proeza de ficar em penúltimo lugar no Brasil, à frente apenas do Piauí e empatado com Alagoas, Amapá e Rio Grande do Norte, todos estados muito mais pobres. Risolia foi duramente atacado quando assumiu a Secretaria de Educação, com a acusação de que Cabral estava colocando um financista onde precisava de um pedagogo. O discurso de Risolia não ajudou. Ele sempre fora direto e dizia que, para ele, a educação era um negócio e que ele ia premiar resultados porque é assim que a vida faz. A esquerda foi à loucura, o sindicato atacou o quanto pôde – como aliás acontecera com Claudia Costin na prefeitura – mas os resultados apareceram. O estado do Rio de Janeiro saiu da penúltima colocação no Ideb para a 3ª, saltando 11 posições.

Assim que me tornei candidato procurei Wilson Risolia, que àquele tempo era o presidente da Falconi Educação, braço da Falconi, uma grande empresa de consultoria sediada em São Paulo. Fui a São Paulo somente para encontrá-lo. Sabia que ouvi-lo me ajudaria não só a entender as razões do sucesso das medidas que implantou, como também as dificuldades que enfrentou e os motivos pelos quais havíamos retrocedido tão rápido. Quando conversei com ele, os números do Ideb do ensino médio ainda não haviam sido divulgados, mas havia uma convicção generalizada de que seriam ruins.

Em setembro de 2018 saíram os números do Ideb para 2017, e eles eram ainda piores do que a pior expectativa. No ensino médio, o estado do Rio tivera uma média inferior à do Brasil – 3,3, contra 3,5 no país, ambas abaixo da meta, diga-se. Entre os estados mais ricos, localizados nas regiões Sul e Sudeste, o Rio teve o pior desempenho. Para completar, fomos o único estado a não alcançar a meta em pelo menos um dos segmentos de ensino avaliados. Como era possível o segundo estado mais rico da Federação cair da 3ª melhor nota e da 4ª posição no Ideb do ensino médio de 2013 para a 9ª melhor nota e a 16ª posição em 2017? O Ceará, por sua vez, pulara da 12ª para a 4ª posição no mesmo período.

Como partido liberal, nossa visão colocava grande ênfase na necessidade de aprimoramento da gestão pública. Usávamos o exemplo da educação no Rio de Janeiro para demonstrar que a boa gestão fizera a diferença e que o ganho se perdera quando fora abandonada. Eu falava sobre o mérito de um secretário do governo Sérgio Cabral e antes que fosse recriminado por isso – como quase sempre era, inclusive por meus assessores – dizia que a decadência da educação no Rio também demonstrava a inviabilidade de um modelo de gestão pública em que se blindavam certas áreas, nomeando técnicos competentes, enquanto outras eram loteadas, dando lugar à corrupção e à incompetência. Mais cedo ou mais tarde, o que está dando certo sucumbe, tragado pelo fracasso do que só pode dar errado.

O debate na FGV foi conduzido pela jornalista Monica Weinberg, da *Veja*. Eu a conhecera quando dei uma entrevista à revista que, ao final, nunca foi publicada. Descobríramos, conversando antes da entrevista, que nossos filhos haviam sido colegas na escola. Escola privada, diga-se, pelas razões que os números que iríamos discutir explicavam. Na abertura do evento, depois de apresentar os números vitais, falei de nossas propostas e do que buscávamos alcançar: uma escola fundamentalmente preocupada em atrair os jovens, pensando não apenas no conteúdo das aulas mas também no ambiente, tanto de segurança – um desafio em áreas conflagradas – quanto de conexão com a modernidade e os hábitos atuais. Queríamos prover acesso wi-fi em cada escola e desenvolver laboratórios modernos, assim como reforçar o estudo das disciplinas básicas – Português e Matemática –, nas quais os resultados do Ideb no estado eram desesperadores, mesmo diante do fraco desempenho nacional.

Eu procurava ser realista quanto às dificuldades financeiras. Citava o exemplo das Naves do Conhecimento, um projeto financiado pela iniciativa privada em algumas escolas de ensino médio da rede pública em que os alunos, além de se formarem no ensino médio, adquiriam conhecimentos técnicos que interessavam às empresas patrocinadoras. Tome-se o exemplo da Nave localizada na Tijuca, Zona Norte, que era, àquela época, financiada pela Oi, operadora de telefonia com sede na cidade. O desempenho e a empregabilidade dos alunos daquela escola eram excepcionais, comparáveis às das melhores escolas particulares. O ambiente era moderno e lúdico, os alunos estudavam em tempo integral, os laboratórios eram bem equipados e os professores, motivados e bem formados. Manter uma Nave como a da Tijuca custava cerca de R$ 800 por mês por aluno, sem considerar os salários dos professores, que continuavam sendo pagos pelo estado. O valor era menor, mas não tão diferente das mensalidades das melhores escolas privadas do estado. A pergunta que me fiz, quando examinei o projeto e vi seus resultados foi óbvia: era viável replicá-lo para toda a rede pública de ensino médio?

Diante do quadro de restrição orçamentária do estado, não era difícil responder a essa pergunta. Um dispêndio de R$ 800 por mês com cada um dos 424 mil alunos de ensino médio corresponderia a uma despesa anual de cerca R$ 4 bilhões, valor que, como visto, não incluiria os salários dos professores e demais servidores dedicados às escolas. O orçamento total da Secretaria de Educação para aquele ano de 2018 era de R$ 4,8 bilhões, quase inteiramente consumidos com os salários dos servidores e a merenda escolar. Sem falar no grande investimento em obras que seriam necessárias para dar a todas as escolas estaduais o mesmo nível de conforto e qualidade da Nave da Tijuca.

Por isso, no debate da FGV destaquei a necessidade do que eu chamava de inverter a gangorra dos gastos públicos com educação e segurança. Os orçamentos das polícias Civil e Militar de 2018, somados aos fundos destinados à segurança pública, montavam a mais de R$ 9 bilhões, contra pouco mais de R$ 4 bilhões para o orçamento da educação. Enquanto os servidores vinculados à Secretaria de Segurança Pública, da ativa e aposentados, respondiam por mais de 45% da folha de funcionários do estado, os vinculados à Secretaria de Educação recebiam menos de 27%. Gastávamos muito mais com segurança do que com educação e fazíamos isso havia muitos anos. Alterar essa lógica deveria ser o objetivo do Rio de Janeiro. Estávamos cada vez mais atrasados em relação ao resto do Brasil em termos de educação, o que nos deixava sempre mais distantes da meta de voltar a crescer e reduzir a violência.

Claro que o investimento público em segurança é essencial, especialmente em um momento como o que vivíamos. Mas ele é principalmente repressivo. Quase todos os recursos são destinados à detenção e punição dos responsáveis por crimes passados. Já o investimento público em educação é preventivo. Se bem feito, qualifica as pessoas para o trabalho, contribui para o aumento da atividade econômica e, consequentemente, reduz a criminalidade.

É certo que há outros fatores que contribuem para que o estado do Rio de Janeiro seja violento, especialmente em certas áreas da capital e da Região Metropolitana: falta de planejamento urbano, ausência de saneamento, transporte ineficiente, desordem urbana e, é claro, o crime organizado, seja de traficantes ou milicianos. Mas se fosse preciso escolher apenas um foco de investimento para reduzir a violência, seria difícil optar por outro que não a educação, porque ela é a base de todas as outras questões quando pensamos em uma redução da criminalidade a longo prazo. Essa realidade era evidente nos dados. Como demonstrava Ilona Zsabó em artigo publicado pouco antes do debate: "[E]m 2014, a taxa de homicídios para indivíduos com idade entre 15 e 19 anos e de zero a três anos de estudo era de 262,7 por 100 mil habitantes. No outro extremo, a dos jovens com a mesma faixa etária, mas com 12 anos ou mais de escolaridade, foi de 5,7."[1] A população que mais morre é composta basicamente por pobres, e esses pobres são, em sua maioria, negros e pardos. E não é a constatação dessa realidade que divide a sociedade e segrega os negros e pardos: é a própria realidade.

Esse discurso estava longe de agradar ao meu público-alvo e ainda criava desconforto em boa parte dos meus eleitores. Infelizmente, a constatação dessa realidade econômica e racial na incidência da violência no Brasil, e a proposta de que ela fosse enfrentada, principalmente pelo aumento dos gastos em educação ficaram associadas aos discursos de esquerda. E o que eu expressava era o discurso oficial do Partido Novo. Gastar menos no ensino superior e mais no ensino básico. Combater a desigualdade pela criação de oportunidades iguais para todos.

A proposta liberal é que o inadiável investimento em educação seja feito sem ignorar as restrições orçamentárias, combatendo os privilégios que drenam os recursos que poderiam ser aplicados na educação para outros fins, e livrando o estado, através de privatizações e concessões, das atividades que o impedem de concentrar-se no que realmente importa – educação, saúde e segurança. Mas essa formulação não afasta o direito, e até mesmo o dever, de candidatos liberais reconhecerem a gravidade do aspecto social e racial da violência brasileira.

O debate na FGV repercutiu na imprensa escrita e nas emissoras de televisão, dada a presença da maioria dos candidatos. No dia seguinte, *O Globo*, apesar de afirmar que Índio, Witzel e eu havíamos defendido o Estado mínimo, coisa que nenhum dos três sustentou – a minha proposta era do Estado necessário, e não do Estado mínimo –, reproduziu corretamente minhas intervenções, dizendo que, "na opinião do candidato do Novo, o estado precisa ter seu tamanho reduzido para que se tenha dinheiro para educação". Ganhei umas raras aspas, com direito a aplausos de Tarcísio Motta que eu nem havia notado: "Não acredito no milagre da multiplicação do dinheiro. Precisamos diminuir o estado para investir no que é importante. Hoje gasta-se muito em segurança e pouco em educação. Claro que segurança é essencial, mas não pode ter esse desequilíbrio – explicou Trindade, que chegou a ser aplaudido por Tarcísio Motta quando, ao ser perguntado sobre o Escola Sem Partido, disse que esse tema serve para desviar o foco de pautas mais importantes."[2]

Saí daquele debate com pouca esperança de que o novo governador, quem quer que fosse, implementaria uma política eficaz para enfrentar a nossa verdadeira maior emergência, que é a educação. Estávamos a poucos dias das eleições e alguns candidatos, como Tiburi e Índio, preocuparam-se em discutir temas nacionais, em busca de vantagens eleitorais. Dayse, que é professora com intensa atuação no sindicato dos professores, apresentou uma pauta exclusivamente sindical, revelando a dificuldade que qualquer governador teria, e terá, se quiser melhorar para valer a gestão da educação.

Este debate foi o momento em que tive a pior impressão de Witzel durante a campanha. Ele falou muito sobre segurança e escolas militares, mas não demonstrou um conhecimento mínimo dos problemas da educação e das dificuldades do estado na área. Perguntado, justificou a opção pelas escolas militares porque eram "uma tendência". Os resultados dos alunos dessas escolas eram melhores, dizia, desconsiderando os fatores que levavam a isso. Disciplina era o que faltava nas escolas estaduais, insistia. Alunos agrediam os professores. "No meu governo aluno não vai destratar professor", ele chegara a declarar em sua entrevista na rádio CBN. "As escolas militares vão ensinar os alunos a voltar a admirar os símbolos nacionais." O discurso provavelmente não agradou à plateia na FGV, formada principalmente por especialistas em educação. O que não impedia que ele agradasse aos eleitores mais alinhados a Jair Bolsonaro. *O Globo*, embora tenha dado pouco espaço ao futuro governador, referiu-se à defesa das escolas militares e ainda acrescentou algo que eu não percebera, dizendo que ele "aparentou estar dormindo em alguns momentos do debate".

O debate não mudou a convicção que adquiri na campanha: a capacidade de resistência e organização das pessoas supera em muito a do estado. As soluções dos problemas da administração pública precisam considerar que as melhores alternativas frequentemente vêm da sociedade. Quem pretende uma gestão eficaz de recursos públicos precisa entender que é fundamental ouvir a sociedade e conhecer suas iniciativas, antes de decidir e impor planejamentos de gabinete. Na área da educação, existem bons exemplos de soluções originadas na sociedade, fora da órbita pública. O Todos pela Educação é um grande exemplo e fonte riquíssima de dados, estudos e propostas de soluções para a educação no Brasil. Como candidato liberal, continuei acreditando que a saída, nessa, como em tantas outras áreas, depende de nós, e não do estado.

19. A Cedae e o debate sobre a falência do Rio de Janeiro

O tema da privatização da Cedae – a Companhia de Águas e Esgotos do Estado do Rio de Janeiro – surgiu em um dos primeiros debates de que participei. Ali, ouvi Tarcísio Motta justificar o voto da bancada do PSOL na Alerj pela suspensão da venda, que fazia parte do Plano de Recuperação Fiscal ao qual o estado havia aderido em 2017. A tese de Tarcísio era que a Cedae é lucrativa e só não presta um serviço adequado porque foi loteada para fins políticos. E que, se estivesse em mãos privadas, os empresários priorizariam os lucros, a tarifa aumentaria e os serviços continuariam ruins.

Esse raciocínio tem várias falhas. A Cedae é lucrativa, mas não investe na infraestrutura necessária para prover o saneamento. É como se o metrô desse lucro, mas os trens não chegassem a todas as estações, ou uma empresa de energia fosse rentável, mas cortasse o fornecimento entre meia-noite e meio-dia. O lucro da Cedae é, em boa parte, falso. Se ela investisse o necessário para satisfazer as necessidades urgentes da população, daria prejuízo por um bom tempo. Isso, porém, não pode acontecer porque o estado, falido, precisa que a Cedae gere lucros artificiais e pague dividendos, para que o governo possa torrar em despesas correntes.[1] Para investir, dar lucro e ser bem administrada, a Cedae precisaria ter um acionista controlador capaz de pensar no longo prazo e esperar para colher os resultados. E o estado do Rio de Janeiro não consegue ser esse dono.

Isso nos leva ao segundo argumento contra a privatização da Cedae: se a companhia for privatizada, os acionistas vão querer mais lucros e as tarifas de água e esgoto vão subir. Essa lógica me irritava porque ignorava o fato de que a Cedae cobra uma das tarifas de água e esgoto mais altas do Brasil.[2] Cobra caro e oferece um serviço de péssima qualidade e alcance limitado. Não haveria espaço para que a conta cobrada da população aumentasse em mãos privadas porque ela já é altíssima. Ainda assim, nada menos que metade dos domicílios do estado do Rio de Janeiro não tem esgoto sanitário, e apenas um terço do esgoto coletado na outra metade é tratado. O resto é despejado *in natura* por aí. O que leva, por sua vez, à podridão da baía de Guanabara e das lagoas da Baixada de Jacarepaguá, com grave impacto para a saúde dos cidadãos e a economia do estado.

A nossa proposta de privatização da Cedae não ignorava a possibilidade de que as empresas privadas que explorassem serviços públicos essenciais, viessem a abusar de sua posição em prejuízo da coletividade. O estado já tem em geral o dever de regular a atividade econômica para evitar os cartéis, incentivando a competição e disciplinando a atuação dos monopólios, quando estes forem inevitáveis. Mas a atuação reguladora do estado é especialmente importante no caso dos serviços públicos concedidos à iniciativa privada, de maneira a assegurar a eficiência e a qualidade desses serviços e tarifas compatíveis com tais padrões e com o retorno do capital investido.

Por todas essas razões, sustentávamos que, se a Cedae fosse privatizada, seus compradores estariam obrigados a observar as regras de fixação de tarifas e atingir as metas de qualidade e alcance de serviço estabelecidas no edital de privatização, sob pena de perderem a concessão. Para isso funcionar, dizíamos que seria preciso que a agência reguladora estadual – a Agenersa – atuasse corretamente, o que exigiria que sua governança fosse inteiramente revista.

A privatização da Cedae foi discutida em detalhes no debate promovido durante o Fórum Nacional, organizado anual e originalmente pelo ex-ministro João Paulo dos Reis Velloso, e em 2018 por seu irmão, o economista Raul Velloso, no BNDES. Foi um caso inédito em toda a campanha. Dados o tema e a audiência, nem a esquerda compareceu. Eu fui o único candidato presente. Além de mim, só o assessor econômico de Romário, Guilherme Mercês – que terminaria assumindo, em junho de 2020, a Secretaria de Fazenda do governo Witzel. Também compareceu o antigo secretário de Fazenda do Rio de Janeiro, que havia negociado o Regime de Recuperação Fiscal, Gustavo Barbosa (atual secretário de Fazenda de Minas Gerais, no governo de Romeu Zema). O debate, por isso, acabou sendo muito técnico.

O assessor de Romário era um economista preparado e sustentou praticamente as mesmas propostas que constavam do meu programa de governo. Ele concordou que a privatização da Cedae era essencial, não apenas para cumprir os compromissos do Plano de Recuperação Fiscal, como também para viabilizar os pesados investimentos, cerca de R$ 30 bilhões, necessários para que todos os domicílios do estado fossem atendidos por rede de água e esgoto.

Depois de conversar com diversos especialistas no assunto – como Jerson Kelman, que havia recentemente deixado a Presidência da Sabesp, a companhia de saneamento do estado de São Paulo, e Raul Pinho, ex-presidente do Instituto Trata Brasil, uma associação formada por empresas do setor –, concluí que o diagnóstico era relativamente simples. Em primeiro lugar, era preciso estabilizar o direito da Cedae à prestação de serviços de água e esgoto para cada município por ela servido. Segundo a Constituição Federal, a concessão é municipal. Nossa ideia era abrir o capital da Cedae e obter concessões das prefeituras por 30 anos em troca de ações da Cedae – que os prefeitos poderiam vender se necessitassem de caixa. Durante certo período, de um a dois anos, a empresa seria administrada profissionalmente por um grupo de executivos contratados no mercado, de maneira a prepará-la para a venda. No mesmo prazo, a Agenersa seria reestruturada, para que não houvesse risco de o futuro comprador influenciar a atuação do regulador. Problema que, aliás, já acontecia com a Cedae, empresa pública que, na prática, não é fiscalizada.

Havia detalhes a decidir, como a necessidade de dividir, ou não, a companhia antes da venda. Mas a proposta era privatizar o todo, com a agência reguladora estruturada para supervisionar a qualidade dos serviços, o cronograma de execução dos investimentos e o preço das tarifas. Os estudos indicavam que, em 30 anos, seria possível alcançar a universalização dos serviços e a limpeza da baía de Guanabara e das lagoas da Baixada de Jacarepaguá.

Poucos dias depois do debate no BNDES, Eduardo Paes declarou que, se eleito, não venderia a Cedae, a despeito dos enormes investimentos necessários e da obrigação de cumprir o Plano de Recuperação Fiscal. Foi o que bastou para Romário ignorar o que dissera seu assessor no BNDES e, no mesmo dia, declarar que não venderia a Cedae. Witzel também cravou a resposta negativa no pinga-fogo da entrevista na rádio CBN.

No debate no BNDES eu havia duvidado da posição de Romário pela privatização. Brinquei dizendo que ficava feliz por ver que o Posto Ipiranga do senador – Mercês já fora anunciado como seu futuro secretário de Fazenda – concordava com a medida. Ao ouvir a negativa de Romário, em reação à declaração de Eduardo Paes, fortaleci uma convicção que já tinha pesado na minha decisão de entrar para a política. Não bastava a opinião de técnicos ou assessores, por mais poderosos que fossem. Se o político não acredita na boa ideia, ela pode ser descartada em segundos por questões de interesse eleitoral.

Temas técnicos, como a privatização da Cedae, normalmente não são discutidos em campanhas, até porque boa parte dos candidatos prefere não tocar no assunto. Defender a privatização não traz votos – como nossa pesquisa qualitativa havia demonstrado. Naquela eleição, contudo, como a privatização da empresa fazia parte do Plano de Recuperação Fiscal, e a discussão sobre a falência do Rio de Janeiro era inescapável, a questão sempre aparecia.

Em 2018 o estado atravessava – e continua a atravessar – a pior crise desde a sua criação, com a fusão do estado da Guanabara com o antigo estado do Rio de Janeiro, em 1975. Servidores públicos estaduais, tanto da ativa como inativos, estavam sem receber havia meses. A situação era agravada pela dependência do estado das receitas do petróleo. Em 2017, elas equivaleram a 12,21% do orçamento, revelando a necessidade da diversificação da atividade econômica no Rio. Para que se tenha noção, os *royalties* recebidos pelo estado de São Paulo em 2017 equivaleram a 0,82% do orçamento do ano.

O Rio é um clássico caso de uma tempestade perfeita. Começou com o aumento irresponsável, ano após ano, das despesas de custeio. As despesas com pessoal em 2016 consumiram mais de 70% da receita líquida do estado (contra 60% do limite da Lei de Responsabilidade Fiscal) e, no final do ano, as obrigações do

Tesouro estadual montavam a cerca de R$ 11 bilhões, contra um caixa de aproximadamente R$ 1 bilhão.

Em seguida veio a forte queda nos preços do petróleo, com a consequente redução das receitas de *royalties*, em meio a uma grave recessão na economia nacional. E, por fim, a descoberta do esquema de corrupção institucionalizada envolvendo Executivo e Legislativo, abalando a capacidade do estado de recuperar sua credibilidade como parceiro do poder público e da iniciativa privada, dado que o sucessor de Cabral era seu vice-governador e estava ameaçado por denúncias.

A gravidade da crise foi reconhecida em 1º de setembro de 2017, quando o estado elaborou o seu Plano de Recuperação Fiscal, no âmbito do Regime de Recuperação Fiscal dos estados e do Distrito Federal. O Regime de Recuperação Fiscal do Rio foi homologado em 5 de setembro de 2017, abrangendo o período de 2017 a 2020, porém já prevendo sua prorrogação até 2023. Antes desse prazo, como é reconhecido no próprio plano, não se completará a recuperação das contas.

Em razão dessa situação, qualquer plano de governo para o estado do Rio de Janeiro na eleição de 2018 deveria considerar a necessidade de dar cumprimento ao Plano de Recuperação Fiscal contratado com a União. Essa necessidade não decorria apenas do dever de observar o contrato assinado, mas também da situação de desequilíbrio fiscal, que, se não fosse superada, paralisaria novamente o funcionamento da administração estadual.

Mas esse não era o discurso que prevalecia na campanha. Eduardo Paes dizia que ia renegociar o plano com a União Federal, "para reduzir os juros altíssimos"[3] e que faria o ajuste fiscal "não no campo das despesas, mas das receitas".[4] Wilson Witzel seguia a mesma toada, prometendo a mirabolância de renegociar o plano para "alongar o pagamento das dívidas em até 100 anos e diminuindo as taxas de juros". Quanto às despesas, embora afirmando ter um absoluto "compromisso com a responsabilidade fiscal" e prometendo "cortar na carne os excessos", ressalvava que não iria "penalizar os servidores, aposentados e pensionistas pela corrupção e má administração dos governos Cabral e Pezão".[5]

Paes e Witzel repetiam a velha técnica eleitoral de prometer o impossível e esconder a realidade. As contas do Rio de Janeiro não seriam efetivamente ajustadas sem uma redução de despesas. Nosso plano de governo propunha completar as medidas do Plano de Recuperação Fiscal com outras, que pudessem assegurar a redução das despesas e, aí sim, gerar receitas para o estado.

Alguns membros da minha equipe questionavam a conveniência de explicitar a necessidade de cortar despesas. Eleitoralmente, era considerado um sincericídio. Preferi manter a decisão de não esconder o tamanho do problema, até para podermos governar, caso ganhássemos. As medidas do Plano de Recuperação Fiscal não vinham sendo implementadas no ritmo esperado, como até hoje não vêm sendo, o que prenuncia grandes dificuldades no porvir. Além disso, os estudos comprovavam que mesmo que o plano fosse executado como previsto, a situação fiscal do estado em 2023 seria de equilíbrio instável.

O principal estudo que consultamos para a elaboração do plano de governo fora desenvolvido por pesquisadores do Insper, sob a liderança do professor André Luiz Marques. O estudo foi divulgado em uma entrevista de Marcos Lisboa, presidente do Insper, a *O Globo*, em 21 de maio de 2018.[6] Os candidatos diziam que queriam renegociar o Plano de Recuperação Fiscal, ao invés de cumpri-lo. Marcos, com base no estudo detalhado, dizia o oposto. Mesmo se executado à risca, o Plano de Recuperação Fiscal seria insuficiente para tirar o Rio de Janeiro do buraco.

Marcos Lisboa deixava claro que o "problema estrutural do Rio é de pessoal. A população está envelhecendo, as aposentadorias são precoces e há reajustes automáticos permitidos pela legislação que agravam a situação fiscal do estado. Não vai ter uma lei que resolva tudo. Muito do ganho que o Rio de Janeiro pode obter está na gestão miúda. Precisa de uma equipe grande, que mergulhe nos detalhes".[7] Nossa meta, por meio daquilo que Marcos Lisboa chamava de "gestão miúda", era uma redução de despesas de cerca de R$ 2 bilhões em 2019 e de cerca de R$ 9 bilhões acumulados até o final de 2022, último ano de governo.[8]

Apesar dessa situação de grave penúria, nosso plano de governo também tratava a crise como uma oportunidade. Por diversas vezes durante a campanha a mídia abriu espaço para a comparação que eu fazia entre o estado do Rio de Janeiro e uma empresa falida. Fora assim na entrevista à *Folha de S.Paulo*, que estampou a ideia como manchete, e também ao *Jornal do Brasil*, ao qual declarei que nas "empresas falidas é onde você acha os melhores negócios para comprar, porque o preço é baixo e o retorno é alto".[9]

Eu acreditava que, sob uma nova e séria administração, o estado poderia participar de cabeça erguida de discussões sobre o pacto federativo. Mas achava escapista e enganoso declarar que uma renegociação do Plano de Recuperação Fiscal seria possível. Ao contrário do que prometiam os meus adversários, os demais estados simplesmente não aceitariam mais benesses para o nosso.

Antes da divulgação do trabalho do Insper, quando eu ainda estudava os números do estado para uma possível candidatura de Bernardinho, encontrei Marcos Lisboa no aeroporto de Congonhas. Marcos se tornara um amigo quando trabalhamos juntos na administração pública, ele como secretário executivo do Ministério da Fazenda, eu como presidente da CVM. Foi ele que me entrevistou, junto com Bernard Appy, quando fui convidado a assumir aquele posto. Marcos é um sujeito de opiniões fundamentadas e as expõe de maneira muito direta. Não deixa barato nem faz cerimônia. Carioca, mudara-se para São Paulo e era um dos muitos descrentes em uma chance real de recuperação do estado. Talvez um dos mais pessimistas.

Quando nos encontramos, comentei com Marcos que a divisão das receitas federais com o Rio de Janeiro me parecia injusta. Ele reagiu, temendo que eu fosse adotar na campanha de Bernardinho o discurso surrado de que o problema do estado não era a má gestão, mas a injustiça do pacto federativo – desculpa de muitos dos nossos antigos governantes. Ficou bravo.

Na semana seguinte mandei a ele, por e-mail, uma apresentação com os números extraídos de fontes oficiais que fundamentavam minha impressão do tratamento indevido ao Rio de Janeiro. Os dados confirmavam que o Rio ainda era o segundo arrecadador de tributos federais e, tal como São Paulo e outros estados ricos, arrecadava muito mais para a União do que recebia de volta em gastos federais. Disse ao Marcos que esse fato me havia causado algum alívio no sentimento vira-lata carioca e a esperança de que era possível uma postura mais altiva nas negociações com o governo federal, desde que o governador eleito fosse sério. Mas os números, disse-lhe, também comprovavam a dramática dependência dos *royalties* do petróleo. A boa notícia era que, caso aquela receita se mantivesse ou mesmo aumentasse, como se andava prevendo, talvez o estado tivesse uma nova oportunidade de investir, dessa vez adequadamente, aqueles recursos.

Marcos me respondeu dizendo que, ao analisar as transferências entre o estado do Rio e a União e vice-versa, eu também deveria considerar os gastos de previdência e assistência social. Estes representavam metade do gasto do governo federal e eram pagos diretamente aos cidadãos nos seus estados. Levando em conta esses gastos, dizia ele, eu veria que a União transferia mais do que recebia dos estados. Voltei aos números e Marcos tinha razão. No regime geral da previdência, havia déficit entre o arrecadado pelos estados e o pago pela União. A boa notícia para minha convicção de que o Rio continuava economicamente relevante era que também nesse item ele era o segundo colocado – isto é, o que mais arrecadava, apesar de deficitário, sendo superado apenas por São Paulo.

Marcos também me provocou na questão dos *royalties* do petróleo, alertando-me para o argumento frequentemente usado pelos outros estados nessa discussão: o de que a riqueza do petróleo está na natureza, não é produzida pelo Rio de Janeiro, que já se beneficia da renda gerada pelas empresas que atuam no setor do petróleo e do gás no estado. Quanto a esse ponto, não creio que haja certo ou errado. Depende do pacto federativo e mesmo do tratamento dado à propriedade privada. Na China o solo e o subsolo são do Estado, enquanto nos Estados Unidos tanto um quanto outro são do proprietário da terra, que paga impostos apenas sobre a renda obtida com a exploração. Mas quando se trata da exploração no mar, nos Estados Unidos os recursos são divididos, tal como aqui. Uma parte do petróleo do Golfo do México é do Texas e dos estados vizinhos, pois uma parte do mar é considerada território estadual – só a partir de uma certa distância da costa passa a ser federal.

No nosso regime legal a propriedade e a exploração do solo são do particular, enquanto o subsolo é do estado, tendo o proprietário direito de exploração e ficando obrigado a pagar *royalties*. Já o mar é de titularidade da União, que é quem concede o direito à exploração pelos particulares e recebe *royalties* por isso. Mas fica obrigada, pela Constituição, a partilhar esses *royalties* com estados e municípios. A proporção pela qual são repartidos os *royalties* é uma questão de pacto federativo. Não fosse por uma teórica compensação pelos *royalties* recebidos, não haveria razão para o Rio de Janeiro receber tão menos recursos do que contribuía para a União. Quanto mais estudava, mais me convencia de que, apesar da extrema dificuldade para a administração pública gerada pela crise fiscal do Rio de Janeiro, o Regime de Recuperação Fiscal era uma extraordinária oportunidade para que, de um lado, o estado fosse redimensionado e passasse a atuar de maneira compatível com o interesse da população e, de outro, agisse como um agente saudável e probo nas discussões sobre o pacto federativo, que não eram tão desfavoráveis quanto eu imaginara.

Dada a gravidade da situação fiscal, eu acreditava que havia uma chance de convencer a população de que as atividades que devem constituir o foco de atuação do estado são educação, saúde, segurança e qualidade dos serviços públicos. Nas demais áreas a atuação estatal deve limitar-se à fiscalização e coordenação das atividades privadas – e, mesmo assim, apenas quando necessário, para assegurar o desenvolvimento econômico e social, a competição justa e a preservação dos patrimônios cultural e natural.

No final de 2019, a Cedae veio a enfrentar uma das maiores crises da sua história, fornecendo à população do Rio de Janeiro, por semanas a fio, água malcheirosa e turva. Isso, como era de esperar, redundou na demissão do presidente da companhia e em promessas do governador Wilson Witzel de que, abandonando a negativa do processo eleitoral, privatizaria, ao menos parcialmente, a Cedae. O risco é que, ao não privatizar toda a companhia, o governo acabe gerando monstrengos estruturais que dificultem a solução definitiva dos problemas de água e esgoto no estado. Por outro lado, o fato de que, menos de um ano depois da eleição, o governador tenha sido obrigado a mudar de posição pode servir, junto com a lembrança da água fétida, para que a população dê mais atenção ao tema nas próximas eleições, se ele não for resolvido até lá.

20. O CANDIDATO RICO E O FINANCIAMENTO DE CAMPANHAS

Um dos temas prediletos dos jornalistas quando conversavam comigo durante a campanha era o tamanho do meu patrimônio declarado ao Tribunal Regional Eleitoral – pouco mais de R$ 82 milhões à época – e ainda o fato de eu dizer que financiaria boa parte da minha própria campanha. As perguntas sempre giravam em torno da ideia de que candidatos mais ricos poderiam abusar de sua posição econômica ao longo do processo eleitoral.

Lauro Jardim, de *O Globo*, foi o primeiro a dar destaque à questão, ainda em 5 de agosto de 2018, antes mesmo de a informação enviada ao TRE tornar-se pública. Na véspera, ocorrera o Encontro Nacional do Partido Novo, em São Paulo. Lá eu encontrara Romeu Zema, futuro governador de Minas Gerais, que reclamara da obrigação de divulgar seus bens, aos quais a imprensa de Minas estava dando destaque. O patrimônio de Zema era alto e isso o constrangia, como a qualquer bom mineiro. Tentei consolá-lo, em tom de brincadeira, dizendo que o meu também apareceria logo e o número era parecido, mas que todos esqueceriam nossa riqueza quando aparecesse a do João Amoêdo. Eu não tinha ideia do patrimônio do João, porém tinha certeza de que era bem maior que o meu.

Em São Paulo Zema sustentara, a meu ver com boa dose de razão, que era a favor de que a informação dos bens fosse prestada, mas que deveria ficar registrada e mantida em sigilo no TRE, para permitir o acompanhamento da evolução patrimonial dos candidatos. Zema dizia, e eu concordei, que a exposição pública funcionava como mais um desincentivo para as pessoas ingressarem na política, inclusive por razões de segurança pessoal.

A informação patrimonial gerava, de fato, um interesse desproporcional à sua real relevância para o debate eleitoral. Era quase como se a cobertura política tivesse o seu momento de coluna social ou de fofocas. Todos os jornais publicaram com destaque, mais de uma vez, comparações entre os bens declarados dos candidatos à Presidência e aos governos estaduais. Ninguém demonstrava curiosidade sobre a declaração de patrimônios modestos, quando comparados com o padrão de vida de determinados candidatos. A nota de Lauro Jardim sobre meu patrimônio tocava nesse ponto. Após dizer que eu seria um dos candidatos a governador mais ricos do país, arrematava: "Trindade, contudo, ao contrário de centenas de políticos, tem como explicar de onde vem tanta grana: é um dos mais importantes advogados societários do país."

As publicações mais à esquerda não escondiam seu maniqueísmo quanto ao tema. A revista *piauí*, em 21 de agosto, sob o título "A riqueza como regra", anunciava que os candidatos do Novo aos governos e ao Senado repetiam o "padrão Amoêdo", sendo "até três vezes mais ricos, em média, do que os adversários". A *CartaCapital* de 30 de agosto seguia a mesma linha, destacando que alguns candidatos a governador faziam parte da "privilegiada casta de milionários frente a uma sociedade com renda média de R$ 1.268". Quem olhasse o resultado das eleições poderia até pensar ter havido, de fato, uma correlação entre o patrimônio dos candidatos e suas chances eleitorais: tomando por base o levantamento da *CartaCapital*, dos cinco candidatos mais ricos aos governos estaduais, só eu não fui eleito. João Doria, em São Paulo, Mauro Mendes, no Mato Grosso, Ibaneis Rocha, no Distrito Federal, e Romeu Zema, em Minas Gerais, chegaram lá.

Daí a dizer que foi o patrimônio desses candidatos que os levou a vencer a eleição vai uma grande diferença. Tanto João Doria quanto Mauro Mendes eram prefeitos da capital de seus estados quando se tornaram candidatos ao governo estadual e se elegeram por grandes partidos – o PSDB e o DEM, respectivamente. Esses fatores certamente tiveram muito mais importância para a eleição de ambos do que o volume de recursos próprios que injetaram em suas campanhas. É verdade que, dos R$ 18,7 milhões do custo da campanha de João Doria nos dois turnos, ele arcou diretamente com 18%. Cerca de 40% do saldo foi financiado com recursos dos fundos partidários e 40% foi proveniente de doações de outras pessoas físicas. Porém, seu adversário no segundo turno, Marcio França, gastou mais – cerca de R$ 20 milhões nos dois turnos –, 85% dos quais vieram dos fundos partidários e apenas 15% de doações de outras pessoas físicas. A campanha de Doria foi mais barata e consumiu bem menos recursos públicos.

Mauro Mendes, eleito no primeiro turno em Mato Grosso, contribuiu pessoalmente com cerca de 21% do custo de sua campanha, que foi de R$ 4,1 milhões. Mais da metade dos recursos vieram dos fundos eleitoral e partidário. Mas, como em São Paulo, seu principal adversário, Wellington Fagundes, gastou mais: R$

4,7 milhões. Fagundes também contribuiu mais do que Mendes para a própria campanha: 57% do financiamento veio de recursos próprios e 40%, do partido. Em Mato Grosso, portanto, o dinheiro público gasto pelos candidatos foi equivalente e quem gastou mais do próprio bolso perdeu.

Entre os dois novatos ricos que foram eleitos – Ibaneis Rocha e Romeu Zema –, apenas o primeiro fez doações relevantes para a própria campanha, correspondentes a pouco mais de 60% do total dos R$ 6,1 milhões gastos nos dois turnos – cerca de 22% vieram dos fundos partidários. Ibaneis foi o único entre os candidatos mais ricos eleitos que gastou mais do que seus principais concorrentes, que despenderam em torno de R$ 4 milhões cada um. Já a campanha de Romeu Zema – único candidato de um partido estreante que foi eleito – custou bem menos que a de seus oponentes diretos. Zema gastou cerca de R$ 5,8 milhões nos dois turnos, enquanto Antonio Anastasia, do PSDB, utilizou mais que o dobro, cerca de R$ 12,7 milhões. Fernando Pimentel, então governador, concorrendo pelo PT, gastou, em apenas um turno, R$ 7,8 milhões – 35% a mais que Zema em dois turnos –, dos quais mais de 70% foram recursos públicos, do fundo eleitoral. A campanha de Romeu Zema, no todo, custou menos de um décimo de seu patrimônio e ele contribuiu pessoalmente com menos de 5% desses gastos – ou seja, menos de 0,5% de seus bens. Os 95% restantes foram inteiramente financiados por doações de pessoas físicas. Já a campanha de Anastasia custou praticamente dez vezes o valor de seu patrimônio declarado, de R$ 1,3 milhão. Anastasia em nada contribuiu com recursos próprios e foi financiado em mais de 60% pelos fundos eleitoral e partidário.

Portanto, três dos quatro governadores eleitos que faziam parte do grupo dos candidatos mais ricos fizeram campanhas menos custosas que as de seus adversários. A exceção, Ibaneis Rocha, concorreu por um partido rico que estava entre os maiores beneficiados pelo fundo eleitoral, o MDB, que contribuiu com 22% de suas despesas de campanha. Já Romeu Zema, eleito pelo único partido que não utilizou os recursos públicos do fundo eleitoral em 2018, gastou bem menos que seus adversários – menos da metade de seu concorrente no segundo turno – e contribuiu com menos de 5% de recursos próprios para sua campanha.

Esses dados demonstram que o foco da imprensa no patrimônio dos candidatos confunde a sua riqueza com a de suas campanhas. E são os gastos da campanha e suas fontes de financiamento que deveriam ser objeto de preocupação, pois é ali que ocorre o abuso de poder econômico. Não tenho dúvida de que o tema do financiamento de campanhas é relevante e deve ser debatido, considerando inclusive que 2018 foi apenas a segunda campanha eleitoral sem financiamento por empresas privadas, tendo a arrecadação ficado limitada a doações de pessoas físicas e aos recursos dos fundos partidário e eleitoral. O caso do Rio de Janeiro merece atenção. Wilson Witzel e eu arrecadamos a mesma quantia no primeiro turno, cerca de R$ 2 milhões. No caso dele, 90% dos recursos vieram dos fundos partidário e eleitoral. Ele contribuiu pessoalmente com apenas 8% do total. No meu caso, foram usados somente recursos de doações privadas, mas 75% saíram do meu próprio bolso.

Apesar de minha contribuição para minha própria campanha ter sido quase dez vezes maior que a de Witzel, meu sacrifício pessoal foi menor que o do governador eleito. Proporcionalmente, ele gastou bem mais de seu próprio dinheiro do que eu. Wilson Witzel declarou à Justiça Eleitoral ter um único imóvel, no valor de R$ 400 mil. Mas fez doações de R$ 230 mil para sua campanha. Portanto, doou mais que 50% de seu patrimônio – um recorde nacional de doação. Do meu lado, fui bem menos generoso. Aportei recursos correspondentes a apenas cerca de 2% do valor dos meus bens.

Não sei se é o caso, mas é possível que o apartamento de Witzel valha mais do que o declarado, o que pode acontecer, pois imóveis são declarados pelo seu preço de aquisição e podem se valorizar. De qualquer modo, por mais que seu apartamento tenha se valorizado, o montante da doação de Witzel para sua própria campanha chama a atenção. Eduardo Paes tentou explorar esse ponto no segundo turno. Witzel rebateu dizendo que os recursos que ele doou para a sua campanha tinham sido recebidos depois da informação de seu patrimônio à Justiça Eleitoral. Teriam vindo do escritório de advocacia de que se tornara sócio depois daquela declaração, cujas quotas também não constavam de sua relação de bens. Normalmente um candidato não tem tempo de trabalhar durante as eleições. Na entrevista à rádio CBN, contudo, Witzel declarou que estava tão ocupado prestando serviços de advocacia durante a campanha, que fora obrigado a recusar clientes. O futuro revelou apenas um desses clientes: seu próprio partido, o PSC, que lhe pagava honorários mensais desde que deixara a magistratura.

Considerando o valor dos bens de Witzel, não deixa de ser um comportamento incomum ele ter investido tudo o que recebeu na própria campanha. Ao que parece, ele estava confiante em que, no caso derrota, continuaria cheio de trabalho, ou ao menos trabalhando como advogado do PSC. Essa observação reflete a dificuldade de se controlar o gasto eleitoral e, principalmente, o abuso do poder econômico, só por meio do limite a doações. Para realmente resolver o problema seria preciso combinar os limites a doações com a alteração do sistema eleitoral para o voto distrital. Um candidato que precisa alcançar apenas os milhares de eleitores do seu distrito, no lugar dos milhões de eleitores de todo o estado, não precisa desembolsar tanto dinheiro.

Eduardo Paes não aprofundou seu ataque a Witzel. Ele arrecadara muito mais, quase R$ 8 milhões nos dois turnos – três vezes mais que o seu adversário no segundo turno. Quase tudo – 87% – vinha, como também ocorreu no caso de Witzel, dos recursos públicos do fundo eleitoral. No entanto, muito dinheiro pode ser pouco, dependendo de quanto se gaste. Eduardo Paes gastou mais de R$ 14 milhões na sua campanha, deixando uma dívida de mais de R$ 6 milhões. Witzel também não fez por menos. Seus gastos superaram sua arrecadação em mais de R$ 2 milhões.

Sempre achei curiosa essa possibilidade de gastos maiores que a receita, gerando a tal dívida de campanha. Como será saldada uma dívida de campanha? Com recursos do fundo partidário e, portanto, públicos, depois da eleição? Ou com recursos de doações privadas de campanha posteriores à eleição? É o dinheiro do contribuinte que vai financiar os excessos dos candidatos? Ou, ainda pior, as doações de pessoas às quais os candidatos, já eleitos, ficam devendo esse favor?

Não espanta mesmo que a maioria dos políticos não se incomode com o fato de o estado gastar mais do que arrecada. Afinal, eles também podem fazê-lo para serem eleitos. Eu tentava levantar esses pontos cada vez que ouvia perguntas sobre o meu patrimônio ou sobre o Novo ser um partido de ricos. O abuso do poder econômico nas eleições é uma questão séria demais para ser tratada com a profundidade de uma fofoca sobre o valor dos bens declarados pelos candidatos.

O abuso do poder pode acontecer até antes dos gastos de milhões de reais do dinheiro público. Os recursos de campanha declarados, que aparecem nos informes do Tribunal Superior Eleitoral, são apenas os que foram arrecadados depois do início da campanha oficial. Eu comecei minha jornada eleitoral tarde, só quatro meses antes das eleições. Quase todos os outros candidatos já estavam nas ruas e nas redes sociais havia meses, ou mesmo anos. Dificuldade adicional para um candidato completamente desconhecido, de um partido pouco conhecido. Só que, naquele momento, nenhum de nós estava tecnicamente em campanha. Ainda era o período da pré-campanha.

A diferença entre campanha e pré-campanha é mais um dos artificialismos das leis eleitorais brasileiras. Não há razão justificável para separar esses períodos. A alegação é que, reduzindo-se o tempo das campanhas, limita-se o seu custo. A realidade é o contrário. Apesar de o fundo eleitoral não ser usado durante as pré-campanhas, gasta-se muito dinheiro nesse período. E, como os partidos não são obrigados a prestar contas detalhadas, não existe transparência sobre esses gastos nem sobre como são financiados.

Doações no período da campanha oficial são isentas de imposto de transmissão, ao contrário das doações em geral. Em tese, a isenção deveria desestimular as doações na pré-campanha, aguardando-se a campanha para doar sem impostos. Mas o raciocínio só se aplica a dinheiro com origem declarada. A realidade pode ser outra e, pelo que vi nas ruas, desconfio que seja. O mais provável é que despesas de pré-campanha sejam contratadas e pagas diretamente pelos doadores, por indicação dos candidatos, evitando-se não só o imposto de transmissão, como também que esse relacionamento chegue ao conhecimento e controle da Justiça Eleitoral.

Pode ser pior. É possível que muitos gastos não sejam declarados mesmo após o início do período oficial de campanha, como a contratação de profissionais que se dedicam a investigar e maldizer os adversários, e o impulsionamento nas redes sociais ou em aplicativos para celulares, que não sejam formalmente iniciativa dos candidatos, mas façam propaganda ou contrapropaganda para eles. Todas essas possibilidades me foram oferecidas e recusadas. Tenho sinceras dúvidas que tais serviços não tenham sido prestados a outros candidatos e, se prestados, tenham sido declarados à Justiça Eleitoral.

Até os materiais impressos durante a campanha – santinhos, folhetos, adesivos –, que, em tese, são mais bem controlados por estamparem o lote a que pertencem, são de difícil fiscalização. É praticamente impossível à Justiça Eleitoral controlar a correspondência entre a quantidade de material declarada e a distribuída nas ruas. Basta que a gráfica se disponha a imprimir duas tiragens e declarar apenas uma, recebendo parte de sua remuneração como caixa dois, para que a punição seja quase impossível. O material não é numerado, tem apenas a referência da série de emissão. E, mesmo que viesse a ser, seria preciso encontrar dois folhetos com o mesmo número, em meio aos milhões lançados pelas ruas das cidades, para poder provar a fraude.

As leis eleitorais de financiamento de campanhas são apenas mais um exemplo de normas brasileiras feitas para preservar as aparências, mas com pouquíssima efetividade. Por isso, a meu ver, seria melhor que as doações fossem autorizadas ao longo do período entre as eleições, ficando isentas de imposto de transmissão caso a candidatura se materialize. Isso traria mais transparência sobre o financiamento das campanhas e incentivaria a formalização.

Para as eleições de 2018 a lei eleitoral previu o mais curto período de campanha de nossa história: 52 dias, de 16 de agosto a 6 de outubro, véspera da eleição. Essa medida nada teve a ver com contenção de gastos. Foi uma tentativa desesperada dos políticos com mandato e dos partidos com candidatos mais conhecidos de tirar proveito dessa vantagem, diante do risco de serem varridos do mapa na ressaca da Operação Lava-Jato. A estratégia fracassou e não impediu a temida renovação no Congresso Nacional e nas Assembleias Legislativas.

Durante toda a campanha ouvi críticas à posição do Partido Novo e à minha quanto aos fundos partidário e eleitoral, financiados com recursos públicos. Não sou contrário aos objetivos que esses instrumentos teoricamente buscam alcançar. Apenas constato que, na prática, o fundo partidário e o fundo eleitoral só servem aos caciques dos partidos. Estes dividem os recursos usando os métodos que mencionei. Portanto, o dinheiro público dos fundos não assegura o acesso de candidatos sem poder econômico e político aos canais de comunicação, nem combate o abuso do poder econômico.

Saio da experiência eleitoral ainda mais convencido de que a solução para a questão do financiamento de campanhas é a adoção do voto distrital. Com ele, teríamos custos de campanha mínimos e amplo acesso dos cidadãos à informação e à oportunidade de se candidatarem, provavelmente sem necessidade de financiamento público. Se for mantido o modelo atual, com a combinação de financiamento público e privado, será preciso criar dois tipos de limitação para coibir o abuso do poder econômico. As doações de pessoas físicas, inclusive as do próprio candidato, deveriam ser restritas a um valor baixo por pessoa, como no modelo francês. E os recursos públicos deveriam ser modestos e idênticos para todos os candidatos, por exemplo, R$ 20 mil. Esse seria um valor mínimo assegurado para cada candidato, que os dirigentes não poderiam transferir para o partido nem para outros candidatos, num modelo semelhante ao que existe em Portugal.

Além disso, esses recursos públicos somente poderiam ser solicitados por candidatos que não conseguissem captar recursos privados. Cada real captado privadamente seria usado, em primeiro lugar, para reembolsar o financiamento público. Apesar dos desafios de fiscalização dessa solução, ela faria despencar o custo das campanhas, aumentando exponencialmente a capacidade de qualquer cidadão candidatar-se. Considerando os 28.216 candidatos do pleito de 2018, a adoção desse modelo faria com que o valor do dispêndio público em todo o país fosse de, no máximo, R$ 565 milhões, no lugar dos R$ 1,716 bilhão do fundo eleitoral de 2018, ou dos R$ 2 bilhões aprovados para as eleições municipais de 2020.

Enquanto o voto distrital não vem, uma medida como essa, além de democratizar o acesso às candidaturas, reduziria o incentivo às mudanças oportunistas de partidos por congressistas em busca de recursos públicos para financiar suas futuras campanhas. Caso o horário gratuito de televisão também fosse abolido, ou ao menos dividido entre os candidatos de maneira mais paritária, chegaríamos a um modelo incomparavelmente melhor e mais democrático que o atual.

21. A melhor defesa é a defesa: os ataques da "mídia B"

Em uma de nossas caminhadas nas praias de Ipanema e do Leblon, cumprimentando eleitores e pedindo votos, não reparei que havíamos passado por Alessandro Molon, candidato a deputado federal pelo PSB, que nos observava de pé no canteiro central da avenida. Avisado por um assessor, voltei até onde ele estava. Dei-lhe um abraço apertado e pedi que minha equipe tirasse algumas fotos. Mais tarde, quando discutíamos as postagens do dia, sugeri publicar as imagens com Molon em nossas redes, com um breve texto sobre a necessidade de convivência democrática entre pessoas com visões políticas divergentes.

Quase apanhei da turma do Trindade Pistola. Disseram que eu não havia compreendido o nível de polarização da campanha. Eu tinha o poder de decisão e fraquejei. Aqui, como em outras situações, acabei me rendendo ao silêncio sobre questões cruciais para não afastar potenciais eleitores polarizados e supostamente conservar nossa tênue esperança de vitória. Arrependo-me, porque deixei de cumprir o papel correto, na defesa do que considero o melhor caminho para o meu estado e o meu país.

A publicação da minha foto com Molon também teria sido importante por causa do ataque lançado por um de meus adversários com base na minha amizade com ele. Um candidato a deputado ligado a Índio da Costa gravou um vídeo, publicou no Facebook e o fez circular em grupos de WhatsApp, "denunciando" minhas doações para as campanhas de Alessandro Molon a deputado federal em 2010, quando ele foi eleito pelo PT, e em 2014, quando elegeu-se pelo PSB. Não eram *fake news*, diga-se. Mas o ataque questionava se eu era realmente um liberal, já que havia contribuído financeiramente para duas campanhas de um candidato de esquerda. O assunto ganhou algum corpo na imprensa. A jornalista Berenice Seara repercutiu em sua coluna do jornal *Extra* e retomou o assunto na entrevista da rádio CBN.

O *Boletim da Liberdade*, um veículo liberal da internet que dava um bom espaço para as ideias e os candidatos do Novo também publicou a notícia, em 17 de setembro, com um título chamativo: "Candidato ao governo do Rio pelo Novo já doou dinheiro para candidato do PT." A matéria aproveitava para lembrar a participação de Duda La Rocque em minha assessoria, e de sua saída, e reclamava que eu não me "desculpara" pela indicação.[1] Eram os novos tempos polarizados.

Na época, publiquei uma nota dizendo que gostava muito de Molon, como de fato gosto – que ele fora meu aluno e agora era meu colega como professor na PUC-Rio. Dizia que na lista de seus doadores da campanha estávamos vários de seus ex-professores, todos liberais convictos, e que eu não exigia identidade ideológica das pessoas de bem a quem eu ajudava, fosse na política, fosse em qualquer outro campo.

Chamávamos de "mídia B" ou "rede B" os colaboradores das campanhas adversárias que se dedicavam a levantar os podres ou supostos pontos fracos dos outros candidatos para atacá-los. Essas equipes operam em campanhas em todo o planeta, o que não as torna menos deploráveis em termos éticos. Em alguns casos, a mídia B vai além da crítica anônima e também cumpre a tarefa de produzir *fake news* ou de distorcer fatos reais e espalhar suas invenções pelas redes. Ela é frequentemente financiada por doações não declaradas, para evitar rastros e aumentar de maneira ilegal a arrecadação da campanha.

Descartei imediatamente a hipótese de termos uma equipe de mídia B, quando alguém a mencionou no começo da campanha. Não foi por ingenuidade. Sabia que outros candidatos iam usar o instrumento, mas achava que buscar a renovação significava ser diferente também nesse ponto. O fato de que a mídia B seria usada contra mim – e, pior, financiada com dinheiro dos contribuintes oriundo do fundo eleitoral – não mudava minha opinião. Era preciso marcar a nossa posição, inclusive para o nosso time de campanha.

Também não acreditava ser possível controlar uma equipe de mídia B, uma vez que ela começasse a trabalhar: das críticas para as *fake news* seria um pulo. É inviável conter profissionais cuja única missão é destruir. Há um grande espectro de cores e tonalidades entre uma informação 100% confirmada e uma informação completamente falsa. E, mesmo que quisessem, os encarregados de destruir reputações não seriam capazes de fazer a verificação necessária. Era alta a probabilidade de passarem do ataque à reputação baseado em fatos ao claro e induvidoso crime eleitoral.[2]

Surgiu então a ideia de levantar informações contra os adversários mas não usar, deixando o material pronto para o caso de ser preciso contra-atacar. Apesar da tentação de enfrentar uma guerra com armas iguais às dos inimigos, mantive minha posição. Hoje me orgulho de não termos sequer tentado obter qualquer informação para denegrir adversários. Ataquei meus opositores, especialmente Eduardo Paes, mas os ataques foram fundamentados em notícias públicas, divulgadas por veículos respeitados.

Outro ataque que recebi da mídia B dos adversários veio logo no começo da campanha. Fazia referência ao fato de eu ter sido nomeado presidente da CVM no governo Lula, e por Antonio Palocci, que fora preso. Esse era um questionamento previsível e até legítimo que também apareceu na grande imprensa. *O Globo* levantou o tema na entrevista publicada em 21 de setembro. Perguntaram como ter presidido a CVM no governo Lula, indicado por Palocci, poderia combinar com o discurso do Novo. Minha resposta era sempre a mesma quando o assunto surgia. Eu não conhecia Palocci quando fui convidado e entrevistado por seus assessores e, depois, por ele. Tinha sido diretor da Comissão no governo de Fernando Henrique Cardoso e era um técnico numa posição técnica.

Na resposta a *O Globo*, disse também que não via contradição, porque o Novo propunha um estado que se concentrasse nas suas verdadeiras missões – educação, saúde e segurança – e que concedesse as demais atividades à iniciativa privada, para que esta atuasse sob supervisão estatal. Para isso, continuei, era preciso regulação adequada. Nosso programa defendia a reorganização das agências supervisoras dos serviços públicos concedidos à iniciativa privada. Estas, como a CVM, deveriam ter cinco diretores com mandatos alternados. Cada ano só um diretor deveria ser substituído. Desse jeito, eu dizia, a cultura da casa prevaleceria sobre a dos governos.

A qualidade e a independência da equipe que Palocci nomeou, toda profissional e sem vínculos com o PT, foi uma das razões pelas quais aceitara o convite para presidir a Comissão. A outra foi a garantia que o ministro me deu, e cumpriu, de que a independência da CVM seria respeitada e sua arrecadação de taxas destinada integralmente ao custeio de suas atividades. O time que Palocci reunira era admirável. A diretoria do Banco Central, com Afonso Beviláqua, Alexandre Schwartsman, Beny Parnes e Eduardo Loio, além de experientes funcionários de carreira do banco, era presidida por Henrique Meirelles – que havia sido eleito deputado federal pelo PSDB quando aceitou o convite. A Secretaria de Política Econômica cabia a Marcos Lisboa, e a Secretaria do Tesouro Nacional, a Joaquim Levy.

O único dos técnicos da equipe de Palocci de quem eu não tinha referências prévias era Bernard Appy, secretário executivo do ministério, uma espécie de vice-ministro. Encontrei em Appy, com quem interagia por causa de questões orçamentárias e institucionais da Comissão, um técnico que encaminhava as discussões e tomava suas decisões de maneira explicitamente fundamentada. Passei a admirá-lo intensamente. Ele se tornou um dos maiores especialistas na questão tributária brasileira, e publicamos juntos, muitos anos depois, um artigo em O Estado de S. Paulo sobre o financiamento das agências reguladoras.[3]

Eu tinha visto Pedro Malan trabalhar como ministro da Fazenda, com sua inigualável capacidade de encontrar a convergência onde ela fosse possível e rapidamente determinar o rumo a seguir. Tinha visto Arminio Fraga conduzir o Banco Central com uma notável capacidade de superar resistências às medidas corretas, sendo firme, mas sem se indispor com os oponentes, cientes de que ele agia motivado pelo interesse público. Tinha presenciado Amaury Bier exercer com firmeza e profissionalismo as funções que agora eram de Bernard Appy. Ainda assim, confesso que fiquei impressionado com o desempenho de Palocci e sua equipe nos quase dois anos em que testemunhei seu trabalho à frente do ministério. Tomei posse em maio de 2004, e ele saiu em março de

2006, em consequência das denúncias de um caseiro em Brasília, Francenildo Costa, que disse ter visto o ministro frequentar uma casa alugada por ex-assessores quando fora prefeito de Ribeirão Preto, na qual teriam sido realizadas festas e reuniões para tratar de atos ilícitos.

Embora não tivesse formação econômica ou jurídica, Palocci inteirava-se rapidamente de todos os temas discutidos nas reuniões do Conselho Monetário Nacional, que ele presidia, e das quais eu participava como presidente da CVM. Era capaz de tomar conhecimento de um assunto pela primeira vez durante a reunião e, ainda assim, fazer as perguntas corretas. Em seguida, na entrevista coletiva à imprensa, ele explicava com precisão a decisão técnica tomada antes de passar a palavra ao responsável pelo assunto para detalhar – o que me cabia quando o tema provinha da Comissão.

O sucessor de Palocci, Guido Mantega, responsável pelo ministério até que eu deixasse a CVM, cerca de um ano depois, era exatamente o oposto, embora fosse economista. Tinha preconceitos em relação ao mercado de capitais que diminuíam sua capacidade de participar mais profundamente das discussões e o impediam, muitas vezes, de tomar a decisão adequada.

A CVM fica sediada no Rio de Janeiro, tem um escritório de porte em São Paulo e apenas um pequeno escritório de representação institucional em Brasília. Eu dizia que essa era uma das razões pelas quais nunca se vira o nome da Comissão envolvido em acusações de má conduta, em nenhum governo. A distância do poder trazia um duplo benefício: os dirigentes da CVM não se preocupavam com os políticos, e os políticos não se lembravam da existência dela.

Mas é claro que tudo isso era informação demais para responder à acusação de ser um petista disfarçado. Eu me limitava a dizer que havia trabalhado em um governo do PSDB e em um do PT, como muitos outros quadros técnicos, e que isso não me desqualificava como representante liberal.

Nos preparamos para outros ataques da mídia B dos adversários. Meus assessores me fizeram uma série de perguntas que consideravam difíceis, treinando-me para a eventualidade de ter que respondê-las. Por um momento, me senti como se estivesse sendo investigado por um detetive num processo judicial, tal como num filme de suspense. Episódios de violência, prisões, amantes, alguma coisa no passado que pudesse me atingir? Diante da negativa, questões mais sofisticadas: usou a repatriação de recursos não declarados no exterior, advoga contra o estado ou tem algum crédito ou interesse que o envolva? As respostas negativas geraram alívio em todos. Mas em um ponto estávamos certos de que, se eu chegasse aos debates ou crescesse nas pesquisas, os ataques viriam: o tamanho de meu patrimônio, construído, na maior parte, ao longo dos dez anos posteriores à minha saída da CVM.

Imaginávamos que a acusação não seria de enriquecimento ilícito. A renda e o patrimônio haviam sido declarados ano a ano. Eu tinha uma longa carreira como advogado que atingira o ápice entre os meus 40 e 50 anos de idade, como era usual. Nossa expectativa era de que os ataques viriam principalmente dos candidatos de esquerda, em especial se percebessem o risco de perderem eleitores de centro-esquerda para nossa candidatura. Provavelmente levantariam um suposto conflito de interesses, pelo fato de um profissional da iniciativa privada entrar e sair do governo. Era um discurso comum, que insinuava que os profissionais que exercem funções públicas obtêm informações ou conhecimento que usam quando voltam ao mercado.

Havia duas formas de discutir essa questão. Uma, aprofundada, que eu preferia, mas para a qual dificilmente haveria espaço. O tema era importante, e eu o conhecia bem. Nos Estados Unidos era bastante discutido sob o rótulo de *revolving doors*, em referência às portas rotatórias de prédios. É inegável que ocupar um cargo público traz vantagens competitivas no mercado de trabalho depois que o profissional volta à iniciativa privada. Isso ocorre tanto no caso do servidor concursado que resolve deixar a função como no do ocupante de um cargo de confiança, ou eletivo. O conhecimento adquirido durante a prestação do serviço público, seja o estritamente técnico, seja o de como funciona a máquina do Estado, se acrescenta ao patrimônio intelectual do profissional e tem valor. Além disso, se o desempenho do servidor é adequado, e ele é percebido como competente e honesto, essa percepção se incorpora à sua reputação e terá seu valor reconhecido pelo mercado, caso ele deixe a atividade pública.

Isso acontece com o médico que adquire experiência no serviço público e também exerce a medicina privada. Com o advogado que é professor numa universidade federal ou estadual e se beneficia do conhecimento e da reputação perante seus alunos e seus pares. Com o engenheiro que conhece o funcionamento das instalações públicas. E com qualquer profissional que exerça a função supervisora de certa atividade – como diretor de bancos centrais e de agências reguladoras. A verdadeira questão é se interessa ao estado atrair profissionais da iniciativa privada para atuar no governo em cargos técnicos por um período determinado. E se esse interesse compensa o investimento na capacitação daquele profissional, dada a probabilidade de que ele deixe mais rapidamente o serviço público do que um servidor estatutário.

Acredito na resposta afirmativa a essa questão. Em muitas funções de governo – ministérios, secretarias de ministérios e seus equivalentes nos estados e municípios –, assim como em cargos na regulação de atividades concedidas à iniciativa privada, a presença de profissionais saídos do mercado é útil para que o serviço público não perca conexão com a realidade e corra o risco de ficar defasado, ou de ser ludibriado por desconhecimento do funcionamento do setor privado.[4]

É claro que os mecanismos de controle e os incentivos às boas práticas nem sempre funcionam e desvios ocorrem. Mas minha percepção é de que o risco de desvios não é maior se o agente público vem da iniciativa privada. Nos escândalos recentes no Brasil há de tudo – servidores de carreira e ocupantes temporários de cargos de confiança. Tudo indica que o sentimento generalizado de impunidade teve muito mais influência na evolução dos casos de corrupção do que a origem do servidor.

Essa longa reflexão não caberia em um debate na campanha eleitoral. Portanto, preparamos uma resposta curta. "Contribuí para o serviço público por cinco anos de minha vida profissional e saí com a reputação de quem fez um bom trabalho. Toda a minha renda e o meu patrimônio foram declarados ao longo dos últimos 32 anos e provêm de origens comprováveis durante décadas de exercício profissional bem-sucedido." E, dependendo de quem estivesse me atacando, eu acrescentaria: "Acusar-me de ser rico porque trabalhei muito é típico de quem ficou rico sendo apenas político; ou de quem é contra ganhar dinheiro trabalhando." Ao final, não alcancei relevância eleitoral suficiente para ter que me defender desse tipo de ataque. Só tive mesmo que lidar com a desconfiança e o preconceito que o meu patrimônio gerava na mente dos meus entrevistadores.

22. A facada, a reta final e a certeza da derrota

João Amoêdo era a estrela do Novo e suas redes sociais cresciam de maneira impressionante durante a campanha. Para os demais candidatos do partido, mas, particularmente para mim, que tinha começado atrasado, era essencial ser identificado com a candidatura do João e capturar o máximo daquele crescimento. Havia dois caminhos para isso: participar de eventos em que ele estivesse presente e compartilhar suas redes sociais, a fim de tentar atrair uma parcela dos seus milhões de seguidores. Sim, eu disse milhões. João aumentou exponencialmente o número de seus seguidores durante a pré-campanha e a campanha. Mas não é fácil compartilhar redes sociais, muito menos em uma campanha eleitoral. Praticamente todas as pessoas com quem eu conversava sobre a eleição me exigiam maior interação de minhas redes com as do

João. Até Carmen Migueles, minha candidata a vice-governadora, me enviou mensagens por escrito cobrando-me uma postura mais agressiva sobre a questão.

Os motivos para as dificuldades eram complexos. Havia uma natural preocupação da equipe responsável pelas redes sociais de João Amoêdo de mantê-las sob seu controle, evitando danos à imagem tão arduamente construída por ele. Também não fazia sentido poluir as redes de João, empenhado em uma campanha nacional, com um excesso de informações sobre eleições nos estados. Aprendi na campanha que há doses ideais e horários favoráveis para postar informações. O excesso pode levar à perda de relevância, medida pelo nível do engajamento.

Apesar de não ser razoável nem viável invadir as redes sociais de João Amoêdo, poderíamos nos beneficiar delas realizando eventos com ele, fosse nas próprias redes – como a transmissão ao vivo que fizemos juntos em 2 de outubro –, fosse fora delas. Ao anunciar em suas redes que participaria de um evento comigo, João não apenas atraía seu público para os locais onde eu estaria, como estimulava seus seguidores a visitar as minhas redes.

Essa maior conexão entre nossas campanhas demorou a acontecer. Depois de uma grande caminhada que realizamos em 2 de setembro, um domingo, só voltamos a nos reunir em eventos públicos a partir do dia 23 daquele mês. Era a fase mais importante, a reta final, e mesmo assim estivemos muito distantes de João. Talvez tenhamos perdido uma oportunidade ali. A caminhada fora o maior evento até então tanto da campanha dele como da minha no Rio de Janeiro. Bernadinho também estivera presente. Éramos de 2 a 3 mil pessoas nas praias do Leblon e de Ipanema, em uma contagem honesta, baseada em fotos tiradas de um drone – fotos que, aliás, mandamos, indignados, para certos jornais que falaram em 500 pessoas.

Caminhamos os três juntos quase todo o tempo, à frente da multidão. A presença de João atraía muitos apoiadores. Todos queriam falar com ele e posar para uma *selfie*. Bernardinho também fazia sucesso, e eu me aproveitava da popularidade dos dois para tentar incrementar a minha. Antes de dispersarmos, João e eu fizemos um pequeno discurso. Convocamos os apoiadores para um esforço final até as eleições, uma arrancada, para formarmos a onda laranja que mudaria o Rio – e dessa vez não errei a cor da onda.

Durante essa caminhada encontrei Wilson Witzel. Foi a primeira vez que estivemos juntos. Fui ao seu encontro para cumprimentá-lo. Ele vinha no contrafluxo acompanhado de uns poucos cabos eleitorais, enquanto nós éramos uma multidão de laranja. Acho graça quando lembro que estava diante do futuro governador e fiquei constrangido pelo pequeno número de apoiadores que o acompanhavam naquela manhã. Voltamos a nos encontrar poucas vezes depois, em debates. Cruzamos também na TV Globo, no Jardim Botânico, quando eu estava saindo e ele chegando para a gravação dos míseros 2 minutos do *RJTV* a que ambos teríamos direito, em contraposição aos 20 minutos ao vivo dos líderes das pesquisas. Ele me perguntou se a entrevista tinha sido agressiva como a que a Globo fizera com os outros candidatos. Respondi que não havia nem dado tempo para isso.

Witzel, como aconteceu em todas as oportunidades em que conversei com ele ou participamos de debates, demonstrou extrema confiança. Disse não se importar com o pouco tempo. Para nós, que estamos acostumados a ganhar um caso no Supremo Tribunal em 15 minutos, ele vaticinou, não era um problema. Depois desse diálogo, comentei com Aziz, meu assessor de imprensa: em mais de 30 anos de advocacia eu havia sustentado oralmente uns dez casos no Supremo, no máximo. Como Witzel poderia ter sustentado e ganhado um caso por lá se acabara de se aposentar da magistratura e mal começara a advogar? "Uai, pior é comparar 15 minutos com 2", disse o Aziz, com seu inconfundível sotaque mineiro.

A enorme confiança de Wilson Witzel, como se tivesse certeza de que seria eleito contra todas as evidências, me confundia. Será que ele tinha alguma carta na manga? Flávio Bolsonaro tinha sido deputado estadual pelo PSC, o partido de Witzel, desde sempre comandado pelo Pastor Everaldo, agora candidato a senador, como Flávio. Será que o apoio de Bolsonaro a Witzel já estava combinado, mas só viria no final, porque Bolsonaro não queria perder votos dos eleitores dos outros candidatos? Teria Garotinho, cuja candidatura era notoriamente inviável, prometido transferir-lhe a montanha de votos que em geral obtinha? Ou seria apenas uma característica pessoal de Witzel? Hoje, após o rompimento com Witzel, a família Bolsonaro confirmou que o apoio foi pedido, existiu e foi intenso. Mas é possível que aquela postura confiante tenha de fato colaborado para sua vitória. Atrapalhar não atrapalhou.

Infelizmente, apesar do sucesso da caminhada no começo do mês, só 20 dias depois voltei a me encontrar com João Amoêdo em um evento de campanha. As equipes conseguiram finalmente se entender e passaram a organizar os eventos em conjunto, ou ao menos com prévia adaptação de minha agenda à dele. Ele estava em campanha em todo o Brasil e tinha mais compromissos do que eu, inclusive com a imprensa, onde aparecia bastante. Estivemos juntos no dia 23, na Lagoa Rodrigo de Freitas; no dia 24, num evento para milhares de pessoas que organizamos no Clube Monte Líbano; em 30 de setembro, na praia do Flamengo; em 2 de outubro, quando fizemos a transmissão ao vivo no Facebook; em 4 de outubro, em Niterói; e em 6 de outubro, véspera da eleição, no último evento de campanha de ambos, em Bonsucesso. Para não falar da companhia sempre constante da família do João – a sua ativíssima mãe, sua mulher e suas filhas – em muitos dos meus atos de campanha, inclusive no dia 3 de outubro, na Tijuca, quando foram exclusivamente para me agradecer pelo empenho.

Talvez a dificuldade de conectar minha campanha à de João Amoêdo tenha decorrido em parte da reviravolta que a sua própria campanha sofreu a partir de 6 de setembro. Naquela quinta-feira, a um mês das eleições, eu estava em Volta Redonda para um dia em corpo a corpo e encontros. Quando saí de uma palestra para empresários locais, meu assessor Pedro Veiga me contou que Jair Bolsonaro sofrera um atentado em Juiz de Fora havia cerca de uma hora. Qualquer que fosse o desenrolar dos fatos, o impacto no cenário eleitoral seria avassalador.

Gravei um vídeo em solidariedade a Bolsonaro antes de retornar para o Rio – firme do ponto de vista institucional, mas menos dramático do que queriam meus assessores do Trindade Pistola. Sob chuva, à frente do chafariz da Praça Brasil, declarei que era um ataque à democracia e desejava pronta recuperação a Bolsonaro. Na volta ao Rio, no carro, tentamos obter informações confiáveis sobre o seu estado de saúde e avaliar as repercussões do atentado. Recebíamos mensagens desencontradas. Um áudio de Flávio Bolsonaro, tranquilizando a todos e dizendo que o ferimento fora superficial, foi contrariado em seguida por informações sobre a gravidade do quadro. Até chegarmos ao Rio tinha ficado claro que a situação era preocupante e que ele corria risco de morte.

Conforme ia se confirmando a seriedade do caso, uma onda de comoção e revolta foi se formando na internet. Ele sobreviveria, mas ficaria um bom tempo afastado da campanha. Uma vez recuperado, teria a vantagem de bater sem apanhar. Seria poupado dos debates – nos quais sua dificuldade com temas mais complexos provavelmente teria sido explorada pelos adversários, sem que ele pudesse recorrer ao seu Posto Ipiranga – e não poderia ser acusado de estar fugindo da briga. E Bolsonaro ainda poderia incitar a polarização, culpando a esquerda pelo ataque: o criminoso, afinal, era um antigo filiado ao PSOL.

Na tarde do dia 13 de setembro, quinta-feira seguinte, em uma reunião de nossa equipe, tanto a turma do Trindade Pistola quanto a dos demais assessores reconheceram que a onda bolsonarista havia mudado de proporção. Na internet e em nosso corpo a corpo o assunto tornou-se dominante, ampliando muitíssimo a força da candidatura do capitão. A única chance de nos tornarmos relevantes na campanha – disseram praticamente todos – seria fazendo um movimento pró-Bolsonaro. As questões locais haviam perdido importância diante do atentado, e o PSL seguia sem candidato formal no Rio de Janeiro. Diante desse tsunami – continuaram –, seria impossível para João Amoêdo ir ao segundo turno. Pior. Após o atentado, as redes de Bolsonaro passaram a atacar fortemente a candidatura de Amoêdo, tratando-a como um impeditivo à sonhada vitória no primeiro turno. Você precisa dos votos de Bolsonaro – concluíram – e se você não ocupar o espaço alguém o fará.

Meus assessores não sabiam, e nunca souberam, que tão logo minha candidatura fora anunciada eu recebera um telefonema de Paulo Marinho, suplente na candidatura ao Senado de Flávio Bolsonaro. Eu advogara para o Paulo em uma arbitragem. Ele é agradável, engraçado, sedutor e muito educado. Com toda a habilidade me disse que Bolsonaro não tinha candidato no Rio e que ele gostaria de promover uma aproximação. Eu agradeci, disse que votos eram sempre bem-vindos, mas que o Partido Novo tinha candidato à Presidência e eu também.

Dormi sobre o assunto apenas em atenção ao pedido de minha equipe. Não queria parecer emocional. Mas não havia qualquer possibilidade de fazer um movimento, mesmo que discreto, na direção do capitão. Tampouco adotaria a dúbia opção de sugerir o voto em qualquer um dos dois – João Amoêdo ou Bolsonaro – como se chegou a propor.

Em primeiro lugar, eu realmente achava que João era muito melhor candidato do que Bolsonaro. Portanto, fazer o movimento que muitos me pediam significava sustentar, para os meus eleitores, que deveriam votar em um candidato pior só para que eu pudesse me beneficiar dos votos dos apoiadores desse candidato. Minha posição podia parecer ingênua, mas eu não estava preparado para pedir às pessoas que votassem em algo em que eu não acreditava. A segunda razão pela qual eu não poderia acolher o pedido era a minha profunda convicção de que o partido era mais importante do que eu. E o Novo tinha candidato à Presidência da República. A construção de um partido político leva tempo e exige que as pessoas compreendam a sua identidade. Se, na primeira oportunidade, seus candidatos aderem a outra candidatura que diverge fundamentalmente dos ideais do partido, coloca-se em jogo a própria existência desse partido. E correndo o risco de transformá-lo em linha auxiliar de outra agremiação.

Meus assessores mais à esquerda vibraram e invocaram um terceiro argumento: é impossível votar em Bolsonaro. Perguntei de volta: mesmo contra o PT? Estabeleceu-se o caos entre os membros do meu adorável círculo de seguidores fiéis. Deixei-os entretidos na disputa entre o bem e o mal e segui adiante, certo de que tinha tomado a decisão correta. O tempo demonstrou que eu era mais fiel ao Partido Novo do que alguns dos seus militantes mais antigos. Diversos migraram para a candidatura de Jair Bolsonaro na sequência do atentado – o que incluiu alguns candidatos. Eu não tinha dúvida de que a motivação era eleitoreira. Caso João Amoêdo estivesse entre os líderes nas pesquisas, esses candidatos não teriam abandonado o barco ou colocado um pé em cada canoa, como fizeram alguns.

É verdade que, para além da motivação eleitoral, havia um sentimento reacionário entre alguns militantes e candidatos do Novo. Estes, na verdade, não queriam que o Novo fosse um partido liberal, mas sim um partido conservador, alinhado à visão que tinham do conservadorismo. E, para esses candidatos, diga-se, eu certamente não era um representante adequado. Essa turma citava Friedrich Hayek a torto e a direito, mas pelo visto não o tinha lido. Ele escreveu: "Embora elemento necessário em toda sociedade estável, o conservadorismo não constitui, contudo, um programa social. Em suas tendências paternalistas, nacionalistas, de adoração ao poder, ele com frequência se revela mais próximo do socialismo que do verdadeiro liberalismo; e, com suas propensões tradicionalistas, anti-intelectuais e frequentemente místicas, ele nunca, a não ser em curtos períodos de desilusão, desperta simpatia nos jovens nem em todos os demais que julgam desejáveis algumas mudanças para que este mundo se torne melhor. Por sua própria natureza, um movimento conservador tende a defender os privilégios já instituídos e a apoiar-se no poder governamental para protegê-los. A essência da posição liberal, pelo contrário, está na negação de todo privilégio, se este é entendido em seu sentido próprio e original, de direitos que o Estado concede e garante a alguns e que não são acessíveis em iguais condições a outros."[1]

Depois das eleições, alguns desses militantes e candidatos criaram um movimento – Margaret 30, em homenagem a Margaret Thatcher, símbolo do Partido Conservador britânico e que se tornou uma importantíssima primeira-ministra do Reino Unido. Postulavam uma maior democratização nas relações intrapartidárias e pretendiam que a legenda fosse "a favor do liberalismo aliado ao conservadorismo", como se isso não fosse uma insuperável contradição. Meses depois, diante da falta de repercussão do movimento, muitos de seus integrantes deixaram o Partido Novo. Entre eles Mateus Bandeira, um excelente quadro técnico que fora presidente de uma reputada empresa de consultoria e candidato do partido ao governo do Rio Grande do Sul.

Convivi durante a campanha com pelo menos dois candidatos que se consideravam mais conservadores do que o partido, e certamente muito mais do que eu. Conforme chegávamos mais perto da data das eleições, fui percebendo uma mudança neles e nos vídeos que postavam nas redes sociais. O laranja deu lugar ao verde e amarelo de uma bandeira estendida sobre uma mesa ou pendurada na parede, e os discursos ficaram mais agressivos.

Quando João Amoêdo participou de uma sabatina na *Veja*, em 19 de setembro, e declarou que teria muita dificuldade de apoiar Fernando Haddad ou Jair Bolsonaro, caso ambos chegassem ao segundo turno, a coisa esquentou. Os argumentos de João eram perfeitos. Não apoiaria o PT depois de tudo o que este fizera – por causa do mensalão, do petrolão, por ter levado o Brasil a uma enorme recessão e por ter as ideias erradas para tirá-lo dela. Quanto a Bolsonaro, João não usou meias palavras. Era uma pessoa que estava há 29 anos no Congresso e de quem não conseguia se lembrar de nenhuma realização, exceto ter brigado com a deputada Maria do Rosário e o deputado Jean Wyllys e ter homenageado um torturador (João referia-se ao voto de Bolsonaro no processo de *impeachment* de Dilma, quando prestou homenagem ao coronel Brilhante Ustra, que dirigira o DOI-Codi, departamento do II Exército em São Paulo que liderava a tortura de presos no período mais agudo da ditadura militar).

No mesmo dia dessa declaração, me encontrei com um daqueles dois candidatos mais conservadores. Ele estava arrasado. Dizia que a declaração de João havia destruído qualquer chance de eleição para ele porque, até aquele momento, ele estava contando com os votos dos eleitores de Bolsonaro para se eleger deputado estadual. Lamentou ainda que o movimento do João contrariasse a visão majoritária do partido. Discordei. Disse que minha posição era a mesma do João e que, a meu ver, o partido deveria diferenciar-se do PSL de Bolsonaro exatamente por ser um partido liberal. Esse candidato deixaria o Partido Novo no começo de 2019.

Os outros candidatos a governador obviamente receberam as mesmas informações sobre a formação do tsunami bolsonarista. Na tarde da quarta-feira 19 de setembro, enquanto eu dava uma entrevista na rádio BandNews FM, tanto Witzel quanto Índio, no debate vespertino do SBT, declararam voto em Bolsonaro. Estava aberta a temporada das adesões, em busca da eleição a qualquer preço.

Naquele mesmo 19 de setembro, o Ibope havia divulgado uma pesquisa na qual eu aparecera com 1%, enquanto Witzel e Tiburi tinham 2%. Poderiam ter sido meras variações dentro da margem de erro, já que a coleta de dados se dera antes do debate no SBT. Mas também era possível que o discurso bolsonarista de Witzel já estivesse surtindo efeito, visto que era a primeira vez que ele aparecia à minha frente, ainda que na margem de erro, desde a segunda pesquisa do Paraná, divulgada em agosto depois do debate da Band.

As pesquisas posteriores ao debate do SBT eliminaram qualquer dúvida. Em 25 de setembro Witzel já subira para 4% no Ibope e Índio aparecia com 6%. Tiburi alcançara 3%, beneficiando-se da polarização nacional que se transferia para a campanha estadual. Eu tinha 2% e ficava para trás. O Datafolha de 28 de setembro confirmava as variações de Witzel para 4% e de Índio, que apareceu com 8%. Tarcísio Motta, do PSOL, também beneficiado pelo reflexo da polarização nacional no debate local, atingira 6% e Tiburi ficara em 3%. Eu estacionara em 1%. Estávamos a nove dias da eleição, e ela estava perdida para mim.

Os membros da equipe tiveram diferentes reações à constatação da derrota. O assessor de imprensa propôs reduzir ao mínimo o time de jornalistas e fotógrafos. Já a turma da internet insistia em gastar todo o orçamento para impulsionarmos até o fim e garantirmos uma derrota honrosa. Mantive o time da imprensa – tínhamos sofrido algumas baixas ao longo do caminho e bastava não repor quem tivesse saído. Devíamos afundar juntos. Mas na internet a decisão era mais difícil. Em termos de desempenho, provavelmente não faria diferença manter o orçamento. Aqueles eleitores entre 1% e 2% que nos acompanhavam desde a primeira pesquisa não iam deixar de votar em mim. E o modelo de remuneração da equipe de marketing nas redes tinha o mesmo defeito da estrutura das agências de propaganda: o pagamento incluía um percentual do gasto com a veiculação. É verdade que eu havia condicionado uma parcela da remuneração à minha ida para o segundo turno. Mas, àquela altura, isso não era relevante. Decidi continuar com os desembolsos combinados. Não podia correr o risco de perder aquele 1% que poderia ajudar a eleger um deputado a mais, a depender de quantos votos eu conseguisse cabalar para os candidatos proporcionais.

Passei a focar meus discursos, postagens e conversas quase que exclusivamente na importância de votar nos deputados do partido, para que a semente da mudança fosse plantada e pudéssemos fiscalizar os governantes eleitos. Tudo indicava que boa parte dos meus eleitores concordava com a tese de que era preciso votar em Bolsonaro para evitar o risco do PT, e em Witzel para evitar os riscos Eduardo Paes e Romário.

Não assisti ao debate da Record entre os candidatos ao governo do Rio na noite de 28 de setembro. Cumpri o compromisso de comparecer a uma reunião noturna em Campo Grande – chovia e não havia mais de 20 pessoas presentes. Em seguida, resolvi ir para Angra dos Reis, onde um amigo comemorava 50 anos, e passei a noite por lá com minha mulher. Foi uma sensação estranha estar em uma festa em meio a centenas de pessoas das minhas relações, algumas inclusive doadoras para minha campanha, e saber que muitas não votariam em mim dias depois. O sentimento era a antítese daquele que eu experimentara naquela primeira manhã ensolarada na praia do Leblon, no dia 24 de junho, quando tudo de repente pareceu fazer sentido e ser possível.

Acordei em Angra no sábado, 29 de setembro, dia do meu aniversário de 54 anos, e só depois assisti à gravação do debate da

Record. A eleição nacional havia dominado as discussões. Voltei ao Rio a tempo de almoçar com nossos filhos, o que não fazia desde o começo da campanha. Disse à família que trabalharia na última semana como se estivesse brigando para ir ao segundo turno. Eram meus últimos dias de corpo a corpo e eu não ia perder o pouco que me restava do que me dava mais prazer.

No dia da eleição, fui cedo votar. Minha Seção Eleitoral fica desde sempre na escola pública localizada na Fonte da Saudade, entre o Humaitá e a Lagoa Rodrigo de Freitas, e faz parte da 211ª Zona Eleitoral, onde tive 5,41% dos votos válidos. Me esperavam Aziz e o Pedro Pirim, um dos responsáveis pelas redes sociais. Tiraram umas fotos e gravaram um depoimento para postarmos. Fui para a fila, e eles comigo. Ninguém me reconheceu. Fotografaram meio de longe o momento que seria histórico se eu estivesse brigando pela vitória. Na saída, enfim, um eleitor me prometeu um voto, mas não pediu uma *selfie*.

Estava melancólico. Voto no bairro em que passei boa parte de minha infância, toda a adolescência e o começo da vida adulta. Fui de bicicleta, como faço em todas as eleições, e, em seguida, como sempre, fui pedalando até a rua onde cresci, a Resedá. É uma pequena rua sem saída, em que viviam também minha avó paterna, sua filha e minha única tia, e a irmã caçula de minha avó, que era minha madrinha. Praticamente um feudo. A cada eleição, vou ali buscar as memórias dos amigos brincando na rua deserta, das primeiras paixões e de uma liberdade cada vez mais rara em minha cidade.

A rua era e ainda é repleta de pequenos prédios onde, na minha infância, morava gente descolada e famosa, como Marília Pêra, Zezé Motta e Marco Nanini. Mais tarde Fernando Gabeira também morou ali, no último prédio da rua. Eu morava num dos poucos prédios mais altos. Número 30, como o número do Partido Novo e o meu número na urna – coisa de que só me dei conta ali, quando fazia a volta montado na bicicleta. Um casal me chamou de um automóvel estacionado em frente ao meu prédio. Eram ex-alunos. Estavam saindo para votar em mim. Perguntei se moravam ali. Sim, aqui, no 30. Eu morei aí. Em que apartamento? 201. Puxa, é o nosso. Sorriram, elogiaram a campanha, me deram força. Foram carinhosos mesmo diante da derrota já tão notória antes mesmo de consumada.

Saí pedalando, meio emocionado e confuso, pensando sobre o que aquela coincidência poderia significar. Talvez uma mensagem de consolo de meus pais, de minha avó, de minhas tias e tios, reunidos no céu e penalizados com a situação. No meio daquela procura pelo sinal sobrenatural, me veio fulminante a crônica do Otto Lara Resende. "Tudo é coincidência, desde a criação do mundo, qualquer que seja a sua teoria ou crença. A vida é isto: incidências simultâneas que obedecem a uma ordem. Também a morte. Chame essa ordem de primeiro motor, ou providência. Ou Deus. Já não há mistério nem enigma."[2] Otto, símbolo de inteligência e intelecto, pai de meu sócio e mentor, avô de meu afilhado que tem o seu nome e a mesma capacidade de reunir gente à sua volta para admirar sua inteligência e seu talento. O Otto é que veio me responder. E parecia que eu o via falar. Não quer dizer nada. Não haverá um milagre. As urnas revelarão o que está escrito, dizia ele.

Voltei para casa com o vento na cara, pelo caminho mais longo, passando pela Curva do Calombo – aqui morreu o Zequinha Estelita, meu pai diria –, bandeira do Botafogo à direita e agora também placas lembrando a violência do Rio. Aproveitei a paisagem, o momento e o sabor de quatro meses de histórias e emoções prestes a virar passado.

23. Perder ganhando

É possível ganhar uma eleição mesmo perdendo. Levado por Arminio Fraga, ouvi a lição de Paulo Hartung, então governador do Espírito Santo, em julho de 2018, pouco mais de um mês depois do anúncio de minha candidatura ao governo do Rio e a menos de três meses das eleições. Ela continha a mensagem de realismo que o político vitorioso se dispunha gentilmente a transmitir ao novato. A vitória, se não impossível, era absolutamente improvável. Mas a caminhada poderia ser bem aproveitada e ter impacto, se a mensagem fosse transmitida com franqueza, simplicidade e esperança. Três vezes governador do estado, eleito sempre em primeiro turno e sem nunca ter perdido uma eleição, Hartung vencera, em 2014, o sucessor que ajudara a eleger, mas do qual se distanciara. Adotou um discurso que enfatizava não só a crise do país, como o grave problema fiscal do seu estado e a necessidade de um forte ajuste por quem quisesse levar a sério o desafio de governá-lo nos quatro anos seguintes.

Quando deixou o Palácio Anchieta, em dezembro de 2018, entregou o Espírito Santo com a melhor situação fiscal do país, na avaliação do Tesouro Nacional. Na educação, pulou do 14º lugar, em 2011, para o 1º lugar no Ideb do ensino médio, em 2018. A evasão escolar caíra mais de 60% de 2014 a 2017. Ao final da nossa conversa, Hartung, que no começo de seu mandato enfrentara ao mesmo tempo um câncer e uma greve da polícia militar em que não cedeu às reivindicações, entrou em seu carro e foi dirigindo para o Palácio.

Na volta, no avião, pensei se seria possível para um desconhecido repetir o feito de Hartung: vencer uma eleição falando à população do estado sobre as medidas amargas que teriam que ser tomadas, e fazê-lo com mensagens simples e de esperança em dias melhores. Chegando ao Rio, encontrei em meu celular os mesmos conselhos de um apoiador, muito experiente nas coisas de governo, que os enviava de Lisboa: falar com simplicidade e esperança, destacar os resultados positivos mais que as dificuldades. E carregar o Bernardinho para todo lado.

Durante a campanha, o sentimento de um novato vai se movendo da certeza da derrota para a esperança da vitória. Andando pelas ruas, conversando com as pessoas e comparando as próprias propostas com as dos demais candidatos, você começa a achar que tem chances de ganhar. Passa a acreditar e a sonhar com a execução de seus planos e não pensa nem mesmo em como será difícil obter o apoio político para implementá-los, se vencer. No meu caso, a cada pesquisa em que aparecia estagnado entre 1% e 2% das intenções de voto, me lembrava da lição de Paulo Hartung. Manter a postura e o discurso que me pareciam corretos, deixar minha marca e a do partido, ouvir, discutir, estar aberto à opinião diversa e não conceder o que não pudesse ser concedido.

Abertas as urnas, recebi 86.820 votos, correspondentes a 1,14% dos votos válidos. Wilson Witzel, o outro político novato cinquentão vindo do mundo jurídico, passara ao segundo turno em primeiro lugar, com mais de 40% dos votos válidos. Uma vitória consagradora, surpreendente para a maioria, comprovando o desejo de mudança dos eleitores e a viabilidade de um perfil relativamente parecido com o meu para ser seu veículo.

Foi também uma derrota e tanto para alguns. Para os institutos de pesquisa, que não conseguiram capturar o resultado e a intensidade do movimento. Para a grande mídia, que não expôs nem investigou mais profundamente o candidato em quem a maioria votou ou outros que, como ele, não apareciam com chances nas pesquisas. Para Eduardo Paes, dono de um latifúndio de tempo na televisão, que fez a campanha mais cara e tinha muitas realizações a exibir. E, claro, para mim, que não fui capaz de convencer os eleitores de que era uma alternativa melhor que o candidato eleito.

Mas não havia surpresa, nem no resultado nem no personagem, ao menos para quem, como eu, se aventurara pelos quatro cantos do estado. Os eleitores queriam uma mudança drástica. Queriam enviar uma clara mensagem de repúdio aos políticos profissionais. E queriam um discurso alinhado ao de Jair Bolsonaro, que não era o meu. Não adiantaria um alinhamento percebido como oportunista, como aconteceu com o de Índio da Costa. Havia uma alternativa com um discurso mais identificado com o do capitão, e era Witzel.

Mesmo se não houvesse um candidato explicitamente alinhado a Bolsonaro, tudo indica que teria sido eleito o que transmitisse a imagem mais parecida com a do futuro presidente. Romário poderia ter sido esse personagem, como mostravam as pesquisas iniciais, por ser amplamente conhecido e percebido como alguém contra tudo e contra todos, sem papas na língua. Poderia ter sido também o caso de Bernardinho, se tivesse se candidatado. Era sério, trabalhador, enérgico, capaz, vencedor, e realmente novo.

Bem conhecido pela população, com enorme empatia e carisma, simbolizaria o desejo comum de todas as classes sociais e de todos os níveis de escolaridade. Teria obtido, desconfio, uma vitória estrondosa. E, ainda melhor, governaria para todos e seria capaz de formar uma equipe com as pessoas mais qualificadas em todas as áreas, sem preconceito quanto às preferências ideológicas.

Observando o que se passou no Sul e no Sudeste, é fácil concluir que teria sido praticamente impossível eleger um governador adversário do futuro presidente nessas regiões, nas quais Bolsonaro teve vitórias folgadas em todos os estados. Apenas um vencedor não se alinhou a ele: Renato Casagrande, no Espírito Santo, que, entretanto, não se apresentou como antagonista e teve a vantagem de não precisar de um segundo turno, onde teria que se posicionar em relação à eleição presidencial.

O PSDB do Rio Grande do Sul e seu candidato, Eduardo Leite, divulgaram apoio a Bolsonaro já no dia seguinte ao primeiro turno, quando Leite qualificou-se a disputar o segundo. João Doria também aderiu rapidamente, em São Paulo. Na realidade, já o tinha feito antes de o primeiro turno terminar. No Paraná, Ratinho Júnior alinhou-se a Bolsonaro e foi por ele apoiado antes de sua vitória no primeiro turno, mesmo havendo um candidato do PSL no estado. Em Santa Catarina, onde Bolsonaro teve o maior percentual de votos entre todos os estados, seu candidato, um bombeiro militar neófito na política, foi eleito no primeiro turno com mais de 70% dos votos válidos.

Em Minas Gerais, Romeu Zema era o único candidato que poderia representar Bolsonaro. De acordo com as pesquisas, a eleição estava polarizada entre o então governador, Fernando Pimentel, do PT, e Antonio Anastasia, do PSDB. O PT havia se tornado o símbolo da degradação da política brasileira e, em Minas Gerais, a reputação do maior líder do PSDB, Aécio Neves, fora devastada após a divulgação das gravações de seus diálogos com Joesley

Batista, seu corruptor confesso. É impossível saber se Zema teria chegado ao segundo turno se não tivesse apoiado Bolsonaro no debate da TV Globo, às vésperas do primeiro turno. Não custa lembrar que ele conseguiu participar do debate exatamente porque apareceu em terceiro lugar, com 8% das intenções de voto na pesquisa do Ibope divulgada em 27 de setembro. E a pesquisa divulgada horas antes do debate, no dia 25 de outubro, colocava Zema com 10% das intenções de voto. A trajetória de crescimento era claríssima e o alinhamento de seu discurso ao de Bolsonaro, e não ao do PT, decorria das críticas veementes que o Partido Novo fazia à velha política.

Zema tinha uma boa chance, mas, ainda assim, preferiu não arriscar a eleição. Em sua última intervenção no debate da Globo, declarou, num texto cuidadoso, que os eleitores de Minas Gerais que quisessem votar no diferente deveriam votar nele e, para presidente, em João Amoêdo ou Jair Bolsonaro. Faltavam quatro dias para a eleição, e Zema optou por correr o risco de ser punido por seu partido em vez de manter o apoio exclusivo a Amoêdo. O Partido Novo reagiu imediatamente, dizendo que a conduta de Zema era um ato de infidelidade partidária. Não havia a menor dúvida. O estatuto do partido dizia com todas as letras ser "vedado aos membros dos diretórios e aos candidatos do Novo, sob pena de se configurar infidelidade partidária, fazer, por ação ou omissão campanhas eleitorais em favor de candidatos de outros partidos, ou em conjunto com candidatos de outros partidos, com os quais o Novo não tenha definido e formalizado, nos termos da lei e deste Estatuto, coligação ou aliança".

Zema justificou sua posição afirmando, na saída do debate, que tentara apenas explicitar as opções disponíveis para os eleitores que buscavam a renovação. O problema é que o estatuto também previa esse tipo de conduta. "Nas situações equívocas de campanha, em que possa parecer existir aliança ou atuação conjunta com candidato de outro partido fora das hipóteses de coligação oficial, o candidato do Novo deverá pronunciar-se clara e abertamente contra a existência de aliança." Zema venceu a eleição e possivelmente teria chegado ao segundo turno mesmo sem pisar na linha. E o Partido Novo, diante de sua única vitória nas eleições majoritárias, preferiu não levar a ferro e fogo as próprias regras. O tempo revelaria que o alinhamento do governador de Minas Gerais com o presidente da República seria duradouro. Zema, cujo estado enfrenta sérias dificuldades financeiras e depende de uma negociação de dívida com a União, não critica Bolsonaro, limitando-se a afirmar, vez ou outra, que o presidente poderia concentrar-se mais no governo do que em polêmicas.

Compreendo a postura que Eduardo Leite e Romeu Zema adotaram no momento decisivo de suas campanhas. Assim como também compreendo que, sendo governadores de estados em grave crise financeira, inadimplentes com a União Federal, moderem suas críticas aos absurdos produzidos pelo governo Bolsonaro, que já demonstrou ser vingativo e persecutório com seus adversários. Vencer a eleição e conseguir governar é a única oportunidade de produzir o impacto desejado na vida das pessoas. O problema é que essa mesma justificativa é utilizada por quem aceita violar a lei para chegar lá. Uma variação da máxima de que os fins justificam os meios.

Decidi conscientemente que não deveríamos adaptar nosso discurso nem migrar para o "contra tudo isso que está aí", radicalizando a mensagem para atrair os eleitores de Bolsonaro. Preferi manter-me fiel às minhas convicções, ao invés de acomodar-me às indicações das pesquisas, e esse foi provavelmente o golpe de misericórdia em nossas pequenas chances de vitória. Encerrada a campanha, por vezes me perguntei se teríamos conseguido governar e cumprir parte substancial de nosso programa de governo, caso tivéssemos chegado lá. Teria sido preciso formar uma base mínima de apoio na Alerj, ainda que algumas iniciativas dependessem exclusivamente do Executivo. O PSL, hoje dividido no apoio a Bolsonaro, elegeu a maior bancada de deputados estaduais – 12 em 70. Esses deputados, somados aos dois eleitos pelo Novo e a outros com uma visão liberal, representam cerca de 25% dos votos numa Alerj que experimentou uma forte renovação nos seus quadros, mas ainda não deu mostras de evolução em suas práticas. A solução, creio, teria sido partir desses deputados alinhados do ponto de vista da economia para buscar uma base de apoio mais ampla, aceitando indicações técnicas dos partidos que sustentassem os projetos do governo. Mas o futuro mostraria que a radicalização do discurso de Bolsonaro teria provavelmente nos afastado de seus apoiadores, mais cedo ou mais tarde.

Nunca saberemos se um modelo assim teria funcionado porque Witzel, que na campanha atacava a velha política, rapidamente aderiu à prática anterior, nomeando quadros técnicos capacitados para poucas secretarias e loteando as demais, as autarquias e as empresas estatais, entre os partidos que aceitaram compor a sua base. O novo governador não se preocupou em reduzir o número de secretarias, o que era impositivo, dada a situação fiscal do estado, nem com a qualidade técnica das indicações. Muitas secretarias foram povoadas, tal como em gestões passadas, por candidatos derrotados nas eleições ou políticos sem qualquer experiência na área que passaram a comandar. A adesão de Witzel ao fisiologismo adiantou muito pouco, pois menos de um ano e meio depois das eleições ele veria aprovada por 69 votos a zero a abertura do processo de seu *impeachment*.

Na noite da eleição, acompanhamos a apuração na casa de João Amoêdo, que me agradeceu pela lealdade e por ter me mantido firme na defesa das visões do partido. Respondi, com sinceridade, que não merecia o agradecimento. Não teria conseguido apoiar Bolsonaro nem mesmo se tivesse a certeza de que, com isso, seria eleito. Era e sou verdadeiramente um liberal.

Políticos que querem fazer uma diferença no longo prazo não podem ceder à tentação do discurso fácil. Não se trata de recusar a conciliação ou de abandonar a busca por uma formulação política que leve ao resultado almejado. Trata-se de fixar os pilares de uma proposta – estes, sim, inegociáveis, porque determinam diferenças fundamentais. Não por orgulho ou teimosia, mas para provocar os eleitores a refletir sobre suas escolhas. Foi essa a postura que adotei nas eleições de 2018. Conhecia os detalhes das minhas propostas e falei deles o mais que pude, sempre partindo de uma declaração de princípios, abordando as escolhas fundamentais que o eleitor iria fazer.

Apesar da minha derrota individual, o resultado para o Partido Novo no Rio de Janeiro foi muito satisfatório. Tenho a esperança de que meu posicionamento durante a campanha tenha contribuído para isso. Em Zonas Eleitorais com maiores renda e nível de escolaridade, a mensagem liberal alcançou resultados significativamente melhores que na média, representando o sentimento de mudança de parte desse eleitorado. Talvez o melhor exemplo tenha sido o da 17ª Zona Eleitoral, que reúne os bairros da Gávea e do Leblon. Nela recebi minha maior votação em percentual de eleitores: 8,29% dos votos – quase 20% maior que a votação do próprio João Amoêdo. Ali Eduardo Paes obteve 33% dos votos e foi o mais votado no primeiro turno, enquanto Witzel teve um de seus piores resultados: 30% dos votos válidos. Ainda assim, o futuro governador recebeu 60% dos votos dados a Bolsonaro naquela Zona.

Já na eleição para deputado estadual, os candidatos do Novo e os votos atribuídos à legenda alcançaram nada menos que 24,19% na 17ª, fazendo do partido o mais votado naquela Zona Eleitoral, com quase o dobro dos 13,21% de votos atribuídos ao PSL de Bolsonaro. Tudo indica que esse grupo de eleitores mais ricos e com maior nível de escolaridade preferiu a mensagem liberal, ainda que tenha optado pelo voto que garantisse a alternância no poder na eleição presidencial.

Fenômeno semelhante ocorreu na 211ª Zona Eleitoral. Recebi 5,41% dos votos válidos – outra vez, 20% a mais que a votação de João Amoêdo. Witzel teve ali seu pior desempenho em todo o estado no primeiro turno, mas obteve 22,67% dos votos válidos. Não por coincidência, também foi ali que Bolsonaro apresentou o segundo pior resultado no estado no primeiro turno, com 40,80% – superior apenas aos 40,69% obtidos na 16ª Zona Eleitoral, que reúne Laranjeiras e Cosme Velho. Ainda assim, em ambos os casos, com vitória folgada sobre o segundo colocado.

Na eleição para deputado estadual na 211ª Zona Eleitoral, outra vez o Partido Novo alcançou uma votação bem mais expressiva que a minha e a de João Amoêdo – nada menos que 14,39% –, fazendo do partido o mais votado, com quase 60% de vantagem sobre os 9,79% de votos atribuídos ao PSL. Situações parecidas se verificaram em outros bairros da Zona Sul, como Botafogo e Humaitá (4ª Zona Eleitoral, onde recebi 5,37% dos votos); Copacabana e Leme (5ª Zona Eleitoral, em que fiquei com 4,13% dos votos); e alguns bairros da Zona Oeste, entre eles Barra da Tijuca, Alto da Boa Vista e Recreio dos Bandeirantes, reunidos nas 9ª e 119ª Zonas Eleitorais, onde tive cerca de 4% dos votos válido. Na maioria dessas Zonas, como na 17ª, fui o quarto colocado – atrás de Witzel, Paes e Tarcísio – salvo em duas, em que Pedro Fernandes me ultrapassou.

Em todas essas Zonas Eleitorais o Partido Novo esteve entre os três mais votados para deputado estadual, com percentuais significativamente superiores aos meus ou aos de João Amoêdo. Isso também ocorreu no município de Niterói, maior IDH do estado. Mas, mesmo ali, Bolsonaro venceu o primeiro turno com folgados 53,40% dos votos; e Wilson Witzel, com 38,31%, obteve o dobro dos votos de Eduardo Paes.

Ao final, tanto Witzel quanto eu recebemos votos equivalentes a cerca de 70% da votação de nossos respectivos candidatos à Presidência no estado – João Amoêdo no meu caso, Jair Bolsonaro no dele. Isso quer dizer, acho eu, que representamos adequadamente, para o eleitor, as mensagens de nossos candidatos. E o eleitor percebeu que essas mensagens eram bem diferentes entre si.

Já na eleição para deputado estadual, o resultado do Novo foi superior ao do partido de Witzel. O Novo recebeu 208 mil votos para deputado estadual, enquanto o PSC de Witzel teve pouco menos de 188 mil votos. O Novo obteve o dobro de votos do PSC na legenda (aqueles votos nos quais o eleitor digita apenas o número do partido e não o de um candidato individual). Os dois partidos elegeram dois deputados estaduais, ainda que um dos eleitos pelo PSC tenha sido preso antes da posse. Mas o PSL – pelo qual concorreram formalmente o presidente e, de fato, o governador – elegeu a maior bancada de deputados estaduais.

Pessoalmente, ganhei muito mais do que perdi naqueles quatro meses. Foi uma experiência única na minha vida e na de minha família. Milhares de pessoas deixaram de lado diferenças, críticas e restrições, inclusive ideológicas, para abraçar-me generosamente como seu representante naquela eleição. Recebi textos emocionantes e ouvi depoimentos de antigos desafetos, de alunos de esquerda e de amigos de infância e juventude que não via há décadas. Com os dirigentes, filiados e apoiadores do Partido Novo, que de início viam com certa desconfiança aquele desconhecido que caíra de paraquedas em suas vidas, terminei construindo uma via de mão dupla de troca de ideias e respeito pelas divergências, legítimas em um partido, porque mantidas em torno de seus pilares centrais.

Como candidato, contudo, é mais difícil dizer que perdi ganhando. Falhei miseravelmente. Levei uma goleada. E não posso colocar a culpa no fato de ser novato, pois o vencedor também era. Tomei várias decisões erradas, deveria ter ousado mais e tido menos papas na língua. Fiquei no pedestal onde me via, em vez de traçar o quadro de minhas reais necessidades desde a perspectiva da estrada de barro em que estava atolado. Ainda assim, creio que segui os generosos conselhos de Paulo Hartung. Me mantive fiel aos meus ideais e defendi o caminho em que acredito, o da democracia e da liberdade. Os céticos me chamarão de ingênuo e irrelevante. E talvez os realistas também. Mas os sonhadores como eu continuarão a acreditar que é possível vencer fazendo a coisa certa.

Em 1985, ainda na faculdade, saí do escritório com meus colegas de estágio – todos vestindo camiseta com os dizeres "Eu quero votar para presidente" –, rumo à passeata das Diretas Já na avenida Presidente Vargas. Naquela noite de abril estavam todos lá – Brizola, Montoro, Tancredo, Lula, Fernando Henrique –, reunidos pelas diretas, em frente a mais de um milhão de pessoas. Foi o momento cívico mais marcante de minha vida. Não fui às passeatas dos caras-pintadas contra Collor, nem me vesti de verde e amarelo contra Dilma. Aquela imagem das Diretas Já, da união em torno de um ideal, e não do combate sem trégua contra um adversário, marcou a minha vida. Acho que foi ali que encontrei a minha personalidade política, no centro.

Sete eleições presidenciais e dois *impeachments* depois daquela noite de sonho e unidade no comício de abril de 1985, me tornei candidato a governador. A eleição de 2018 se transformou num plebiscito em torno da corrupção e o partido que permitiu que ela atingisse níveis nunca antes alcançados. O mesmo Lula que transformara o medo em esperança transformou a esperança em decepção, e o Brasil estava partido e polarizado.

O fato de o caminho do centro não me ter levado, assim como a outros que o seguiram, à vitória na disputa polarizada das eleições de 2018 não quer dizer que não seja a melhor forma de avançar. Tenho convicção de que é o único capaz de unir o país e livrá-lo das agressões às minorias, à imprensa, ao meio ambiente, à cultura. Ser de centro não é contemporizar. É alertar, resistir e buscar o consenso, sem abrir mão dos valores fundamentais.

Mario Vargas Llosa, comentando a sua derrota na eleição para a presidência do Peru em 1990, escreveu: "[E]mbora meus amigos e eu tenhamos sido derrotados nas urnas, muitas das ideias que defendemos nessa longa campanha de quase três anos (...) ao contrário de desaparecerem, foram penetrando em setores cada vez mais amplos até constituírem atualmente parte da agenda política no Peru."

Creio que todos os candidatos de centro que lutaram pela renovação política, mas foram derrotados em 2018, quer tenham sido mais ou menos votados, compartilham desse sentimento e da esperança de que sua mensagem ainda virá a frutificar. Os brasileiros não se converteram ao radicalismo. O PT vinha perdendo espaço para o centro, antes que a multidão fosse momentaneamente arrebatada pelo populismo de direita. Houve mais de 11 milhões de votos nulos e brancos no segundo turno na eleição presidencial de 2018, quase 10% do total e 34% a mais do que em 2014. Minha aposta é que a maioria ainda prefere a mensagem de trabalho, liberdade, tolerância e diversidade. Esse caminho é o do centro e tornou-se urgente segui-lo.

Notas

1. Finalmente, a vez de um governador novato

1 A agitação política oriunda do processo de *impeachment* em 2016 e seus desdobramentos trouxeram novos atores para o tabuleiro democrático. Ganharam destaque movimentos cívicos à direita e à esquerda cuja semelhança residia no resgate do sentimento de representatividade, em crise desde as agitações de junho de 2013. Grupos mais à direita, como o Movimento Brasil Livre (MBL), o Vem Pra Rua e a Frente Pela Renovação, alinhavam-se nas bandeiras antipetistas e anticorrupção e reivindicavam um Estado desinchado. Seus membros se destacavam como agitadores de rua e das redes sociais. Movimentos mais ao centro, por sua vez, também apareciam, ganhavam adeptos e se tornavam notícia rapidamente. Entre eles, o Livres (grupo liberal incubado dentro do PSL antes que ele viesse a abrigar Jair Bolsonaro, dois de seus filhos e seus apoiadores); o Agora! (engajado na discussão, formulação e implementação de políticas públicas no Brasil); o RenovaBR (uma escola para formação de novas lideranças políticas visando à renovação); e o Acredito (composto majoritariamente por

jovens que passaram por universidades de ponta fora do país). Cabe ressaltar, ainda, os movimentos que surgiram mais à esquerda, como o Muitas, a Bancada Ativista e o Frente Favela Brasil. Em comum, nesse caso, a priorização das pautas identitárias e a contestação do processo de *impeachment* de Dilma Rousseff. Em 2018, esses grupos participaram do processo eleitoral, cada um à sua maneira, e contribuíram com suas pautas e seus representantes.

2. Nas pesquisas Datafolha de agosto e setembro de 2018, os índices de rejeição de Anthony Garotinho, Eduardo Paes e Romário eram, respectivamente, de: 22/8: 45%, 32%, e 23%; 7/9: 46%, 30% e 29%; 20/9: 41%, 34% e 29%; e 28/9: 47%, 31% e 36%.

3. Uma evidência desse fenômeno foi a impressionante dificuldade de reeleição de políticos tradicionais no Rio de Janeiro e de eleição de seus filhos – escolhidos como sucessores também na política, prática comum em nosso país. A filha do deputado Eduardo Cunha – ex-presidente da Câmara dos Deputados, cassado por seus pares e depois preso –, que tentava pela primeira vez uma vaga na Câmara para continuar o trabalho do pai (como dizia, com admirável franqueza, no horário eleitoral gratuito) e que gastou nada menos que R$ 2 milhões em sua campanha, não foi eleita. Não foram reeleitos 20 dos 46 deputados federais do Rio de Janeiro, entre eles o filho de Sérgio Cabral (também com despesas declaradas de mais de R$ 2 milhões) e outros deputados federais e estaduais com diversas reeleições anteriores. O índice de renovação dos representantes do Rio de Janeiro na Câmara dos Deputados foi de 65,2%; e, na Assembleia Legislativa, de 51%.

4. Flávio Bolsonaro (PSL) foi eleito com 4.380.418 votos (31,36% dos votos válidos para o Senado Federal). A segunda cadeira do estado ficou com Arolde de Oliveira (PSD), que obteve 2.382.265 (17,06% dos votos válidos). Concorreram e não se elegeram: César Maia (DEM); Lindbergh Farias (PT), que tentava a reeleição; Eduardo Lopes (PRB), que exercia o mandato de senador como suplente da

vaga aberta com a eleição de Marcelo Crivella para a prefeitura do Rio de Janeiro em 2016; e Chico Alencar (PSOL), entre outros.

5. *O Globo* noticiara, em 24 de outubro, a quatro dias do segundo turno, que adesivos com os nomes de Paes e Bolsonaro estavam sendo distribuídos na campanha. E que Paes comparecera ao quartel-general da Polícia Militar em companhia do coronel Salema, deputado estadual eleito pelo PSL em 7 de outubro. Em entrevista, Paes destacava a neutralidade de Bolsonaro, dizendo que muitos eleitores do virtual presidente votariam nele.

2. Rumo à política

1. No primeiro ano de atividade do RenovaBR, o processo seletivo recrutou 133 pessoas de diferentes regiões, estados, opiniões e partidos e os formou em líderes do RenovaBR. Desses, 117 concorreram a diversos cargos nas eleições de 2018, 17 foram eleitos (um senador, nove deputados federais e sete deputados estaduais) e receberam juntos mais de 4,5 milhões de votos.

3. Vai que é sua, Bernardinho!

1. Disponível em: <https://oglobo.globo.com/opiniao/coragem-nas-eleicoes-de-2018-22258876>.

2. "Bernardinho admite que considera ser candidato a governador do RJ pelo Partido Novo em 2018", *O Estado de S. Paulo*, 18 nov. 2017. Disponível em: <https://politica.estadao.com.br/noticias/geral,bernardinho-admite-que-considera-ser-candidato-a-governador-do-rj-pelo-partido-novo-em-2018,70002089333>.

3. "Tenho dúvida real sobre minha capacidade, diz Bernardinho sobre eleição", *Folha de S.Paulo*, 10 abr. 2018. Disponível em: <https://www1.folha.uol.com.br/poder/2018/04/tenho-duvida-real-sobre-minha-capacidade-diz-bernardinho-sobre-eleicao.shtml>.

4. O vídeo está disponível em: <https://blogs.oglobo.globo.com/lauro-jardim/post/bernardinho-sobre-candidatura-ao-governo-do-rio-estou-disposto-ir-veja-o-video.html>.

5. O DESTINO É UMA POSSIBILIDADE

1. Disponível em: <https://oglobo.globo.com/opiniao/afinal-um-candidato-altura-22780796>.

2. Em 11 de janeiro de 2018, João Amoêdo comemorou 200 mil seguidores em 100 dias. No dia 9 de maio de 2018, no levantamento realizado pelo Monitor Semanal das Eleições do Banco Itaú, mostrou-se que era o pré-candidato com maior crescimento nas redes sociais, com mais de 700 mil seguidores. Em 22 de agosto de 2018, a *Gazeta do Povo* noticiou que o candidato à Presidência da República pelo Partido Novo era o que mais crescia nas redes sociais, com mais de 1,5 milhão de seguidores no Facebook, 122 mil no Twitter e 195 mil no Instagram. No dia 8 de outubro de 2018 (dia seguinte ao das eleições), *O Globo* publicava que João Amoêdo tinha 2,9 milhões de seguidores no Facebook, atrás somente de Jair Bolsonaro.

8. PARA COMEÇAR, UMA CRISE

1. Disponível em: <https://epoca.sp-globo.com/marcia-tiburi-x-marcelo-trindade/>.

2. Disponível em: <https://www.jb.com.br/index.php?id=/acervo/materia.php&cd_matia=898207&dinamico=1&preview=1>.

3. "Lula e as instituições do Brasil", 23 mar. 2016. Disponível em: <https://opiniao.estadao.com.brnoticias/geral,lula-e-as-instituicoes-do-brasil,10000022737>.

9. Corpo a corpo raiz

1. Chama-se quinto constitucional a regra pela qual a Constituição Federal impõe que uma parcela dos membros dos Tribunais – normalmente um quinto – seja preenchida por advogados e não por magistrados de carreira.

2. Em Nova Friburgo, Teresópolis, Resende e Volta Redonda também obtive mais votos do que na média do estado. O mesmo aconteceu na capital, onde recebi 1,65% dos votos, pouco mais de 73% da votação de João Amoêdo.

3. Isso ocorreu na 17ª Zona Eleitoral, que reúne Gávea e Leblon, onde tive mais de 8,29% dos votos, e na 211ª, que inclui a outra parte da Gávea, mais Rocinha, Vidigal e São Conrado, onde obtive 5,41%. Recebi 5,37% dos votos nos bairros de Botafogo e Humaitá (4ª Zona Eleitoral); 4,13% em Copacabana e Leme (5ª Zona Eleitoral); e 3,8% nas 9ª e 119ª Zonas Eleitorais, que abrangem Barra da Tijuca, Alto da Boa Vista, Itanhangá, Recreio dos Bandeirantes, Vargem Grande e Vargem Pequena.

4. O IDH é um índice composto por três indicadores de desenvolvimento humano: longevidade, educação e renda, variando de zero até 1. Segundo dados de 2010 do Programa das Nações Unidas para o Desenvolvimento (Pnud), os cinco municípios do estado com os maiores índices são (na ordem de maior pontuação): Niterói, com 0,837; Rio de Janeiro, com 0,799; Rio das Ostras, com 0,773; Volta Redonda, com 0,771; e Resende, com 0,768. Na listagem de IDH por bairro da capital do estado, dos dez maiores pontuadores, oito estão na Zona Sul, segundo o IBGE. São eles: Gávea (0,970); Leblon (0,967); Jardim Guanabara (0,963); Ipanema (0,962); Lagoa (0,959); Flamengo (0,959); Humaitá (0,959); Barra da Tijuca e Joá (0,959); Laranjeiras (0,957); e Jardim Botânico (0,957). Copacabana aparece na 11ª posição (0,956); seguida por Leme (0,955); Botafogo e Urca (0,952).

5. No seu já clássico *A cabeça do brasileiro* (Rio de Janeiro: Record, 9ª edição, 2018), Alberto Carlos Almeida conclui, com base nos dados de profunda pesquisa quantitativa, que "[o] Brasil, na verdade, são dois países muito distintos em mentalidade. Dois países separados, num verdadeiro *apartheid* cultural. (...) Enquanto a classe baixa defende valores que tendem lentamente a morrer ou a se enfraquecer, a classe alta mantém-se alinhada a muitos dos princípios sociais dominantes nos países já desenvolvidos". Entre as características que, segundo ele, são acolhidas pela "maior parte da população brasileira", que "tem escolaridade baixa", inclui-se ser "a favor de mais intervenção do Estado na economia" – além da ausência de "espírito público", defesa da "lei de Talião" (olho por olho, dente por dente), recusa ao "liberalismo sexual" e apoio à censura (pp. 25-26). Alberto Carlos Almeida sustenta, também, que a população com baixa escolaridade e das capitais é mais tolerante com a corrupção e o "jeitinho brasileiro". Quanto a esses pontos, meu discurso era tão enfático quanto o de Witzel, e o mesmo ocorria com o de João Amoêdo e de Jair Bolsonaro. Mas, em termos de costumes, nossos discursos, meu e do João, eram certamente menos conservadores que os de Bolsonaro e Witzel – ainda que o João se classificasse como conservador nos costumes. E o mesmo ocorria em termos de reação violenta à criminalidade. Alberto Carlos Almeida explica ainda que a população menos escolarizada é mais favorável à lei de Talião, identificada com o discurso de Bolsonaro e Witzel. E também mais favorável à intervenção do Estado na economia – coisa que, apesar de seu discurso teórico de migração para o liberalismo, Bolsonaro e, principalmente, Witzel, defendiam – veja-se as afirmações de que não privatizaria a Cedae, de que o que faltava era autoridade e de que, mediante sua intervenção pessoal, resolveria uma série de problemas da população. As urnas pareceram confirmar o resultado da pesquisa de Almeida. A votação de Jair Bolsonaro e de Wilson Witzel nas Zonas Eleitorais com concentração de eleitores com maior renda e escolaridade foi significativamente menor que a sua média no estado. Isso ocorreu na

17ª, que reúne Gávea e Leblon, onde Witzel recebeu pouco menos de 30% dos votos válidos e Bolsonaro pouco mais de 50%; na 211ª, que abrange a outra parte da Zona Sul, onde Witzel recebeu menos de 23% dos votos válidos e Bolsonaro pouco mais de 40%; na 4ª Zona Eleitoral, também na Zona Sul, em que Witzel recebeu pouco menos de 30% dos votos válidos e Bolsonaro menos de 44%; e na 16ª Zona Eleitoral que reúne Cosme Velho e Laranjeiras, e é um tradicional reduto de candidatos de esquerda, onde Tarcísio Motta foi o vencedor, com Marcia Tiburi em quarto lugar e Pedro Fernandes em quinto. Ali Witzel teve pouco mais de 26% dos votos e Bolsonaro não chegou a 41%. Aliás, dentre as 166 Zonas Eleitorais do estado, a 16ª foi a única em que Bolsonaro foi derrotado no segundo turno da eleição presidencial. Mas é verdade que, fora da capital, e contraditoriamente à tese de Almeida, Bolsonaro e Witzel tiveram votações muito expressivas também em municípios com alto IDH, como Petrópolis e Teresópolis. Seria preciso, nesse caso, identificar a origem desses votos para entender melhor o fenômeno.

6. Prometíamos, no nosso programa, o "lançamento de um grande programa de concessões rodoviárias, ferroviárias, aquaviárias e de transportes intermunicipais, de maneira a prover o estado do Rio de Janeiro de uma infraestrutura de logística compatível com a relevância e o potencial econômico do estado (...) acompanhadas de medidas corretivas da atual estrutura das agências e autarquias do estado do Rio de Janeiro, destinadas a assegurar que a supervisão dos serviços públicos e demais atividades concedidas pelo estado seja desempenhada de maneira independente, com governança adequada e sem captura dos agentes públicos pelos interesses privados".

7. Para citar mais alguns restaurantes que merecem a visita: os do Mercado São Pedro, em Niterói; Bar do Momo, na Tijuca; Cedro do Líbano, no Saara; Hamburguer Galpão, em Volta Redonda; Margarida Café, em Paraty; Org Bistrô, na Barra da Tijuca; e Naturalie Bistrô, em Botafogo.

12. A DOCE ILUSÃO COM OS JORNAIS

1. "Marcelo Trindade quer o Rio de cabeça erguida". Disponível em: <https://braziljournal.com/marcelo-trindade-quer-o-rio-de-cabeca-erguida>.

2. Eis o texto de Warren Buffet, no original: "The five most dangerous words in business may be 'Everybody else is doing it'. A lot of banks and insurance companies have suffered earnings disasters after relying on that rationale. Even worse have been the consequences from using that phrase to justify the morality of proposed actions. More than 100 companies so far have been drawn into the stock option backdating scandal and the number is sure to go higher. My guess is that a great many of the people involved would not have behaved in the manner they did except for the fact that they felt others were doing so as well. The same goes for all of the accounting gimmicks to manipulate earnings – and deceive investors – that has taken place in recent years." Disponível em: <https://www.ft.com/content/48312832-57d4-11db-be9f-0000779e2340>.

3. "Novo propõe governo 100% técnico no Rio". Disponível em: <https://valor.globo.com/politica/coluna/novo-propoe-governo-100-tecnico-no-rio.ghtml>.

4. "O dever ético do empresariado", 27 mai. 2017. Disponível em: <htts://oglobo.globo.com/opiniao/o-dever-etico-do-empresariado-21399993>.

5. Disponível em: <https://politica.estadao.com.br/noticias/geral,candidato-do-novo-ao-governo-do-rj-fala-em-cortar-privilegios-de-servidores,70002413162>.

6. "Empresa falida tem potencial enorme, diz candidato do Novo ao estado do RJ". Disponível em: <https://www1.folha.uol.com.br/poder/2018/08/empresa-falida-tem-potencial-enorme-diz-candidato-do-novo-ao-governo-do-rj.shtml>.

7. O tom era de fato agressivo. Perguntado sobre a polarização entre Eduardo Paes, de um lado, e Romário e Garotinho de outro, respondi: "O discurso do Paes e do PMDB é um discurso de sequestrador, o discurso do medo. Tentam dizer que é melhor aderir ao voto útil e eleger Paes do que botar Romário ou Garotinho no governo. Eu digo que esse é o voto inútil. Se a gente sofreu 12 anos nas mãos do PMDB e vota em um candidato do PMDB, mesmo que ele não seja mais filiado ao partido, você joga a oportunidade no lixo, porque já sabe qual vai ser o resultado. Vamos tentar fugir do cativeiro, vamos eleger o Partido Novo." Disponível em: <https://odia.ig.com.br/colunas/informe-do-dia/2018/08/5569429-discurso-do-paes-e-do-pmdb-e-de-sequestrador-diz-candidato-do-novo-ao-governo-do-rio.html>.

8. Disponível em: <https://www.jb.com.br/rio/2018/08/895-saida-e-iniciativa-privada-defende-marcelo-trindade.html>.

9. Disponível em:<https://oglobo.globo.com/brasil/o-novo-negociara-de-forma-pragmatica-diz-marcelo-trindade-candidato-do-novo-ao-governo-do-rio-23040047>.

17. O DEBATE SOBRE A SEGURANÇA PÚBLICA

1. Tínhamos usado os números de fevereiro de 2018 em nosso estudo e eles eram impressionantes. A média da remuneração dos servidores aposentados da Polícia Civil aposentados era de R$ 11.682,58, com uma mediana (a média excluindo-se os extremos) de R$ 12.182,64. Os aposentados já respondiam por 44,85% do total da folha de pagamento da Polícia Civil, enquanto a média da remuneração dos servidores da ativa era de R$ 10.242,68. Na Polícia Militar, a remuneração média dos servidores aposentados, que respondiam por 46,94% da folha de pagamento, era de R$ 9.814,80, e a mediana, de R$ 9.310,32, enquanto os servidores da ativa recebiam, em média, R$ 6.256,26. Não apenas o custo com os inativos nas polícias ameaçava ultrapassar o dos ativos, como a remuneração média daqueles

era substancialmente maior que a destes. Para completar o quadro de extremo desequilíbrio, a aposentadoria na Polícia Civil ocorria, na média, aos 57 anos, e na Polícia Militar aos 50 anos, de modo que a perda de servidores da ativa produzia-se rapidamente, e o custeio dos aposentados prosseguiria por muitas décadas, dada a crescente longevidade dos brasileiros, especialmente nas regiões mais ricas, como o Rio de Janeiro.

2. Disponível em: <https://igarape.org.br/wp-content/uploads/2018/07/Agenda-Rio-Seguro.pdf>.

3. Disponível em: <https://www.facebook.com/permalink.php?story_fbid=776307825901140&id=100005657881748>.

4. Enquanto São Paulo chegou a 10,7 homicídios por 100 mil habitantes no final de 2017, o Rio de Janeiro atingiu mais do que três vezes esse número naquele ano, com 32,5 mortes por 100 mil habitantes. O mais grave, entretanto, é que enquanto São Paulo reduzira sua taxa entre 2006 e 2017 em quase 60%, no Rio de Janeiro a redução fora de menos de 40%, mesmo com o período englobando a política de implantação das UPPs. E, pior, a partir de 2015 a taxa de homicídios por 100 mil habitantes voltara a subir, depois de cair ano a ano desde 2007, chegando ao menor índice em 2014, com 24 mortes violentas por 100 mil habitantes. São Paulo, no final dos anos 1990, tinha uma taxa de homicídios maior do que a que experimentávamos no Rio de Janeiro. Evidentemente, a intensa atividade econômica e o investimento em educação em São Paulo tiveram impacto na dramática redução dos índices de violência. Mas as políticas de segurança pública foram as ferramentas mais relevantes para os resultados alcançados. (Fontes: Instituto de Segurança Pública do Estado do Rio de Janeiro, disponível em: <http://www.ispdados.rj.gov.br>; e Secretaria de Segurança Pública do Estado de São Paulo, disponível em: <https://www.ssp.sp.gov.br/estatistica/pesquisa.aspx>.)

5. Entre janeiro e março de 2018, por exemplo, mais da metade de todos os homicídios no estado foi registrada em apenas 20 das 148 áreas cobertas por delegacias policiais e batalhões da polícia militar. Belford Roxo, Nova Iguaçu e Macaé lideravam essa estatística naquele período pré-eleitoral e de começo de intervenção federal, e não por acaso eram áreas também com atuação intensa do crime organizado, com facções de traficantes e milícias. Do mesmo modo, naquele período de três meses, mais de 50% de todas as mortes por intervenção policial se concentraram somente em 13 áreas. Acari, Maré e São João de Meriti lideraram essa estatística. (Fontes: Instituto de Segurança Pública do Estado do Rio de Janeiro. Tratamento e organização dos dados retirados do relatório *Estados da Segurança Pública*, produzido em abril de 2018 pelo Instituto Igarapé.)

18. A outra ponta da gangorra: o debate sobre a educação

1. "Há solução para a violência brasileira e ela passa pela educação de qualidade", Ilona Szábo, in: *Anuário Brasileiro da Educação Básica*: 2018, publicado pelo Todos pela Educação. Disponível em: <https://pt.calameo.com/read/00289932743b49fadfbcc>.

2. "Candidatos do Rio divergem sobre educação e a relação entre setor público e privado", 24 set. 2018. Disponível em: <https://oglobo.globo.com/brasil/candidatos-ao-governo-do-rio-divergem-sobre-educacao-a-relacao-entre-setor-publico-privado-23098061>.

19. A Cedae e o debate sobre a falência do Rio de Janeiro

1. Até 30 de setembro de 2019, segundo as demonstrações financeiras da Sabesp, em São Paulo, e da Sanepar, no Paraná – as duas companhias brasileiras que exploram serviços de água e esgoto e têm ações negociadas em bolsa –, elas haviam investido, respectivamente, R$ 2 bilhões e R$ 752 milhões, tendo margem de lucro muito semelhante

à da Cedae. Segundo o balanço da Cedae apresentado também naquela data, ela havia investido, no mesmo período, irrisórios R$ 101,8 milhões.

2. Nesse sentido, confira-se o insuspeito estudo de Flávia Camargo de Araújo e Geovana Lorena Bertussi, *Saneamento básico no Brasil: estrutura tarifária e regulação*. Disponível em: <http://www.ipea.gov.br/ppp/index.php/PPP/article/download/934/483>.

3. "Veja as propostas de Eduardo Paes para resolver dez dos maiores problemas do estado", *O Globo*, 21 out. 2018. Disponível em: <https://oglobo.globo.com/rio/veja-as-propostas-de-eduardo-paes-para-resolver-dez-dos-maiores-problemas-do-estado-23173023>.

4. "Saída é renegociar dívida", *Jornal do Brasil*, 22 set. 2018. Disponível em: <https://www.jb.com.br/rio/eleicoes_2018/2018/09/8642-saida-e-renegociar-divida.html>.

5. "Confira as soluções propostas por Wilson Witzel para dez dos grandes problemas do estado", *O Globo*, 21 out. 2018. Disponível em: <https://oglobo.globo.com/rio/confira-as-solucoes-propostas-por-wilson-witzel-para-dez-dos-grandes-problemas-do-estado-23173016>.

6. "Estudo mostra que, se estado não reduzir gastos com pessoal, ajuste fiscal pode fracassar". Disponível em: <https://oglobo.globo.com/rio/estudo-mostra-que-se-estado-nao-reduzir-gastos-com-pessoal-ajuste-fiscal-pode-fracassar-22700786>.

7. O estudo do Insper destacava outro ponto, raramente mencionado nas discussões sobre a situação econômica do estado do Rio de Janeiro, relativo à restrição aos investimentos pelo estado que redundava do cumprimento do Plano de Recuperação Fiscal. O Insper indicava que, caso o plano fosse fielmente cumprido – e não havia alternativa séria –, em 2023 os investimentos do estado voltariam apenas ao patamar nominal de 2002, em um período com uma inflação prevista de mais de 250%. A taxa média anual de investimento sobre a receita tributária,

que tinha sido de 12,4% entre 2002 e 2016, ficaria, nesse cenário, reduzida a 1,7% em 2023. Esse dado era a maior prova de que, nos anos seguintes, os investimentos no estado do Rio de Janeiro dependeriam quase integralmente do setor privado. Para que esses investimentos pudessem acontecer, alguns fatores estavam fora de nosso alcance, como a melhoria das condições macroeconômicas do país. Outros, contudo, dependiam em boa parte de nós, entre eles a melhoria dos índices na segurança pública e uma maior segurança jurídica aos agentes privados que se tornassem investidores, inclusive quanto à regulação estatal e às agências supervisoras.

8. Em nosso programa propúnhamos reduzir o número de secretarias de estado, extinguir ou reestruturar autarquias, fundações do estado do Rio de Janeiro e de empresas públicas e sociedades de economia mista de que o estado participa. Também queríamos implantar um controle centralizado da celebração de acordos coletivos de trabalho entre entidades da administração indireta e seus empregados, reavaliar as licitações ainda não encerradas e a auditoria dos contratos em vigor. Mas sem a irresponsável, e infelizmente habitual, paralisação da execução dos serviços tantas vezes implementada em nossa história por vencedores de eleições para atingir os programas iniciados pelo antecessor. Também pretendíamos determinar a suspensão das promoções por mérito ou antiguidade e a revisão imediata do nível das gratificações de encargos especiais pagas a servidores das administrações direta e indireta.

9. "Saída é iniciativa, defende Marcelo Trindade", 27 ago. 2018. Disponível em: <https://www.jb.com.br/rio/2018/08/895-saida-e-iniciativa-privada-de fende-marcelo-trindade.html>.

21. A melhor defesa é a defesa: os ataques da "mídia B"

1. Disponível em: <https://www.boletimdaliberdade.com.br/2018/09/17/candidato-ao-governo-do-rio-pelo-novo-ja-doou-dinheiro-para-candidato-do-pt/>.

2. O Código Eleitoral trata como crimes diversas condutas, em propaganda eleitoral ou visando à propaganda eleitoral, relativas à divulgação de fatos inverídicos, criminosos ou ofensivos à reputação (artigos 323 a 326). Em junho de 2019, com o objetivo de combater as *fake news*, o Congresso Nacional aprovou a Lei nº 13.834, que acrescentou mais um crime à lista, quando a denunciação caluniosa gera uma investigação administrativa, policial ou judicial, ou ação de improbidade administrativa, e incluiu entre os autores do crime "quem, comprovadamente ciente da inocência do denunciado e com finalidade eleitoral, divulga ou propala, por qualquer meio ou forma, o ato ou fato que lhe foi falsamente atribuído". Mas é claro que o maior desafio no combate aos crimes na internet continua sendo a identificação da origem das notícias falsas, dado que é impraticável mover uma ação penal contra milhares ou centenas de milhares de pessoas que, recebendo *fake news*, as passem adiante.

3. "Financiamento de agências reguladoras", 5 set. 2017. Disponível em: <https://economia.estadao.com.br/noticias/geral,financiamento-de-agencias-reguladoras,70001967965>.

4. A própria Constituição Federal reconhece a utilidade de profissionais com experiência na atividade privada integrarem o serviço público, impondo que uma parcela dos membros dos tribunais seja composta por advogados com atividade profissional comprovada – o chamado "quinto constitucional" (ver nota 1 do Cap. 9).

22. A FACADA, A RETA FINAL E A CERTEZA DA DERROTA

1. Friedrich August Von Hayek, prefácio da edição norte-americana de 1975 de *O caminho da servidão* (São Paulo: Instituto Ludwig von Mises Brasil, 2010, p. 17).

2. "A chave do mistério", *Folha de S.Paulo*, 8 jul. 1991.

www.historiareal.intrinseca.com.br

1ª edição	SETEMBRO DE 2020
impressão	LIS
papel de miolo	PÓLEN SOFT 80G/M²
papel de capa	CARTÃO SUPREMO ALTA ALVURA 250G/M²
tipografia	DANTE